■ 2023年度浙江省哲学社会科学规划课题后期资助项目"社会服务类民办非企业单位公信力评估体系构建研究",编号:23HQZZ53YB

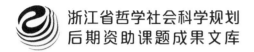
浙江省哲学社会科学规划
后期资助课题成果文库

社会服务类民办非企业单位
公信力评估体系构建研究

崔丹丹　著

ZHEJIANG UNIVERSITY PRESS
浙江大学出版社
·杭州·

图书在版编目（CIP）数据

社会服务类民办非企业单位公信力评估体系构建研究 /
崔丹丹著. -- 杭州 ：浙江大学出版社，2025.5.
ISBN 978-7-308-26249-1

Ⅰ．C232

中国国家版本馆CIP数据核字第20256QW546号

社会服务类民办非企业单位公信力评估体系构建研究

RESEARCH ON THE CONSTRUCTION OF A PUBLIC TRUST EVALUATION SYSTEM
FOR SOCIAL SERVICE NON-PROFIT ORGANIZATIONS

崔丹丹　著

责任编辑	汪　潇
责任校对	李　琰
封面设计	周　灵
出版发行	浙江大学出版社
	（杭州市天目山路148号　邮政编码310007）
	（网址：http://www.zjupress.com）
排　　版	杭州林智广告有限公司
印　　刷	杭州钱江彩色印务有限公司
开　　本	710mm×1000mm　1/16
印　　张	17.25
字　　数	280千
版 印 次	2025年5月第1版　2025年5月第1次印刷
书　　号	ISBN 978-7-308-26249-1
定　　价	88.00元

前　言

　　社会服务类民办非企业单位（以下简称"社会服务类民非"）是民办非企业单位的一种特定类别，主要是指从事社会福利、救灾救助、社会保障及社会事务的社会组织。社会服务类民非是社会力量参与公共服务供给的重要载体，对我国社会发展贡献较大，但公信力不足已逐渐成为制约其发展的主要瓶颈。评估作为既具激励又具约束功能的理想管理手段，对促进社会服务类民非发展作用重大。当前政府部门对社会服务类民非开展规范化建设评估，虽取得了一定成效，但该种评估形式未能很好地解决社会服务类民非在发展中遭遇的各种难题，也不能有效提升组织公信力，且规范化建设评估工作本身在实践中也问题频出。因此，本书着眼于如何优化和创新现有的社会服务类民非评估工作，探讨如何构建一个适合社会服务类民非自身发展需求的公信力专项评估体系，不仅对加强社会服务类民非的规范和管理、提升组织公信力、促进组织发展作用显著，对我国社会公共服务供给及整个社会发展的意义也非同一般。

　　本书遵循提出问题、分析问题和解决问题的研究思路，按照"为什么评估、谁来评估、评估什么、如何评估"的分析框架，采用文献分析法、比较研究法、问卷调查法、案例研究法、实地调研法等研究方法，在科学反思社会服务类民非及其评估发展的基础上，基于社会服务类民非自身发展及公信力提升的需求，构建了一个以第三方专业评估机构为评估主体，以诚信与使命、可持续发展两个要素为第一维度的评估指标体系和以灰色综合评价法为评估方法的社会服务类民非公信力评估体系。

　　本书的研究内容有：第一，研究社会服务类民非评估的基本理论及其发展。在论述研究现状与理论基础的前提下，分析社会服务类民非的发展及主要制约因素，阐述社会服务类民非评估现状及局限性，为公信力评估体系的构建奠定理论及现实基础。第二，研究社会服务类民非公信力的构成要素及公信力评估的实践价值。通过分析社会服务类民非公信力的特征与功能，确定了公信力的两大构成要素，即诚信与使命要素、可持续发展要素，从而为公信力评估指标体系的构建提供了理论基础。然后详细论述社会服务类民非公信力评估的实践价值，将其作为构建公信力评估体系的现实依据。第三，研究社会服务类民非公信力评估体系中主体的选择、指标体系的构建及评估方法的选择。依据一定标准对不同评估主体展开比较，从而确定第三方专业机构为最优评估主体；通过借鉴国内外经验并结合公信力构成要素，提出以诚信和使命、可持续发展两方面为第一维度的公信力评估指标体系；依据评估目标需求、评估对象需求、评估方法自身优势，提出灰色综合评价法是社会服务类民非公信力评估的最优方法。第四，对社会服务类民非公信力评估指标进行实证运用。以浙江省N市三家社会服务类民非为案例，通过规范的评估实施过程得出三家组织的公信力评估结果并进行相应分析，完成对社会服务类民非公信力评估指标体系的检验。

本书的创新点体现在以下三个方面：一是提出并论证了社会服务类民非的内涵及具体分类。本书在民政部对社会服务类民非界定的基础上，分别对从事社会福利、救灾救助、社会保障及社会事务的社会服务类民非进行内涵解释。如本书指出，从事社会福利业务的社会服务类民非主要是指以缓和社会矛盾为目标，以保证公民一定生活水平或提高生活质量为宗旨，提供相应服务的组织。二是提出并论证了社会服务类民非公信力的构成要素。通过分析社会服务类民非公信力的特征、功能，研究大量有关公信力的文献资料，本书指出社会服务类民非公信力的构成要素包含两个：一个是诚信与使命要素，具体内容包括诚信、使命；另一个是可持续发展要素，具体内容包括合法性、效率、绩效。三是提出并论证了社会服务类民非公信力专项评估体系的构建。本书基于社会服务类民非发展的制约因素及当前规范化建设评估的局限，构建了一个以第三方专业机构为评估主体，以诚信与使命、可持续发展两个要素为第一维度的评估指标体系和以灰色综合评价法为评估方法的社会服务类民非公信力评估体系。

十年磨一剑。本书在编写过程中得到了中南财经政法大学徐双敏教授、李明强教授、魏捷教授的大力帮助，再此表示衷心感谢！也感谢我的家人无微不至的关怀，以及浙江大学出版社汪潇编辑和其他相关审校工作者的倾力付出。衷心期望本书能让读者有所启发和收获，并为社会组织评估和发展提供切实的帮助。最后，由于本人水平有限，书中可能存在需要进一步推敲的观点和见解，若各位读者有更加独到的建议，恳请不吝赐教。

崔丹丹

目　录

绪 论

一、研究背景

发展社会组织是加强社会建设的必然要求。伴随公共治理的兴起，政府在社会部分领域已不复提供抑或无能力提供直接的管理和公共服务。国际以及各国的社会组织发展迅速，影响了国际与各国政府公共事务治理制度的变迁。与国际趋势相对应，中国改革开放政策的实施以及由此引发的制度变革，对重塑社会结构产生了显著效应。据民政部2021年9月发布的《2020年民政事业发展统计公报》，截至2020年底，全国共有社会组织89.4万个，比上年增长3.2%，吸纳社会各类人员就业1061.9万人。[1]社会组织的发展已然成为社会进步的标志和潮流。2021年3月，李克强总理在《政府工作报告》中又提到应"加强和创新社会治理"，"大力发展社会工作，支持社会组织、人道救助、志愿服务、公益慈善发展"[2]，将社会服务类社会组织的培育和发展提到国家战略层面。

民办非企业单位作为社会组织成员之一，在社会、政治、经济、文化中发挥着不可或缺的重要作用。我国的社会组织可分为社会团体、基金会、民办非企业单位等类型。民办非企业单位是社会组织的重要类别之一，主要是指企业事业单位、社会团体和其他社会力量以及公民个人利用非国有资产举办的，从事非营利性社会服务活动的社会组织。在创新社会管理的新时代背景下，国家"十三五"规划把民办非企业单位列为一个重点发展的类型。民办非企业单位的迅速发展，是20世纪90年代以来我国经济社会具有划时代意义的历史性事件。

---

[1] 民政部:《2020年民政事业发展统计公报》，2021年9月10日，https://www.mca.gov.cn/images3/www2017/file/202109/1631265147970.pdf，2023年10月30日。

[2] 政府工作报告——2021年3月5日在第十三届全国人民代表大会第四次会议上，2021年3月12日，https://www.gov.cn/gongbao/content/2021/content_5593438.htm，2023年10月30日。

改革开放40多年来，民办非企业单位广泛分布于卫生、文化、教育、社会服务等众多领域，以破竹之势得到迅猛的发展。截至2020年底，在民政部以及省、市、县级民政部门登记的民办非企业单位共有510959个，占全部社会组织数量的57.1%。

2008年，民政部出台了新的社会组织分类标准。按行业和活动领域，民办非企业单位可细化为14类，具体包括工商服务业类、农业及农村发展类、科学研究类、教育类、卫生类、文化类、体育类、生态环境类、社会服务类、法律类、宗教类、职业及从业者组织类、国际及涉外组织类、其他。其中，社会服务类民非主要是指从事社会福利、救灾救助、社会保障及社会事务的组织。从最新统计数据来看，社会服务类民非在数量上仅次于教育类民非，位居民办非企业单位的第二大类，足以彰显这一组织类型重要的社会地位和影响力，成为社会力量参与公共服务供给的重要载体。[①]社会服务类民非的兴起，改变了国家包办社会事业发展的固有模式，推动了民办与公办社会事业共同发展格局的形成。社会服务类民非已经成为推动社会经济协调发展、建设社会主义和谐社会、推动社会进步不可缺少的一支重要力量。引导和培育社会服务类民非的发展有助于扩大公共服务供给，拓展社会公共资源，增强对社会公众多元化、多层级公共服务需求的供给力度；有助于通过构建竞争机制，深层次激发市场活力，提升在公共服务领域的供给质量和效率。培育和发展社会服务类民非，已成为改进和完善社会组织相关发展政策的有力突破口。

社会服务类民非在发展中遭遇了各种难题，其中公信力不足是其发展的重大阻碍。在中国当前的社会环境之下，社会服务类民非存在于政府、企业、家庭、个人之间的宽阔地带，数量繁多、发展迥异，在促进社会经济发展、保持社会稳定、促进社会和谐等方面成效显著，社会公众越来越倾向于依赖社会服务类民非等社会组织去解决各种社会难题。同时，社会服务类民非本身仍很弱小，它占GDP的比重，对就业的贡献，对经济发展、社会和谐的作用还很有限，与人民群众和社会的要求相比，仍存有相当大的差距。社会服务类民非是在中国特殊的社会、经济、文化背景下兴起和发展的，不可避免地遭遇市场经济不

---

① 民政部：《2020年民政事业发展统计公报》，2021年9月10日，https://www.mca.gov.cn/images3/www2017/file/202109/1631265147970.pdf，2023年10月30日。

完善、公民社会不成熟的困境，其发展中遭遇的难题总体来说都是公信力不足的体现，使得其社会功能远未能充分发挥。

因此，非常有必要借助管理手段提升社会服务类民非的公信力，从而促进组织发展，而评估正是一种既具有激励功能又具有约束功能的非常理想的方式。当前，我国政府对社会服务类民非开展的是规范化建设评估。规范化建设评估开始于2007年，民政部发布《关于推进民间组织评估工作的指导意见》，标志着我国社会组织评估工作的启动。随后一些省市也陆续开展了社会组织评估的实践，社会服务类民非后续也被纳入评估的范围。2010年12月，民政部颁布《社会组织评估管理办法》，其是社会服务类民非等社会组织评估实践的主要政策依据。2011年，《中华人民共和国国民经济和社会发展第十二个五年规划纲要》明确指出，实行社会组织信息公开和评估制度，完善失信惩罚机制，强化社会监管。这是对社会服务类民非等社会组织评估工作的有力推进。2015年5月，民政部颁发《关于探索建立社会组织第三方评估机制的指导意见》，明确提出"建立社会组织第三方评估机制，是完善社会组织综合监管体系的重要内容，是社会组织评估的发展方向"[①]。这些政策法规和意见的出台，为我国社会服务类民非评估的发展提供了有力的依据和保障。

当前我国对社会服务类民非开展的规范化建设评估，未能很好地解决组织发展及公信力提升等问题，且该种评估形式在实践中问题频出。在加强对社会服务类民非评估顶层制度设计的基础上，我国政府从基础条件、内部治理、工作绩效、社会评价四方面对社会服务类民非开展的规范化建设评估工作得到了一定的发展，无论是参加评估的社会服务类民非数量，还是评估的质量，都有较大的提升。但是，社会服务类民非规范化建设评估是政府基于组织监管角度的考量，未能很好地解决组织发展中遭遇的各种难题，未能过多兼顾组织发展的长远利益，加之其建立时间不长且推行较快，实践中的社会服务类民非规范化建设评估体系"百病缠身"，如评估意义有限、被评组织抵触、不能指导组织后续发展、评估主体较单一、评估指标体系不完善、评估方法不科学等。因此，如何进一步厘清当前社会服务类民非评估现状，着眼于社会服务类民非自身发

---

① 民政部：《关于探索建立社会组织第三方评估机制的指导意见》，2015年5月20日，http://www.mca.gov.cn/article/zwgk/fvfg/mjzzgl/201505/20150500819647.shtml，2023年11月7日。

展需要，从提升组织公信力角度出发，进一步甄选评估主体、构建相应的指标体系、选择适当的评估方法是当前社会组织评估理论和实践工作者亟须解决的问题，这正是本书所研究的内容。本书试图从社会服务类民非发展的自身需求出发，提出建立社会服务类民非的公信力专项评估体系，并据此构建社会服务类民非公信力评估体系，探讨评估主体的最优选择，演绎归纳公信力评估指标体系，研究与评估指标体系相适应的评估方法等。

二、研究意义

社会服务类民非公信力评估体系构建研究，通过合理提取和借鉴国外相关社会组织评估的先进理论与实践经验，科学反思当前中国社会服务类民非评估实践中的诸种弊端，针对社会服务类民非自身发展及公信力建设需求，系统研究社会服务类民非评估的理论基础及评估体系，归纳出社会服务类民非公信力评估体系构建的理论视角和研究思路。基于上述选题背景，开展对社会服务类民非公信力评估体系构建的研究，无疑具有一定的理论意义和现实意义。

（一）研究的理论意义

社会服务类民非公信力评估体系构建研究的理论意义体现在以下三个方面。

其一，有利于社会服务类民非评估问题研究的深化。纵观既有研究，鲜有针对特定的社会服务类民非评估的研究，专门的公信力评估体系构建理论研究更无从谈起。本书选择当前与社会公众服务需求密切相关的社会服务类民非作为研究对象，具有一定的理论补充价值。此外，已有民办非企业单位评估理论研究领域，更多的是基于政府角度展开的：如何进一步完善政府规范性建设评估的评估指标、评估方法，如何加强政府委托的第三方评估模式的推广等。然而从提升公信力、促进组织发展需求出发的评估并不多见。本研究构建的社会服务类民非公信力评估体系正是区别于以往研究，着眼于社会服务类民非自身发展，基于提升组织和公信力建设来研究社会服务类民非公信力评估体系的构建，对社会组织评估研究领域来说具有一定创新性。

其二，有利于中国社会服务类民非自身及其发展方向问题研究的深化。通过对社会服务类民非自身及其发展特点的分析，能够进一步明确我国社会组织评估的发展方向和发展对策。本书以社会服务类民非公信力评估为研究范畴，探讨如何通过构建公信力评估体系，改进社会服务类民非自身发展中的诸类弱点。这些无疑是对社会服务类民非自身及其发展研究的深化。

其三，有利于政府和社会加强社会服务类民非监管问题研究的深化。对社会服务类民非公信力评估体系构建的研究是社会组织监管研究的重要组成部分。政府和社会作为社会服务类民非他律的重要主体，共同对社会服务类民非进行外部的监督制约。本书根植于社会服务类民非监管的总体框架，系统分析作为监管手段之一的评估体系构建，基于相关的理论基础，系统阐述其评估指标体系的构建、评估主体的生成、评估方法的选择和运用，能够深化社会服务类民非监管问题的研究。

（二）研究的现实意义

社会服务类民非公信力评估体系构建研究的现实意义体现在以下三个方面。

其一，可为社会服务类民非评估实践的发展提出对策建议。我国对社会服务类民非评估的发展历程不足十年，在取得经验的同时也暴露出诸多问题：评估目的侧重政府所需，评估法律法规不健全，评估主体存在多元复杂选择问题，评估方法老化，评估指标体系不科学，等等。如何完善评估体系是目前理论和实践中亟须解决的难题。虽然国内学术界对此也展开了研究，但组织发展情形瞬息万变，时至今日并未形成统一的认识，针对社会服务类民非的评估体系更是不多见。因此，构建一个着眼于组织自身发展需求的公信力评估体系，对社会服务类民非评估实践具有一定的突破意义。

其二，可为社会服务类民非的持续、健康发展提供对策建议。尽管中国社会服务类民非的数量不断攀升，涉及范围日益扩展，但总体来说社会服务类民非仍处于发展初创阶段。在其发展过程中，毫无疑问地会存在鱼龙混杂的现象和泥沙俱下的局面。尽管多数社会服务类民非能够诚信自律、健康发展，但部分组织在实践中仍存有成员素质较低、机构不健全、行为不规范、管理行政化等问题，导致社会组织工作效率低下、管理混乱、缺少社会公信力，制约了组织职能扩展和政府转移职能的顺利承接以及组织自身的健康发展，解决以上问题有赖于科学有效的社会服务类民非评估体系的建立。本书着眼于社会服务类民非发展中存在的诸多问题,从自身发展需求出发,完善公信力构建评估体系,以期通过评估,帮助组织诊断发展中存在的问题,促进组织发展。可见,社会服务类民非公信力评估体系的构建对其自身的健康发展颇具意义。

其三,可为政府对社会服务类民非监管手段的改进提供对策建议。我国对社会服务类民非成立前的监管,主要依靠民政登记机构和业务主管部门的双重管理。而后的运行监督则因人员短缺、管理力量薄弱、管理不到位等问题基本处于放任状态,随着当前社会服务类民非数量的剧增,即便是年检工作也不堪重负。而采取有效的制度化评估能够有效获取社会组织信息,了解社会组织运行状况,进而开展有针对性的监管,弥补政府监管力量的不足。本研究系统、深入分析社会服务类民非评估中存在的问题,构建全新的社会服务类民非公信力评估主体、指标体系、评估方法,有助于完善政府对社会服务类民非的监管。

一言以蔽之,对社会服务类民非公信力评估体系的构建展开研究,无论是对社会服务类民非评估及其相关理论的完善,抑或是对社会服务类民非评估的实践,尤其是对当前社会服务类民非的健康可持续发展,均有着深远的意义。

三、研究思路和技术路线

本书遵循提出问题、分析问题、解决问题的思路,按照"谁来评估、评估什么、如何评估"的分析框架,研究社会服务类民非公信力评估体系的构建。本研究在科学反思社会服务类民非及其评估发展存在的问题的基础上,从组织发展需求出发,构建了一个以第三方专业评估机构为评估主体,以诚信与使命、可持续发展两方面为第一维度指标并下含9个二级指标、31个三级指标、77个四级指标的评估指标体系,以灰色综合评价法为评估方法的社会服务类民非公信力评估体系。

本书在提出问题和梳理相关文献的基础上,分析我国社会服务类民非及其评估发展现状,基于社会服务类民非公信力构成要素及其评估实践价值的分析,构建了一个包括评估主体、评估指标、评估方法等要素的社会服务类民非公信力评估体系,并对该公信力评估指标体系进行实证运用。本书的研究技术路线如图0-1所示。

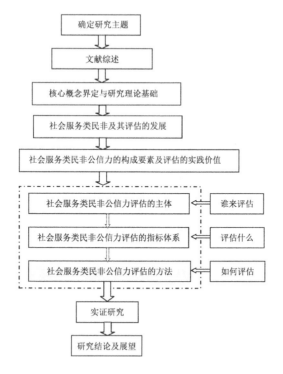

图 0-1　研究技术路线

四、研究内容和研究方法

（一）研究内容

本书共分为九个部分，阐述了社会服务类民非及其评估的发展，在分析社会服务类民非公信力构成要素及其评估价值基础上，构建了一个以第三方评估机构为评估主体，以诚信与使命、可持续发展为第一维度评估指标（下含9个二级指标、31个三级指标、77个四级指标），以灰色综合评价法为评估方法的社会服务类民非公信力评估体系，并对该评估指标体系进行实证研究。

各章的研究内容介绍如下。

绪论，主要阐述了社会服务类民非评估体系构建的背景，提出了社会服务类民非评估体系构建的意义，梳理了研究思路、技术路线以及研究内容，接着介绍了采用的研究方法，最后归纳出论文可能的创新之处。

第一章和第二章分别为文献综述、核心概念界定与研究理论基础。这两章旨在对国内外研究现状进行综述和评价，对核心概念进行阐释，并对相关理论基础进行分析。具体是对社会组织、社会服务类民非、社会服务类民非评估、社会组织公信力及其评估等有关研究进行总结，并对社会服务类民非、社会服务类民非评估、社会服务类民非公信力等概念进行界定，同时对治理理论、委托代理理论、资源依赖理论、利益相关者理论等理论基础进行深入分析。

第三章为社会服务类民非及其评估的发展。本章主要从社会服务类民非的出现、发展历程、规制体系、现状入手，分析其在发展中遭遇的主要制约因素，进而分析当前社会服务类民非评估的发展历程、现状及局限性，为后续公信力评估体系的构建奠定现实基础。

第四章为社会服务类民非公信力的构成要素及评估的实践价值。本章在具体分析社会服务类民非公信力特征与功能的基础上，确定了社会服务类民非公信力的两大构成要素（其一为诚信与使命要素，具体内容包括诚信、使命；其二为可持续发展要素，具体内容包括合法性、效率、绩效），为后续公信力评估指标体系的构建创立基础，进而指出对社会服务类民非公信力开展评估的实践价值。

第五章为社会服务类民非公信力评估的主体。本章从分析社会服务类民非评估主体类型入手，介绍评估主体的基本标准，并从地位独立性、影响权威性、技能专业性、成本低廉性、利益诉求成熟性五个方面对各评估主体进行比较，从而选择独立第三方专业机构作为社会服务类民非的评估主体。

第六章为社会服务类民非公信力评估的指标体系。本章主要分析了社会服务类民非评估指标体系相关核心概念，提出指标体系设计的总体框架，指标设计的原则和设置的基本要求，在介绍当前国内外流行的评估指标体系的基础上，结合公信力构成要素及组织自身特点，提出以诚信与使命、可持续发展为第一维度评估指标，并下含9个二级指标、31个三级指标、77个四级指标的社会服务类民非公信力评估指标体系。

第七章为社会服务类民非公信力评估的方法。本章在阐述评估方法的概念、特征、分类等基本理论的基础上，分析了当前国际流行的社会组织评估方法。从评估目标需求、评估对象需求、评估方法自身优势等角度考虑，提出适合当前我国社会服务类民非公信力评估的方法，即灰色综合评价法，进而对灰色综合评价法的思想和原理进行具体阐释。

第八章为社会服务类民非公信力评估指标运用的实证研究。本章选取浙江省N市的"BL爱心超市""YG驿站""QN媒体服务中心"三家社会服务类民非作为案例，在对案例进行介绍的基础上，通过合理的数据来源、规范的评估实施过程，利用灰色综合评价法得出三个组织的公信力综合评估结果，并进行公信力综合排名和评估结果分析。

研究结论及展望。本章在总结全书的基础上，客观分析本书的局限性及不足之处，指明今后的努力方向。

（二）研究方法

本书主要采用文献分析法、比较研究法、定量研究法、问卷调查法、案例研究法、实地调研法等研究方法。

文献分析法：这是贯穿本书始终的研究方法。本书在整理、搜集、甄别研究文献的基础之上，借助对已有文献的解读与研究，对社会服务类民非及其评估体系的构建形成了系统、科学的认识。本书在文献综述部分，进行了充分的文献分析与研究，而在进行其他部分的研究时，也是在分析已有文献的基础上得出研究结论。

比较研究法：在社会服务类民非公信力的评估主体、评估指标、评估方法的选择中，本书对不同国家和地区社会组织的评估主体、方法、指标体系等经验及案例进行了详细的比较分析与借鉴。同时，本书也对我国现存的不同社会组织的评估主体、评估指标体系、评估方法进行了分析比较。综合两者，本书得出了最适合社会服务类民非的评估主体、评估指标与评估方法。

定量研究法：本书运用因子分析法、模糊综合评价法等定量方法，确定指标内容、权重等，从而构建含信息公开、非营利性、利益相关者权益保障、公益活动、提供服务、资源供给、合法性、治理结构、内部管理及能力建设9个二级指标、31个三级指标、77个四级指标在内的社会服务类民非公信力评估指标体系，并采取模糊综合评价法对指标体系进行实证运用。

问卷调查法：本书在社会服务类民非公信力评估指标内容的筛选中，设计了"社会服务类民非公信力评估指标筛选专家调查问卷"，邀请相关社会组织评估方面的专家进行问卷填写，为公信力评估指标的确定提供了科学基础；在公信力评估指标权重确定过程中，本研究设计了"社会服务类民非公信力评估指标体系层次分析法调查问卷"，邀请从事社会服务类民非工作的相关人员填写问卷，为指标的权重系数确定提供了一定的客观依据。

案例研究法：由于本书初次构建社会服务类民非公信力评估指标体系，因此，需要通过运用进行验证。通过浙江省N市3家社会服务类民非案例的应用分析，借助调研数据，对社会服务类民非公信力评估指标体系进行实践验证。

实地调研法：笔者对浙江省N市多个社会服务类民非进行走访和实地考察，系统掌握了大量的第一手资料，为本研究的理论分析奠定了基础。

第一章

文献综述

社会组织与政府、营利性机构间的"三足鼎立"之势，使得社会得以稳定与发展。对社会组织评估问题的关注始于20世纪90年代初期。美国、英国、日本、澳大利亚、新西兰、加拿大等国家先后对社会组织进行了评估，并逐步形成较为成熟的发展机制，实践经验丰富，理论成果丰硕。在我国，社会组织评估起步较晚，但在众多学者积极引进国外理论和实践经验的基础上，此方面的发展很迅速。众多研究者的相关文献为本书后续研究的开展奠定了基础。

第一节　关于社会组织的研究

社会组织作为一种普遍性的政治、经济和社会现象，可谓源远流长。第二次世界大战后，社会组织逐步发展壮大并成为社会经济发展的重要力量。在此形势下，各国关于社会组织的研究也日益增多，并建立了各种理论。二战后，尤其是"冷战"结束以来，在经济的刺激作用下，很多国家开始了关于社会组织的多方面研究，并取得了一系列的成果。

一、国外相关研究

社会组织产生的时间很早，但先前此方面的研究很零散，直到20世纪80年代才开始出现大规模的针对社会组织的研究。当时的研究者多立足行政管理的视角对社会组织展开研究。①学者们对社会组织的研究主要集中在社会组织的兴起与发展动因、内涵界定、分类以及与政府关系方面。

（一）关于社会组织的兴起与发展动因

国外学者从"结社自由"理论、"公民社会"理论和"政府—市场失灵"理论三个方面解释社会组织的兴起与发展。首先，基于"结社自由"理论进行解释。法国的托克维尔（Tocqueville）指出，"结社权是基本人权，破坏结社权就会损害社会本身"②，公民的结社自由应作为一项基本权利受到保障。该理论肯定个人权利先于国家权力存在，但未从运行与功能视角为社会组织参与社会治理提供证明。其次，基于"公民社会"理论进行解释。黑格尔（Hegel）认为市民社会是由相互独立又彼此依赖的"原子式"的个人所组成的联合体，该联合体并非国家强制建立。③马克思认为市民社会是在国家或政府之外的所有经济和社会关系的总和，其中就包括各种社会组织。④最后，基于"政府—市场失灵"理论进行解释。萨拉蒙（Salamon）的"结社革命"理论开创了经济学解释社会组织的先例。⑤但其把国家与社会的关系视为对立，并以之为出发点⑥，有夸大社会组织的功能之嫌⑦。

（二）关于社会组织的界定

国际上社会组织的名称还没有统一，存在一些不规范和混乱的称呼，例如有的国家将其称为"非营利组织"（non-profit organization）、"志愿组织"（voluntary organization）、"慈善组织"（charitable organization）、"公民社会组织"（civil society organization）、"社区组织"（community-based organization）、"独立部

---

① 王绍光：《多元与统一：第三部门国际比较研究》，浙江人民出版社，1999年，第64—66页。

② 托克维尔：《论美国的民主》（上、下卷），董果良译，商务印书馆，1997年，第216—218页。

③ 黑格尔：《法哲学原理》，范扬等译，商务印书馆，1961年，第174页。

④ 中共中央马克思恩格斯列宁斯大林著作编译局：《马克思恩格斯选集》（第一卷），人民出版社，1995年，第41—69页。

⑤ 莱斯特·M.萨拉蒙：《公共服务中的伙伴：现代福利国家中政府与非营利组织的关系》，田凯译，商务印书馆，2008年，第51页。

⑥ 中共中央马克思恩格斯列宁斯大林著作编译局：《马克思恩格斯选集》（第二卷），人民出版社，1995年，第145页。

⑦ 中国现代国际关系研究院课题组：《外国非政府组织概况》，时事出版社，2010年，第15页。

门"（independent sector）、"草根组织"（grassroots organization），或者称之为"社会经济组织"（social economic organization）、"第三部门"（the third sector）、"非营利部门"（non-profit sector）、"非政府部门"（non-government sector）等。目前国际上有关社会组织的定义五花八门，其中有代表性的观点有以下两种：其一，基于社会系统观，通过与企业和政府的比较来界定其概念。美国学者莱维特（Levitt）从比较的视角出发，把整个社会划分为三个部门，并使用"第三部门"（third sector）这一名词取代社会组织，用来统称那些处于企业和政府间的社会组织。[①]彼得·德鲁克（Peter Drucker）指出，非营利组织既非政府又非企业，是为社会提供服务的部门，消费合作社等则不是非营利组织。英国学者约翰·格林伍德（John Greenwood）等在《英国行政管理》一书中则认为，第三部门是准行政机关或准公共部门。[②]其二，从组织的"结构—运作"角度出发界定其概念。美国约翰斯·霍普金斯大学的萨拉蒙等认为社会组织需要满足六个基本特征：正规性、非营利性、民间性、自治性、公益性、志愿性。[③]该定义得到了学术界的广泛认同和引用，其中非营利性和民间性被公认为是社会组织的基本特征，而后有些学者对其他特征进行了修正。

（三）关于社会组织的分类

官方的社会组织概念既不能包含现实中存在的所有社会组织类型，也不能揭示社会组织的特殊性。社会组织内部的差别比政府部门和营利部门内部的差别要大得多，对社会组织的分类也比对政府部门、营利部门的分类复杂得多。

故参考相关文献，可依据活动领域特征对社会组织进行分类。其一，根据联合国国际标准产业分类体系（ISIC体系）第四版的草案，将社会组织划分为教育，人类医疗与社会工作活动，艺术、娱乐与休闲，其他服务活动等4大类18小类。该体系从经济活动角度界定社会组织，把收入一半及以上来自收费或政

[①]　Levitt T., *The Third Sector :New Tactics for a Responsive Society*, New York: AMACOM, 1973, pp. 9–10.

[②]　约翰·格林伍德、戴维·威尔逊：《英国行政管理》，汪淑钧译，商务印书馆，1991年，第180页。

[③]　Salamon L.M., Anheier H.K., *The Emerging Nonprofit Sector: An Overview*, Manchester: Manchester University Press, 1995, pp.1–10.

府补贴的组织排除在外，所以难逃涵盖面过窄的缺点。但其对收集社会组织的经济数据很实用，因此在发达国家得到广泛采用。其二，美国慈善统计中心设计的免税团体分类体系（NTEE体系）涵盖10个功能性大类和400个社会组织明细，10个功能性大类社会组织又包括不同的26个小类。10个功能性大类分别为：艺术；文化与人文；教育；医疗；人类服务；国际和外国事务；公共和社会公益；宗教相关；互益；会员制。NTEE体系按照美国的税收法典设计，带有强烈的美国色彩，难以做到世界通用。其三，美国约翰斯·霍普金斯大学提出的"非营利组织国际分类标准"（ICNPO）。该体系一方面立足国家标准产业分类体系，另一方面借鉴了NTEE的分类方法，由来自13个国家的学者合作设计，得到了广泛的认同，联合国经济核算体系采纳了这一分类标准。按照这个分类体系，NGO（非政府组织）被划分为12个大类、26个小类。[1]12个大类包括：文化与休闲；教育与研究；医疗卫生；社会服务；环境；法律；倡导与政治；慈善中介与志愿主义促进；国际活动；宗教集会与协会；商会、专业协会、工会；其他。ICNPO体系比ISIC体系和NTEE体系涵盖的范围更宽泛，分类也较为简洁，但是该体系并未解决一些组织是按活动领域划分还是按活动性质划分这一问题。

（四）关于社会组织与政府的关系

政府部门和社会组织之间的关系复杂多样，尤其是在当前多变的社会经济形态下。国外以下三种理论较为常见。其一，"政府与社会组织关系类型"理论。该理论认为，政府与社会组织二者之间的关系主要分为三种模式，即支配模式、双重模式、合作模式。其二，合作互补模式理论。古斯通（Coston）构建了一个可以从国家层面快速评价社会组织与政府关系的宏观模型框架，认为政府由反对制度多元化向接受制度多元化转变，两者间的关系依次呈现出压制、敌对、竞争、合约、第三方治理、协作、互补和合作等模式[2]（如图1–1所示）。其三，三模式理论。三模式理论基于美国政府与社会组织的关系历史，主要包括补充模式（supplementary model）、互补模式（complementary model）、抗衡模式

---

[1] 莱斯特·M.萨拉蒙等：《全球公民社会：非营利部门视界》，贾西津、魏玉等译，社会科学文献出版社，2007年，第498—499页。

[2] Coston J.M., "A Model and Typology of Government-NGO Relationship", *Nonprofit and Voluntary Sector Quarterly*, 1998, pp. 358–382.

（adversarial model）。从这些研究资料可以看出，从不同角度进行研究，所得出的关系模式结论也有明显的差别，不过可以总体上将其分为敌对、中性、合作这三种类型。①

| 压制 | 敌对 | 竞争 | 合约 | 第三方治理 | 协作 | 互补 | 合作 |

图1-1 政府与社会组织关系连续谱

资料来源：Coston J.M.，"A Model and Typology of Government-NGO Relationship"，*Nonprofit and Voluntary Sector Quarterly*，1998，pp. 358-382.

二、国内相关研究

20世纪80年代的全球"结社革命"，使得社会组织不仅在发达国家，同时也在发展中国家开始勃兴。1995年，第四次世界妇女大会在北京召开。此后，中国社会的各种组织宛如雨后春笋般迅速发展，随之大量涌入了有关社会组织的各种概念和名词。迄今为止，中国关于社会组织的称谓多种多样，除了"社会组织"以外，还有"志愿者组织""第三部门""民间组织""非营利组织""非政府组织"等。在目前我国市场经济开始深入发展并占据主导地位的形势下，社会组织的作用也日益体现出来。作为对现实问题的理论回应及指导，众多研究者开始从不同角度和不同领域，对中国的社会组织及其相关问题进行探讨和研究。②综观现有成果，中国学者对社会组织的研究主要集中在社会组织的内涵和外延、分类、与政府关系等方面。

（一）关于社会组织的内涵和外延

从中国社会的研究成果来看，多数学者对社会组织的界定不尽相同，不过

---

① 詹少青、胡介埙：《西方政府：非营利组织关系理论综述》，《外国经济与管理》2005年第9期，第27页。

② 美国约翰斯·霍普金斯大学非营利组织研究中心的莱斯特·M.萨拉蒙通过对美国、英国、法国、意大利、德国、匈牙利、埃及、日本、泰国、印度、巴西等41个国家非政府公共部门的比较研究，认为非政府公共部门在世界各国的发展情况表明，一个由NPO（非营利组织）或NGO（非政府组织）发动的全球性的"社团革命"方兴未艾，它对21世纪具有重要意义，正如民族国家的兴起对于20世纪所具有的意义一样重大。见Salamon L.M., Anheier H.K., *The Emerging Nonprofit Sector: An Overview*, Manchester: Manchester University Press, 1995。

仍是借鉴西方国家研究者的说法，偏爱从更为宽泛的角度对社会组织进行界定。洪大用等认为非政府组织不应有严格的限制，只要是依法注册，满足一定的非营利性和公益性要求，即可称为"中国的非政府组织"。[①]范丽珠认为，中国的社会组织需具有一定的志愿性、公益性、自治性或互益性。[②]

从社会结构理论角度出发，考虑社会组织的内涵及其外延：一些学者认为，社会组织独立于政府和企业之外，它的活动目的在于对社会公益性的追求，且注重提供的公共服务效率的最大化而并非自身利润的最大化。从社会角色定位理论出发，考虑社会组织的内涵及其外延：部分学者提出社会组织的正规性、非营利性，以及自愿性等；部分学者分析了社会组织的角色定位及其矫正，即社会组织的主要目标是开展公益活动，其日常运营所需要的经费应该是自愿承担的，而不是来源于政府拨款，否则就是组织角色的扭曲。

（二）关于社会组织的分类

在国际上，萨拉蒙关于社会组织的分类方法得到了广泛认可，但是从中国的研究和实践来看，目前仍未有统一的社会组织分类方法，学者们对社会组织的分类大致有以下几种。

依据社会组织和政府间关系对社会组织进行分类。根据组织的形成过程、主要领导的身份、经费来源和领导层的产生，将社会组织分为官办（自上而下型）、民办（自下而上型）、官民合办（合作型）三种。[③④]官办社会组织的领导人和工作人员为政府部门的在编人员，组织经费由政府划拨，受到政府控制或支配，如妇联、共青团和工商联等。民办社会组织由民间人士自发成立并资助开展活动，与政府人员无交叉，经费自理。官民合办型社会组织自主操作运行，政府予以支持。这种分类方式有效地指出了社会组织和政府的不同关系，突出了政府在社会组织发展中的作用。

依据内部治理结构对社会组织进行分类，即会员制与非会员制二分法。[⑤]这

---

① 洪大用、康晓光：《NGO扶贫行为研究调查报告》，中国经济出版社，2001年，第2页。
② 范丽珠：《全球化下的社会变迁与非政府组织》，上海人民出版社，2003年，第256页。
③ 王颖：《社会中间层：改革与中国的社团组织》，中国发展出版社，1993年，第56页。
④ 若弘：《中国NGO：非政府组织在中国》，人民出版社，2010年，第44页。
⑤ 王名：《社会组织概论》，中国社会出版社，2010年，第19—21页。

种划分将社会组织分为会员制组织与非会员制组织，同时依据是否具有公益性，将此类组织分为公益型和互益型两类，也可以根据活动形式将其划分为基金型与实体型组织。会员制与非会员制组织的划分对于理解社会组织治理结构至关重要，而将免登记的社会团体纳入社会组织范畴，有利于我国建立综合性、整体性的社会组织概念。但这种类型划分存在一些问题。首先这种划分方式仍旧是以法定组织为对象，不能涵盖未登记的草根组织和未登记注册的社会组织。其次，这种分类把事业单位归入了社会组织范畴。事业单位本质上具有非营利性，但并不具有社会的和非政府的属性，其与社会组织间存在明显差异。

依据组织功能对社会组织进行分类。康晓光将社会组织划分为行动、专业支持和资金支持三类。行动类型的社会组织对公众产生直接影响，可以将其进一步分为倡导类、服务类、倡导兼服务类。专业支持类型组织为行动类型组织提供专业支持，又可分为培训类、问责类、研究类等。资金支持类型的社会组织为其他类社会组织提供资金，主要是指基金会。[①]郭国庆将社会组织分为七类：教育、研究组织；医疗保健组织；学术、文化组织；群体、团体组织；慈善基金组织；协会、联合组织；其他组织。[②]

依据法律性质对社会组织进行分类。贾西津将其划分为法定非营利组织、非正式和未定型非营利组织。[③]第一种类型也可以划分为社会团体、民办非企业单位等几种类型。非正式非营利组织包括作为某个单位的二级分支机构、在工商部门登记的组织、未经登记的组织等。未定型的非营利组织主要指转型中边缘性的社会组织，包括转型中的事业单位、村委会、居委会等。

从学术研究角度对社会组织进行分类。俞可平从学术研究的角度将社会组织分为九类，即慈善性机构、政治团体、学术团体、行业组织、社区组织、公民互助组织、社会服务组织、非营利性咨询服务组织和同人组织。[④]赵黎青根据《联合国系统内行动者的多样性》，认为非政府组织包含群众性组织、行业组织、

---

① 康晓光：《权利的转移：转型时期中国权力格局的变迁》，浙江人民出版社，1999年，第94—95页。

② 郭国庆：《现代非营利组织研究》，首都师范大学出版社，2001年，第16—17页。

③ 贾西津：《第三次改革：中国非营利部门战略研究》，清华大学出版社，2005年，第61—65页。

④ 俞可平：《中国公民社会：概念、分类与制度环境》，《中国社会科学》2006年第1期，第109—122，207—208页。

学术组织、信仰组织、社会运动和活动网络。[①]这些分类在实际学术研究中具有重要的借鉴意义。

（三）关于社会组织与政府的关系

国内学者多从竞争与合作视角来阐述社会组织与政府间的关系。有学者将社会组织与政府的关系描述为一个合作的解释框架，该框架认为两者关系取决于三个不同变量，即共同目标、环境变量和组织功能。[②]有学者认为，社会组织与政府之间是"两者互动关系"，是"合作与抗争的关系"。[③]有的学者从政府购买公共服务角度，指出政府与社会组织是包含三种模式的伙伴，即竞争性购买、非竞争性购买和形式性购买。[④]有的学者认为两者是一种合作中竞争的新型关系，合作中政府居于主导地位。竞争表现在两者对公共事务管理权力的竞争，以及资源特别是财政资源的竞争。[⑤]有的学者将合同订立、实施、终止三个动态阶段加入关系分析中，用修正后的代理理论和管家理论[⑥]来解释两者的关系。[⑦]综上，不论是博弈关系还是互动关系，这些研究在一定程度上都揭示出社会组织与政府两者间涵盖了竞争关系。但在全面深化改革、政府职能转变的关键阶段，国内的相关研究应该赋予社会组织与政府间关系新的内涵。

---

① 赵黎青：《联合国对非政府组织的界定》，《学会》2009年第3期，第3—4页。

② 汪锦军：《公共服务中的政府与非营利组织合作：三种模式分析》，《中国行政管理》2009年第10期，第77—80页。

③ 刘贞晔：《国际多边组织与非政府组织：合法性的缺陷与补充》，《教学与研究》2007年第8期，第54—62页。

④ 贾西津：《国外非营利组织管理体制及其对中国的启示》，《社会科学》2004年第4期，第45—50页。

⑤ 郭小聪、文明超：《合作中的竞争：非营利组织与政府的新型关系》，《公共管理学报》2004年第1期，第57—63、95页。

⑥ 管家理论（stewardship theory）从代理理论的对立角度揭示了经理人和委托人存在的另一种关系，在一定程度上弥补了代理理论的不足。管家理论认为代理理论对经营者内在机会主义和偷懒的假定是不合适的，而且经营者对自身尊严、信仰以及内在工作满足的追求，会使他们努力工作，做好"管家"。

⑦ 徐家良：《中国第三部门研究》（第12卷），社会科学文献出版社，2016年，第17—19页。

第二节　关于评估与社会组织评估的研究

一、关于评估的研究

起源于企业领域的评估，被广泛地应用于其他社会领域，在不同的学科中被加以完善和改进。比如20世纪20年代至30年代开展的霍桑实验，A. S.史蒂芬（A. S. Stephen）对"罗斯福新政"进行的较为深入和广泛的评估。作为人格评估的典范，亨利·穆雷（Henry Murray）博士对希特勒开展了心理评估，并形成详尽的评估报告。纵观全球，学者们对评估的研究主要集中在评估内涵的界定、评估的分类、评估理论与方法、评估的应用等方面。

（一）国外相关研究

西方国家在20世纪70年代前夕，开始大规模地增加公共资金投放，运用政府行政管理手段实现对经济的干预和管理，进一步强化了政府的管理功能。因此，基于政府行政管理手段实施的需要、政策有效管理的需要以及政府绩效评估的需要，评估理所应当地走进了政府管理的视野，应用于国家行政管理领域，推动了这些发达国家的政府改革，如英国实施的"雷纳评审"、美国推行的联邦政府生产效率评估方案等。西方学者大多关注评估内涵的界定、评估的分类、评估理论与方法、评估的应用等方面。

关于评估内涵的研究。评估是一个仁者见仁、智者见智的概念。评估，最初是指对部分企业管理中要素的评估，比如收益评估、人力资源评估、资产评估、企业风险评估等。伴随全球"新公共管理运动"的浪潮，评估被广泛应用于公共行政领域。国外学者常依据评估的内容来界定其内涵。彼得·罗西等人在《项目评估：方法与技术》一书中认为，评估最广泛的定义包括所有涉及讨论时间、过程、物体或个体生命的价值的努力。[1]艾尔·巴比曾指出，对评估展开研究的主要目标在于分析和探究评估对于社会普遍干预的效果如何，因此对其的研究更加侧重应用，并确定完善这种干预效果的方法和措施。[2]由此可见，

---

① 彼得·罗西、霍华德·弗里曼、马克·李普希：《项目评估：方法与技术》（第6版），邱泽奇等译，华夏出版社，2002年，第49—51页。

② 艾尔·巴比：《社会研究方法》（第10版），邱泽奇译，华夏出版社，2005年，第18页。

目前大多数学者都认为评估的最主要目的是确定评估客体的价值，也可以通过评估确定相应的社会干预效果。

关于评估类型划分的研究。众多研究者依据评估方法、评估内容，就评估种类划分提出了见解。彼得·罗西等人根据评估方法的不同，将其分为形成性评估和累积性评估。形成性评估主要应用于需要提供被评项目活动信息的领域；累积性评估主要针对项目的完结，是对项目整体的评判，这类信息对资助机构决定是否重新立项或继续向项目拨款非常有用。[①]可以根据评估内容将其分为三种类型，分别为过程评估、结果评估与效率评估。其中过程评估的最主要目的就是解决一些项目运作问题，此外服务和项目内容是否一致也包括在内。结果评估则主要和项目实施的效果有关，比如评价实施项目对环境的改善。效率评估是建立在以上两个评估基础上的评估，能够确定项目执行无误并取得了预期的效果。

关于评估理论的研究。当前国外流行的评估理论，多以评估的价值取向差异为区分依据。斯塔弗尔比姆提出的绩效问责评估理论侧重对评估目的进行论述，也就是改善方案，并确定方案的优缺点。[②]在此种评价模式中，需要充分考虑到利益相关者，积极地鼓励其参与进来，并提出相应的建议，以此来使得制订的方案可以较好地满足他们的需求。此种模型的优点表现为可以让更多的相关者参与进来，较好地满足受益人的需求。此后，实用性评估理论得到更多学者的支持，该理论认为可以通过评估来确定更好地解决问题的方法，评估的作用在于相关结果的使用者可以通过评估结果对项目做出判断或改进，或是两者兼得。该评估的优点在于通过引入对评估结果的预期，引导使用者积极参与，促使评估结果得到更深刻的理解和更被重视，并确保评估结论得以充分利用。此外，赋权评估理论也在国外评估发展中占有重要地位。该理论认为在评估过程中需要服务对象的参与，且其可以自由地对项目评估进行分析。此理论运用了定性和定量相结合的方法，因而使所得结果更精确。

关于评估方法的研究。早在20世纪70年代，大量的评估方法就被国际大型

---

① 彼得·罗西、霍华德·弗里曼、马克·李普希：《项目评估：方法与技术》（第6版），邱泽奇等译，华夏出版社，2002年，第49—51页。

② 斯塔弗尔比姆等：《评估模型》，苏锦丽等译，北京大学出版社，2007年，第73页。

金融机构和国际非营利性组织用于加强项目管理。评估方法有很多种，大致可以划分为定量和定性两类。它们之间的主要区别在于是否将评估所研究的资料量化并采用统计方法和定量计算来分析资料数据。在许多机构中，成本—效益分析或成本—绩效分析是较为常见的定量分析评估方法。该方法需要对一个项目的成本和收益进行估计，对因为项目或所提供的服务而产生的成本和效益进行比较。定性评估方法中较为普遍的是逻辑框架法、个案研究法和快速农村评估法。所谓逻辑框架法即依据事物的内在因果关系，分析一个复杂项目的内涵。该方法对项目实施效果的评价，依赖于将项目实施后的目标与预期目标进行比较。个案研究法主要采用描述项目的手段，研究者将大部分时间用在访问项目操作员工，以及观察项目的统计数据和记录上，并精确描述项目的内容和运行情况。该评估方法侧重对事实进行描述，也可以让研究者在自己的环境中复制项目，这点比所采用的具体评估方法重要得多，它有助于鉴别评估方法的正确与否。快速农村评估法是建立在人类学、社会学等非量化资料的技术基础上，利用正式或非正式信息，直接面向收益群体开展评估的方法。

（二）国内相关研究

20世纪80年代中后期，评估工作逐步在中国得到重视和发展，被全面引入工商管理以及政府公共管理领域。由于评估理论在国外发展得较为成熟，国内学者对其在理论和方法上的创新研究较少，大多是沿用国外的理论体系。总体来看，目前此方面的研究主要侧重于定义和分类等方面的定性研究，通过数学工具进行定量分析的研究还较少。

关于评估界定及其分类的研究。国内学者常基于与"评价"的比较来界定其内涵。该观点认为评价是人们的认识活动，主要作用是对相关目标对象依据相应的标准确定其活动的价值。而评估的内容可包含评价，评估的外延更大。由此可见，此类对评估的定义仅局限于相对"评价"一词单方面的内涵阐释。此外，也有部分国内学者根据评估者的来源对评估进行分类。邓国胜认为评估可以分为自我评估和外部专家评估两种，前者主要是相关活动主体实施的内部自我评估，后者则是活动主体聘请专业评估机构的人员所实施的评价工作。[①]

[①]　邓国胜：《重构中国政府绩效评估体系》，《安徽决策咨询》2004年第9期，第38页。

　　关于评估指标和方法的研究。针对评估指标，国内学者主要从其定义和体系构建方面进行研究。王海政等指出，被评价对象一般会包含很多因素，这些因素和被评价对象的特有属性有密切的关系，可以根据这些因素建立相应的评价指标。[①]关于指标体系构建的相关问题，王明涛等提出了用均方差赋权法、离差法对指标进行设计。[②]针对评估方法，国内学者的研究主要有如下几种：一些学者认为在计算相关评价效果时，可以利用无量纲加权汇总法，这种方法在确定综合效益方面有较好的价值，不过其所得结果不包含单位，不能体现出一定的优势，因而所得结果有一定的应用局限性。一些学者在进行研究时，认为可以通过听证会来达到一定的评价目的，听证会的参与人员应该满足相关要求，也就是具有丰富经验且可以独立开展相关评估工作的专家学者，以及可提出反对意见的代表，利益相关者在参加时应该严格满足相应的条件。

　　关于评估相关应用的研究。评估的应用在我国主要有科技评估、绩效评估等。这些评估主要是通过政府部门来组织实施的，社会组织在其中只起到一些辅助作用，如咨询和参谋等。如科技评估即由科技评估机构依据相关评价原则，在遵循规范和程序的基础上，综合利用相关评估方法和技巧来对科技政策、科技计划和成果等开展相应的评价，也包含与此相关的一些专业化咨询活动。中国科学院是目前我国最专业和核心的国家级科技评估机构，其在科技成果评价方面的结论最权威。而绩效评估则是利用相应的评估方法和技巧，来尽可能客观公正地对相应的组织业绩进行评价，并给出所得结果。目前这种评估已经成为世界各国公共管理领域的新主题，很多学者从各自不同的角度对此进行了研究，并得出了很有价值的参考成果。为了规范和统一此方面的评估工作，国家还专门成立了相应的绩效管理研究会，其主要研究目标是解决相关行政管理的理论和实践问题，并制定出更科学合理的绩效评估方案和评价指标体系。

---

① 王海政、仝允桓、谈毅：《多元价值观视角下的公共项目评价方法》，《中国软科学》2006年第6期，第138—149页。

② 王明涛、李茜、龚仰树：《财经金融类专业本科毕业论文质量评估指标体系构建：基于上海财经大学金融学院的经验数据》，《大学教育》2020年第8期，第195—198页。

二、关于社会组织评估的研究

放眼全球，很多研究者对社会组织评估展开了多方面的研究。从世界范围来看，对社会组织评估的关注可追溯到20世纪70年代末，当时已出现了关于评估的内容、指标体系方面的研究。主要归纳为以下几个角度：社会组织评估的内涵、社会组织评估的分类、社会组织评估的理论、社会组织评估模型及体系的相关内容、独立的社会组织第三方评估以及社会组织评估的实证研究。

（一）国外研究现状

时至今日，许多西方发达国家的社会组织发展已进入成熟时期，社会组织评估的发展亦是如此。20世纪90年代初期，很多西方发达国家纷纷建立了社会组织，有的则建立了一些官方参与或者支持的中介性评估机构，并纷纷在社会各领域开展了评估工作，这些成为政府部门监督管理社会组织的重要手段。[①]国外学者对社会组织评估的研究贡献集中在社会组织评估分类、理论、模型等方面。

关于社会组织评估分类的研究。对于社会组织评估的类别，国外学者依据不同标准进行了多样的划分。按照评估主体的不同，社会组织评估可以划分成政府部门牵头组织的评估、由独立的第三方评估机构实施的评估、伞状社会组织对其组织的成员实施的行业自律性评估三类。如日本的社会组织评估多数由政府部门组织实施，DZI（德国社会问题中央研究所）对劝募机构开展的评估多是由第三方评估机构实施的评估。赫兹琳杰（Herzlinger）指出，应当由第三方提供有关组织的全部资料，评估机构应当构建评估工作规范，及时搜集、分析、整合、公布被评组织的全部项目运行、服务质量等内部信息，以便于及时评估该组织是否履行组织使命、达成组织目标。[②]此外，这种评估的结果应该依据相应的规范公布出来，并接受社会各部门的监督，公众也可以要求政府在一定条件下公布相应的捐赠对象、种类和数量等。此种评估对降低社会组织运营成本、提高资源利用效率和价值有多方面的推动作用。根据评估对象的不同，可以分为对仅提供社会公共服务的机构开展的评估和针对社会劝募机构进行的评估。

---

① 王名：《中国社团改革：从政府选择到社会选择》，社会科学文献出版社，2001年，第54—55页。
② 里贾纳·E.赫兹琳杰：《非营利组织管理》，北京新华信商业风险管理有限责任公司译，中国人民大学出版社，2000年，第85—87页。

依据评估性质的不同，可分为示范性评估和资格性评估。前者的目的是树立社会组织的标杆，因而所得的评估结果不存在法律关系，主要是起到相应的引导和支持方面的作用；后者的目的是确认社会组织的某种资格，评估结果会与劝募资格和免税待遇挂钩。

关于社会组织评估理论的研究。从长期的评估实践来看，国外学者在评估的理论方面做了大量的研究工作，形成了较为完善的评估程序和方法。这些评估理论大多以定量分析为基础，以定性分析为辅助，形成评估的综合结论。概括起来，主要有以下几种：（1）由学者芬维克最早提出的"3E"理论，是当前国际社会最为普遍和流行的社会组织评估理论。他将组织绩效划分为测量经济（economy）、效率（efficiency）与效果（effectiveness），即"3E"指标。福林将公平（equity）指标作为补充，共同构成目前主流的社会组织评估指标体系。"3E"理论虽然对提升社会组织的效率有很大的作用，但在提升社会组织的公信力方面有很大的局限性。卡普兰（Kaplan）提出，为了更好地满足相关评估要求，应该从"3E"向"3D"转变。其中"3D"具体就是指诊断（diagnosis）、设计（design）和发展（development）。[1]虽然"3D"理论对社会组织的能力提升有很大的作用，但在社会组织的公信和效率提升方面有一定局限，且该理论难以对社会组织进行定量评估，在不同的社会组织间也无法展开比较。（2）罗伯特·卡普兰等人的平衡计分卡（BSC）能对非营利组织进行全面、综合的评估。平衡计分卡从财务、组织内部执行、顾客、学习与成长等四方面来评估组织的管理，兼顾了组织长期和短期、财务和非财务目标间的平衡。[2]但是，该评估理论不适用于组织战略的制定，对组织自身要求较高；评估中有关组织的非财务指标仍很难建立，且指标数量过多等。（3）顾客满意度理论也在评估中占有一席之地。该理论汲取了心理学、社会学等方面的知识，认为企业和组织要以满足顾客的需求和期望为基本目标，包括了解顾客的需求，并在此基础上更好地满足相应的需求。顾客满意度理论对于提升社会组织服务品质虽有一定作用，但它并不是一个很敏感的、理想的

---

[1]　Kaplan R.S., "Strategic Performance Measurement and Management in Non-profit Organi-zation," *Non-profit Management & Leadership*, 2001.

[2]　罗伯特·卡普兰、戴维·诺顿：《平衡计分卡战略实践》，上海博意门咨询有限公司译，中国人民大学出版社，2009年，第25页。

指标，在其他方面的作用较小。（4）弗里曼对此也进行了深入的研究，并在其一部著作中提出了利益相关者理论，然后利用此理论解释了一些组织中的现象。随着该理论的发展，更多的学者认识到组织绩效与利益相关者间存在一种密切的"互动影响"双向关系。[①]（5）360度绩效评估理论最早是由被称为"美国力量象征"典范的企业英特尔提出并实施的。评估人员包括上级、下级、同事、客户和被评估者自己。该评估模式强调从不同层面人员中收集评估信息，从多个视角开展评估，使评估结果尽可能全面且公正。但是，当评估目的不同时，评估者对同一被评估对象的评价会不一样，同样的被评估对象对评估结果也有着不同的反应，一定程度上影响了评估的准确度；由多人来共同考核所导致的上升的成本可能会超过考核给组织带来的价值；此外，由于员工既是评估者又是被评估者，组织要对所有员工进行评估培训，工作难度较大。

　　关于社会组织评估模型的研究。国外学者基于社会组织评估内容关注点的不同，提出了数量丰富的评估模型。DEA（数据包络分析）方法被广泛应用到具体的社会组织评估工作中。运用DEA评价方法不能明确比较融资方法的优劣，但是可以识别出效率的高低，并且通过有效的评价样本分组，还可以避免样本不清的弊端。此后，多维服务质量评价模型被提出。该模型包含多种评价指标，并能够通过实验数据来验证其自身的有效性。同时，部分评价模型也被应用于财务脆弱性评价领域。此类模型认为影响组织效率的主要因素为财务的脆弱性和损耗。财务脆弱性评价模型在NPO（非营利组织）评价中的应用，使得组织外部各利益主体能够确定NPO的公信力，并进行资源分配决策。此外，著名的GET模型主要关注NPO和资金捐助者之间的关系，意在确定构建能够兼顾资金捐助者与NPO关系的评价体系的可能性。中国台湾著名管理领域大师司徒达贤，提出了非营利组织评估的CORPS模式。CORPS模式最初常被用作非营利组织的管理和经营，其中，非营利组织在日常运转、项目运行、服务提供中涉及的关键因素可以由CORPS中的五个单词来分别表示：client（服务对象）、operations（创造价值的经营业务）、resources（物力及财力资源，含资源提供者）、participant（人力资源，含志愿者和专职工作人员）、services（创造和提供的服务）。

[①]　殷晓宝：《基于利益相关者的非营利组织绩效评估》，硕士学位论文，上海师范大学，2007年。

（二）国内研究现状

随着中国社会组织的发展，对社会组织评估的需求日益强烈，我国很多学者在引进西方评估理论和经验的基础上做了相当广泛的研究，主要集中在如下几方面：社会组织评估的内涵及分类、评估的框架体系、评估的方法、独立的第三方评估以及相关实证研究。

关于社会组织评估内涵及分类的研究。众多学者依据自身对社会组织评估内容的不同理解，展开对社会组织评估内涵的阐释。盛明科指出，非营利组织评估是以提高组织绩效为目标的，由评估主体在规定时间、范围内运用科学的评估方法对非营利组织绩效进行测定和评价的过程。[1]朱小平等从公益型社会组织角度提出绩效评价的概念，认为其是非营利组织在服务社会的过程中，在注重外部形象和内部管理、政治因素与经济因素、质量与效益的基础上，对组织自身得到的产出开展的评定。[2]这种评定是根据组织服务质量、组织责任以及服务对象的满意度，运用严格的程序规范、科学的实施方法和标准，对非营利组织活动中的投入—产出进行的科学评价和测量。曾韶华等从非营利组织公信力角度来阐明组织评估的定义，认为评估是非营利组织公信力的基本保障。[3]公众对非营利组织的持续捐款动力，来源于其较高的社会公信力，因此一套科学和有效的评估体系有利于社会公众对非营利组织的内部管理和目标达成进行客观、公正的评价。对于社会组织评估的分类，国内研究大多借鉴西方的分类方法，即分为资格性评估和示范性评估。

关于社会组织评估框架体系的研究。国内学者对社会组织及其评估发展的状况分析各有差异，进而提出了具有不同侧重性的社会组织评估框架体系。邓国胜构建了包含四个子模块的社会组织评估体系模型，四个子模块分别是非营利性评估表模块、战略与使命评估模块、项目评估模块、组织能力评估模块。[4]刘春香等认为应建立一套科学、合理、健全的评估机制，主要从项目评估、管

---

[1] 盛明科：《论我国非营利组织绩效评估存在的问题及其对策》，《湘潭师范学院学报（社会科学版）》2005年第4期，第21—24页。

[2] 朱小平、杨妍：《公益型非营利组织绩效预算与绩效评价的理论探讨》，《审计与经济研究》2006年第3期，第64—68页。

[3] 曾韶华、林琳：《非营利组织的绩效评价体系研究》，《技术经济》2008年第5期，第84—91页。

[4] 邓国胜：《非营利组织评估体系研究》，《中国行政管理》2001年第10期，第41—43页。

理能力评估、组织成员评估、使命与战略规划评估四个方面进行评估。[①]孙炳耀在分析评估对象和评估理由的基础上，较全面地分析了社会组织的评估框架，包括慈善行为及相关内容、组织质量、组织行为、组织产出、组织效益分析等。[②]唐跃军等提出了与此相关的指标体系，其中主要包括内部治理、组织概括、组织公共责任、组织资金运用、信息公开、筹资活动等6个一级指标，此外还包括28个二级指标、21个三级指标。[③]刘宇喆主张从社会组织提供服务的质量、自身拥有的资产数量、公益性、融资能力、抗风险能力、信誉等方面对社会组织评估展开研究。[④]文宏指出，社会组织评估体系的内容由两部分组成：一个是针对组织成员在工作中的质量效益和效率等方面的情况，另一个是针对组织的人力、资金、设施、技术、信息等有形或无形的产品、业绩和作为情况。[⑤]李维安在邓国胜的社会组织评估体系的基础上，提出了由组织概况、内部管理、服务责任、财产运用、信息公开、资金募集6个模块构成的社会组织评估框架体系。[⑥]罗文标等在对此进行研究时，主要是加入了相关的"政府""竞争"因素，并对其中的相关性进行了分析。"政府"是指非营利组织充分利用政府部门资源，并得到相应的帮助和支持。"竞争"是指就其战略经营目标、内部管理、服务提供等进行分析并制定发展目标或寻求商业领域拓展。[⑦]邓国胜提出了"APC"评估理论。其对与此相关的理论进行了综合分析，并认为目前的顾客满意度理论并不能较好地解决我国社会组织面临的实际问题，在参考国外评估理论的基础上结合我国国情，构建了与组织问责、组织绩效、组织能力等相关的全方位评估理论。[⑧]"APC"理论是一套理想的综合性评估框架，特别强调社会组织的

---

① 刘春香、刘飞跃、李华，等：《论我国非营利组织发展的制约因素及对策》，《兰州学刊》2004年第5期，第224—225页。

② 孙炳耀：《非营利机构评估的几个理论问题》，《学会》2004年第11期，第35—41页。

③ 唐跃军、左晶晶：《中国非营利组织的评估指标体系》，《改革》2005年第3期，第104—110页。

④ 刘宇喆：《浅议非营利组织评估》，《科技创业月刊》2005年第4期，第78—79页。

⑤ 文宏：《非营利组织绩效评估的问题及对策分析》，《山东行政学院山东省经济管理干部学院学报》2005年第1期，第60—62页。

⑥ 李维安：《非营利组织管理学》，高等教育出版社，2005年，第67页。

⑦ 罗文标、吴冲：《我国非营利组织绩效评估新思路》，《商场现代化》2006年第12期，第61—63页。

⑧ 邓国胜：《非营利组织"APC"评估理论》，《中国行政管理》2004年第10期，第33—37页。

问责与能力的评估。但在实践中，如果对所有的社会组织都开展"APC"的综合评估，势必成本太高。张冉提出了具体针对某一类社会组织的专项评估体系，在该领域很具代表性。该评估主要是基于相关的组织边界理论，确定社会组织的边界和与其他组织的关系等，同时还分析了各种组织的形成机理，在此基础上，构建了由结构能力、运作能力和关系能力三个模块构成的行业组织能力评估的S-O-R模型。[1]徐家良在总结国内外社会团体评估指标体系设计和方法技术的基础上，提出一套由4项一级指标(关系、能力、结构、结果)、12项二级指标、41项三级指标构成的社会团体评估框架，是目前比较系统、具有代表性的社会组织整体性评价体系，具体如表1-1所示。[2]综上，国内相关学者在国外的社会组织评估理论基础上，就社会组织评估框架体系给出了不同的见解，但社会组织评估是依托一定的评估体系内容进行的价值评判活动，如若不能构建出一套统一的评估体系，将可能有碍于评估的准确性和客观性。

表1-1　社会组织评估框架体系汇总

名称	年份	评估框架主要内容
邓国胜	2001	非营利性评估表模块、战略与使命评估模块、项目评估模块、组织能力评估模块
邓国胜	2004	组织问责、组织绩效、组织能力
刘春香等	2004	项目评估、管理能力评估、组织成员评估、使命与战略规划评估
孙炳耀	2004	慈善行为、组织质量、组织行为、组织产出、组织效益分析
唐跃军等	2005	内部治理、组织概括、组织公共责任、组织资金运用、信息公开、筹资活动
刘宇喆	2005	服务质量、资产的数量、组织公益性，融资能力、抗风险能力、信誉
文　宏	2005	组织成员工作质量效益和效率；组织资金、设施、技术、信息、政策等
李维安	2005	组织概况、内部管理、服务责任、财产运用、信息公开、资金募集
罗文标等	2006	政府、竞争、财务、业务流程、顾客、学习成长
张　冉	2007	S-O-R评估模型：结构能力、运作能力、关系能力
徐家良	2007	关系、能力、结构、结果

资料来源：作者根据前述资料整理所得。[3]

---

[1]　张冉：《行业协会组织边界与组织能力模型的构建研究：基于价值网络的分析》，《财经论丛》2007年第5期，第90—95页。

[2]　国家民间组织管理局：《中国民间组织评估》，中国社会出版社，2007年，第126—127页。

[3]　若无特殊说明，后文图表均为作者自行设计与整理所得。

关于社会组织评估方法的研究。我国学者在国外评估方法的基础上，结合我国实际提出了不同的评估方法。仲伟周等指出，要根据不同的考核对象、不同的考核目的、不同的考核时期及不同的考核角度，对考核指标恰当地打分，并合理分配、确定权重，并列举出专家调查法以及相关的回归和分类加权方法，指出社会组织可结合自身特殊性，选取最合适的方法，使评估更合理与有效。[①]文宏指出，我国社会组织评估方法比较单一，这些手段和方法只有在一定条件下才可以良好应用。[②]举例来说，成本效应分析法主要是侧重于此种组织的投入—产出情况，没有涉及其相应的社会综合影响情况，因而所得结果有很大的局限性。胡杨成以平衡计分卡为基础，提出了社会组织模糊综合评价法。然后通过这种方法进行了具体的实例评价分析，随后其还讨论了此种方法的层次性和系统性，用层次分析法确定评估指标的权重。[③]蔡宁等在进行社会组织评估的量化处理研究时建立了相应的PROMETHEE方法，并确定了与此相关的评价体系，然后利用相关数学工具建立了较为严格的指标体系。[④]综上可见，我国当前运用的社会组织评估方法，仍然无法脱离经济的范围。

关于社会组织第三方评估的研究。社会组织第三方评估的必要性是当前我国学者关注的重点。社会组织第三方评估机制在美国等西方国家已相当成熟，而我国刚刚起步。侯春飞认为，在我国目前的社会形势下，很有必要建立相应的多元社会组织监督体系，为了确保这种体系尽可能发挥作用，还需要综合利用各方面的社会力量进行监督。[⑤]席酉民认为，横向（同行、媒体、受益单位和

---

① 仲伟周、曹永利：《我国非营利组织的绩效考核指标体系设计研究》，《科研管理》2006年第3期，第116—122页。

② 文宏：《非营利组织绩效评估的问题及对策分析》，《山东行政学院山东省经济管理干部学院学报》2005年第1期，第60—62页。

③ 胡杨成：《基于BSC的非营利组织绩效模糊综合评价》，《华东理工大学学报（社会科学版）》2005年第4期，第54—57页。

④ 蔡宁、葛笑春：《非营利组织绩效评估中PROMETHEE法的应用》，《技术经济》2006年第5期，第109—112页。

⑤ 侯春飞：《政府主导下的多元共治：突破我国非营利组织监督困境的思考》，硕士学位论文，山东大学，2005年。

公民等）和纵向（各层级间）要相互结合，对非营利组织进行监督和管理。[①]当组织的绩效只靠社会舆论单方面来评价时，被评价组织肯定会进行大量的表面工作，这样很容易出现相应的资源浪费情况。目前我国还没有建立起较为完善的非营利组织社会评价机制，在进行此方面的评价时主要侧重于经济方面，因而所得的结果具有明显的局限性。这样开展第三方主体的评估是很有必要的，在此种情况下，有望打破单一相关政府部门监管的现状。

关于社会组织评估的实证研究。根据相关调查可知，在借鉴国外的社会组织评估理论和实践经验的基础上，我国的社会组织评估在实证研究方面有了较大的进步。近年来，我国学者主要以典型样本案例为切入点对社会组织评估展开研究。20世纪90年代，我国开始有社会组织到国外交流学习，评估工作主要由国外社会组织评估专家担任。如1996年，中国青少年发展基金会委托中国国际科技促进会对"希望工程"进行评估；1997年，中国社科院研究员杨团[②]等人对天津鹤童老人院进行评估；1999年，中国社会科学院社会政策研究中心等机构对上海罗山市民会馆进行评估等[③]。以上评估利用调查问卷收集评估所需数据资料，由于从事评估的人员在此领域都做过深入的研究，采用的评估方法较科学，因此评估结果比较客观可信。但是这种依据项目进行的评估和由外部专家进行的评估，费用较高，不适合在我国大面积推广。我国社会组织评估的定量分析工作发展较缓，且评估资料也不够充分，导致多数研究者往往仅解剖一只"麻雀"，较多地注重个案研究而缺乏全面系统的整体把握。

相关研究机构的成立，对社会组织评估的研究起到了推动作用。1998年10月，清华大学公共管理学院成立了中国首个"NGO研究所"。该研究所主要是将国外的NGO理论引入中国，并根据中国社会组织的相关数据进行实证研究。很多高校则成立了相应的研究机构，如北京大学成立了"社会团体研究中心"和一些从事公益和志愿活动的机构。2004年，北京师范大学也根据相关需要成立

---

① 席酉民：《从和谐管理理论到和谐社会的机制分析》，《西安交通大学学报（社会科学版）》2006年第6期，第29—33页。

② 杨团：《从鹤童研究认识中国非营利机构》，2000年9月14日，http://www.cydf.org.cn/gb/conference/speech/paper-c/28.htm，2023年11月7日。

③ 唐钧：《非营利组织机构研究：从评估切入》，2003年1月22日，http://www.sociology.cass.net.cn/shxw/shzc/t20031022-1553.htm，2023年11月7日。

了"社会发展与公共政策中心"，该中心的关注点是不同层级社会组织的项目运行情况、生存现状等。与此同时，民政部也专门设置了与此相关的一些课题研究组。以上高校和政府部门的相关活动，无疑对中国社会组织评估的发展起到了巨大的推动作用。

综上所述，国外对社会组织评估的理论研究和实证研究成果颇丰，对社会组织评估的分类、理论、模型等方面进行了深入的研究。相较而言，我国对社会组织评估相关的研究还很不成熟，处于对西方评估相关理论的介绍、引进及如何本土化的起始阶段，利用西方现有理论和一定的数学工具来对我国社会组织评估方面的问题进行深入研究。值得指出的是，由于中国数据平台的缺乏、统计口径的多样化和不统一，中国当前的社会组织评估的定量研究较少，且多是借鉴企业评估的方法，其有用性与有效性也还需更进一步的证实。理应看到，中国社会组织评估的实践积累刚刚起步，有望为社会组织评估的后续发展提供坚实的理论支撑和有价值的经验证据。

第三节　关于民办非企业单位的研究

民办非企业单位是我国由传统社会向现代社会转变的新兴产物，也是中国经济转型的必然结果。在中国，民办非企业单位的学术研究远落后于此方面的发展。目前此方面的研究大多是一般性的，专门针对社会服务类民办非企业单位评估的研究尚未出现。既有研究主要包含以下几个方面。

一、民办非企业单位的基础理论

国内学者从类别、功能、与政府的关系、特质、治理结构等方面对民办非企业单位进行多方面的分析研究。

民办非企业单位可以划分为不同的类别。王锐兰从自愿性和非营利性角度出发，认为民办非企业单位可以划分为以下两种：面向弱势群体提供服务的民办非企业单位、面向市场为有需求且支付得起费用者提供服务的民办非企业单位。① 王名等按照组织承担责任的形式将民办非企业单位分为法人型、合伙型和个体型。② 但是，这种分类方法实际上沿袭了商事登记的做法，故而受到众多学者反对。

基于与事业单位的比较，界定民办非企业单位的功能。李文钊指出，这些单位应该承担相关事业单位改革方面的职能，并对此种改革起到一定推动作用。③ 景朝阳认为，在事业单位改革中，民办非企业单位有着广阔的发展空间，把具有很强公益性但事业单位无暇顾及的活动转由民办非企业单位承担，具有扩大公共服务供给、吸纳社会就业、培育公民社会成长等功能。④ 可见，对于民办非企业单位的功能研究，只局限于事业单位的延伸和拓展角度，视野未免狭隘。

关于民办非企业单位与政府的关系，陈勃等指出，民办非企业单位有强烈的"官附性"倾向，使得民办非企业单位未发挥出其相关作用。政府与此类单位之间存在交织的复杂关系。⑤

关于民办非企业单位的特质，邓国胜指出，我国的民办非企业单位已从急剧增长期过渡到相对停滞期，正处于发展的十字路口，其受人为因素、政策因素的影响比较大。他还认为，民办非企业单位在就业与经济等方面的贡献度要远大于社团，且中国的民办非企业单位具有自主性较强、公共性较弱的特点。⑥

关于民办非企业单位的治理结构，方文进认为，其应该包括此类单位的设置和运行规范两方面，治理结构的重点在于建立法人财产制度、健全法人内部治理结构、完善法人外部治理环境，可以通过强化政府的监管、建立有效的评

---

① 王锐兰：《解读非营利组织绩效评价：基于民主政治视野的研究》，上海人民出版社，2009年，第40页。

② 王名、刘培峰，等：《民间组织通论》，时事出版社，2004年，第211页。

③ 李文钊：《中国事业单位改革：一个概念性框架》，《中国行政管理》2009年第12期，第12—15页。

④ 景朝阳：《民办非企业单位导论》，中国社会出版社，2011年，第7—9页。

⑤ 陈勃、毕霞、孙斌，等：《自主与合作：民办非企业单位与政府关系透视》，《社团管理研究》2008年第10期，第4—7页。

⑥ 邓国胜：《中国民办非企业单位的特质与价值分析》，《中国软科学》2006年第9期，第18—28页。

估标准和评估体系、开展独立的第三方评估、加强民办非企业单位从业人员的资格认证、促进同行互律、健全行业自律体系等措施完善民办非企业单位的治理结构。[①]

二、民办非企业单位的法规体系

民办非企业单位的双重管理体制存在较大弊端，其法规体系也很不健全。多数国内学者认为，应改革这种约束组织发展的管理体制，营造有利于民办非企业单位发展的宽松的政治环境。赵青航以民办养老机构为实证研究对象，指出当前民办非企业单位法律制度体系不完善，表现在法律主体归属、非营利含义、税法规制、设立与终止等问题上。由此提出有关民办非企业单位立法的若干建议。[②]赵科学认为当前中国在民办非企业单位的规范体系方面存在缺失。应将民办非企业单位作为完全的经济法主体，在经济法主体、经济规制与调控等方面进行构建与完善。[③]许宁对体育类民办非企业单位的法律地位及困境进行了研究，他认为体育类民办非企业单位法律地位模糊不清是影响发展的瓶颈因素，建议其法律性质可明确为"公益性的体育非营利法人"。适当拓展我国财团法人与公益法人的概念，尽快立法，以适应体育社会组织直接登记的现状。[④]

三、民办非企业单位的能力建设和发展

多数学者认为政府和社会应积极鼓励和支持民办非企业单位的建设和发展。张仕瑜指出，目前民办非企业单位正处于迅速发展阶段，其在社会中发挥的作用也日益重要，因而很有必要从政策和法律等方面为其提供相应的支持，并适

---

① 方文进:《民办非企业单位治理结构问题探讨》,《社团管理研究》2010年第11期，第46—48页。

② 赵青航:《民办非企业单位的困境与发展：从民办养老机构的发展现状谈起》,《社团管理研究》2012年第11期，第34—37页。

③ 赵科学:《论民办非企业单位法律体系的构建与完善》,《学理论》2011年第12期，第144—147页。

④ 许宁:《体育民办非企业单位法律地位及发展困境探析》,《浙江体育科学》2014年第5期，第7—9，15页。

当吸纳一定数量的民办非企业单位。①赵泳认为，当前我国倡导的建立和谐社会，是民办非企业单位生存和可持续发展的前提和重要基础，并从科学发展观出发，对民办非企业单位的培育发展问题进行了梳理和探讨。②

　　部分学者针对特定类型或特定区域的民办非企业单位发展提出对策和建议。周勤玲等认为，我国科技类民办非企业单位的发展处于起步阶段，面临着内部管理不规范和外部环境制约的双重压力，建议政府出台相关举措，促使组织内部建立适当的运行机制，促进科技类民办非企业单位健康发展。③徐欣对江苏省科技类民办非企业单位发展的基础、状况、特点以及影响因素进行了深入的研究，并有针对性地提出了该省科技类民办非企业单位发展的相关对策及建议。④田甜对新疆民办非企业单位发展中存在的问题进行分析，提出相应的对策，对推进民办非企业单位自身发展具有一定现实意义。⑤姜寒笑选取台州市民办非企业单位作为研究对象，对其在发展中遇到的"瓶颈"展开详细分析，找出制约因素，并提出解决办法。⑥陶慧芬等在分析湖北省民办非企业单位发展现状、社会地位等基础上，对湖北省民办非企业单位的发展提出了对策和建议。⑦可见，囿于统计信息的局限性，学者很难从全国性的视角来判断我国民办非企业单位的发展状况。

　　还有学者从不同角度关注民办非企业单位的能力建设及发展，这些观点散见于不同的研究成果之中。李杏果认为，民办非企业单位的诚信建设是提升民办非企业单位社会公信力、实现民办非企业单位生存和发展的需要，并提出通过将社会信用环境建设、内部自律和外部监督有机结合来构建民办非企业单位

---

① 张仕瑜：《浅析民办非企业单位发展的现状、问题及对策》，《社团管理研究》2011年第9期，第40—42页。

② 赵泳：《论民办非企业单位的培育发展》，《中国民政》2009年第3期，第20—22页。

③ 周勤玲、潘澍之：《科技类民办非企业单位的管理与运行模式研究：以中山职业技术学院为例》，《社团管理研究》2012年第8期，第41—42页。

④ 徐欣：《江苏省科技类民办非企业单位发展及思考》，《江苏科技信息》2014年第23期，第118—120页。

⑤ 田甜：《新疆民办非企业单位发展困境及对策研究》，《现代工业经济和信息化》2016年第2期，第14—16页。

⑥ 姜寒笑：《民办非企业单位的发展"瓶颈"及突破》，硕士学位论文，复旦大学，2013年。

⑦ 陶慧芬、李晴、王斐道，等：《湖北省民办非企业单位发展对策研究》，《理论月刊》2003年第8期，第139—143页。

的诚信生成机制。[1]李文钊对民办非企业单位的未来发展情况进行了论述，并认为目前民办非企业单位存在一定的制度障碍，需要从法学和公共管理角度来进行分析。[2]孙斌则从多种角度对民办非企业单位的作用进行了研究，主要包括社会管理方式、法治政府建设、经济发展、社会保障与救助等。他还认为可以通过政治、法律等方面的手段来消除障碍，促进民办非企业单位快速健康发展。[3]

四、民办非企业单位的评估

部分学者从评估所需信息的来源方面展开研究。景朝阳指出，民政部1999年公布民办非企业单位的统计数据，教育部2002年发布民办教育的一些主要数据，卫生部（现为卫健委）从2002年开始对医疗卫生类的民办非企业单位数据进行统计。[4]美国早在1980年就有针对社会组织性质的23个服务业的统计数据，而中国有关民办非企业单位的统计数据较为缺乏，且这些数据大多缺乏细化的定量描述，如服务质量、利益相关者满意度、消耗资源总量等，不利于民办非企业单位的评估。

国内部分学者结合实际案例，系统研究特定区域或特定类型民办非企业单位的评估。马继东对上海市的民办非企业单位规范化建设评估试点工作进行了详细总结和探讨，认为该评估实现了以评促管、以评促律、以评促建、以评促育。[5]俞惠中结合山东、上海、浙江等地正式登记的民办非企业单位评估工作基本情况进行研究，着重从评估指标、结果权威性等方面对评估存在的问题进行深入探讨。[6]谢文胜等指出体育类民办非企业单位仍然面临着内部管理不规范和外部竞争激烈的双重压力，而后从评估的意义、评估主体和结果、评估标准与

---

① 李杏果：《论我国民办非企业单位诚信的生成机制》，《中共太原市委党校学报》2010年第6期，第49—52页。

② 李文钊：《民办非企业：社会自治的组织基础》，《理论与改革》2010年第4期，第90—94页。

③ 孙斌：《现阶段加快民办非企业单位发展的对策研究》，《社团管理研究》2011年第11期，第19—20页。

④ 景朝阳：《民办非企业单位导论》，中国社会出版社，2011年，第7—9页。

⑤ 马继东：《上海市民办非企业单位规范化建设评估试点工作成效显著》，《社团管理研究》2009年第3期，第4—6页。

⑥ 俞惠中：《民办非企业单位评估工作的回顾与思考》，《社会管理研究》2011年第2期，第64—66页。

评分细则等方面对体育类民办非企业单位评估体系进行研究。[①] 综上，我国对民办非企业单位评估的研究，多侧重于少数个案或者特定区域的微观分析，缺乏对国内整个民办非企业单位评估现状的宏观把握和定量分析。

第四节　关于社会组织公信力及其评估的研究

当前，专门针对社会服务类民办非企业单位公信力及其评估的文献资料在已有研究中较为少见，更多的是集中在社会组织公信力及其评估两个方面。

一、关于社会组织公信力的研究

国外社会组织的相关法律法规较健全，发展比较成熟，多数组织运行规范、透明，社会对社会组织的信任度很高，因此国外学者对社会组织公信力及其评估的研究鲜有涉及。与西方国家相比，我国社会组织公信力问题在当前表现得比较突出，因此直接研究社会组织公信力的文献资料较多。

（一）国外相关研究

在西方，有关公信力的研究最先开始于政府公信力，之后也有人关注企业及媒体的公信力。20世纪80年代，国外开始对教育类型、医疗类型社会组织公信力问题进行研究。国外对社会组织公信力的研究主要集中在公信力建设的必要性、公信力缺失的表现、公信力提升的途径等三个方面。

关于社会组织公信力建设必要性的研究。理查德·斯坦伯格（Richard Steinberg）等人曾对非营利组织的角色问题进行过深入的研究，他指出非营利组织在其发展中很可能存在着道德方面的问题，通过研究他提出了加强非营利组织公共责任的必要性，只有如此才能保障非营利组织在社会经济发展过程中的作用。[②]特里·L.库珀（Terry L. Cooper）认为完善的道德规范体系可以将组织的

---

① 谢文胜、李井海：《体育类民办非企业单位评估体系研究》,《广州体育学院学报》2012年第5期，第40—45页。

② Steinberg R., Gray B.H., "The Role of Nonprofit Enterprise," *Nonprofit and Voluntary Sector Quarterly*, Vol.22, 1993, pp. 33–36.

内部和外部的约束机制有机地结合，有利于对内部工作人员的行为进行有效规制，因此该体系是任何非营利性组织公共目标实现的关键，能使非营利组织更好地承担其社会责任，从而更好地发挥社会作用。[①] 国外部分研究认为，应当基于多个角度对非营利组织的社会公信力及公共责任进行相关分析。其关注点主要在于组织效率低下、绩效较低、过于激进等，希望通过建立有效的机制约束非营利组织的行为。

关于公信力缺失表现的研究。萨拉蒙在《非营利部门的兴起》中认为，非营利组织并非与它所具有的天然合法性相一致，它至少存在着四个方面的缺陷：慈善的不专业性、慈善的资源不足、慈善的传统规制、慈善的独特性，并指出社会公众应当知晓非营利组织也存在着大量的缺陷和不足。[②] 一些学者在搜集和研究大量有关案例的基础上，分析指出非营利组织的发展在于内部治理协调、组织管理和自我学习，同时也认为非营利组织自身能力的弱化大多缘于其自律性的不足，并可能会大大减弱组织的社会公信力。[③]

关于社会组织公信力提升途径的研究。一些学者历时多年对马来西亚正式登记的237个非营利组织的公信力和组织内部规则体系进行深入的研究，发现多数非营利组织公信力较弱，没有像企业那样提高公信力的动力。同时还指出可以通过构建良好的筹资结构来提升组织公信力。[④] 有学者认为，沟通对于非营利组织内部的相互信任、员工工作满意度等有着非常重要的作用，从而使非营利组织拥有较强的可持续发展能力，并就如何提升沟通能力给出了有效对策。[⑤]

[①]　特里·L.库珀：《行政伦理学：实现行政责任的途径》（第五版），张秀琴译，中国人民大学出版社，2010年，第137—140页。

[②]　莱斯特·M.萨拉蒙：《非营利部门的崛起》，谭静译，《马克思主义与现实》2002年第3期，第57—63页。

[③]　Stephenson M.O., Schnitzer M.H., Arroyave V.M., "Nonprofit Governance, Management, and Organizational Learning: Exploring the Implications of One'Mega-Gift'", *The American Review of Public Administration*, Vol. 19, 2010, pp.12–16.

[④]　Arshad R., Bakar N.A., Thani N.Y., et al. "Board Composition and Accountability of Non-Profit Organizations", *The Journal of Applied Business Research*, Vol. 29, 2013, pp.46–52.

[⑤]　O'Neil J., "Linking Public Relations Tactics to Long-Term Success: An Investigation of How Communications Contribute to Trust, Satisfaction, and Commitment in a Nonprofit Organization", *Journal of Promotion Management*, Vol. 14, 2009, pp.28–32.

综上，国外发达国家倾向于利用法律手段对社会组织开展监管，加之政府对社会组织进行合理有效的引导，因此社会组织的管理相对完善。纵观国外既有研究，可以为我国的社会组织公信力相关研究和发展提供良好的借鉴。

（二）国内相关研究

我国有关社会组织公信力研究的文献资料较多，可以将社会组织公信力研究分为有关公信力内涵的研究、公信力不足及建议的研究、公信力提升对策的研究3个方面。

关于社会组织公信力内涵的研究。党政军在对公共组织公信力深入分析的基础上，指出信任和信用是公信力的基本要素，信任更多体现为"价值判断"，信用则侧重于用"事实判断"说话。两种"判断"之间互不冲突，只有同时达到信任和信用的要求，组织才能够成功获得社会公信力。[1]唐毅对公信力给出了其规范定义，也就是社会组织获得公众信任的能力，这种能力是其在符合一定的条件后，在开展社会活动的过程中建立起来的，和公益或慈善有密切的关系。[2]辛锋指出，虽然在司法、政府、媒体领域存在公信力，但是这些领域对公信力的内涵解释都不够准确，并且缺少对公信力普遍意义的研究，从而有碍于对公信力价值尺度的正确把握。他认为公信力是使组织外的社会各方对组织认可和信赖的力量，是一种广泛的社会价值衡量，可以将其归为价值论的范畴，是公众的一种责任。[3]沈梁燕对社会组织公信力研究进行了系统梳理，指出公信力定义研究是当前学界研究公信力的一个重要方面。她同时对公信力概念进行了界定：公信力的内涵体现于众多方面，它是非营利组织遵循法律法规的行为，可以体现在组织对于自身宗旨的完成，也体现在接受来自社会的约束和监管，还体现在担当社会责任，又体现在接受政府部门的管理，从而获取社会相关利益群体的认同和支持，并且确保组织始终按照组织使命服务于公共利益。[4]刘太

---

① 党政军：《监督是提高非营利组织公信力的关键：来自美国的经验与启示》，《学习月刊》2008年第10期，第8—10页。

② 唐毅：《我国非政府组织公信力问题研究》，硕士学位论文，湖南大学，2010年。

③ 辛锋：《公信力是一个怎样的范畴》，《领导科学发展30年理论研讨会论文集》，2011年，第25—28页。

④ 沈梁燕：《国内非营利组织公信力的研究综述：评估、问题与对策》，《合肥工业大学学报（社会科学版）》2013年第1期，第129—135页。

刚等认为，公信力的产生来自从应允到实现承诺的过程，其本质是认可和信赖，而这种认可和信赖建立于对于实现承诺的心理预期之上。[①]

关于社会组织公信力不足及建议的研究。陈晓春等在深入剖析社会组织公信力重要性的基础上，指出社会组织外部环境制约、自身内部管理能力不足共同削弱了社会组织的社会公信力，但是可以通过监督、问责以及加强营销手段来提升公信力。[②]罗玉婷等指出，社会组织公信力缺失的重要原因在于两个方面，一方面是社会组织自身缺乏有号召力的口号，另一方面则是公众、政府、企业对社会组织抱有不信任的态度。同时认为，可以借助责任机制的构建、政府转移部分管理职能等手段来改善组织的社会公信力。[③]党政军认为，提升公共组织的公信力，应关注组织自身在社会公众中间的认可度和信任度，通过信用的提升来树立其在社会公众间的组织形象。[④]平开玉基于制度分析框架的视角来研究社会组织公信力存在的问题，他认为社会组织公信力不足的主要原因是组织社会服务意识淡薄、所有权模糊、内部治理不到位等，并认为可以凭借行业的自我约束、完整的法律法规、合理的组织内部治理来加强社会组织公信力建设。[⑤]于建嵘等认为，自我约束、自我监管的缺乏以及组织内部管理制度的不健全导致了社会组织公信力的缺失，并认为社会组织应同时完善外部治理环境和内部治理结构，才能提高组织自身公信力。[⑥]刘卫认为，以权谋私、资金黑洞、开展营利性活动是当前社会组织公信力缺失的主要原因，并认为可以重点关注社会法规体系来优化组织运行的社会环境，从而达到提升组织公信力的目的。[⑦]温敏

[①] 刘太刚、林孙俊：《公信力的本质及生成机制：基于承诺—兑现模型的分析》，《福建论坛（人文社会科学版）》2013年第11期，第164—170页。

[②] 陈晓春、贺菊花、卜小燕：《浅析我国非营利组织的公信力建设》，《成都行政学院学报》2007年第3期，第56—58页。

[③] 罗玉婷、徐善登：《第三部门信任危机的应对》，《消费导刊》2009年第2期，第25—26页。

[④] 党政军：《监督是提高非营利组织公信力的关键：来自美国的经验与启示》，《学习月刊》2008年第10期，第8—10页。

[⑤] 平开玉：《浅谈我国非营利组织的公信力缺失及制度化建设》，《商品与质量》2011年第S5期，第51—52页。

[⑥] 于建嵘、王红光：《和谐社会构建中民间组织公信力建设探析》，《学理论》2011年第32期，第79—80页。

[⑦] 刘卫：《非营利组织公信力缺失的表现及其治理对策》，《理论观察》2013年第11期，第71—73页。

认真研究和分析了我国慈善组织运行现状，指出了其发展中面临的难题，即慈善组织发展中存在的最大问题在于公信力的缺失，其原因可归于组织独立性不强、管理体制不完善、社会监管不足等，应当首先确保组织的独立性、构建完善的管理体系、加强社会监管等，进而提升社会公信力。[①]

关于社会组织公信力提升对策的研究。如何解决社会组织公信力危机是国内研究者关注和研究的重点，且主要集中于社会组织社会资本的视角、信息披露的视角及组织营销的视角。其一，社会资本的视角。林闽钢认为社会组织可以从以下几方面提升组织社会公信力，即确保组织服务公益使命、加强组织公益文化建设、提升组织社会沟通能力、加强组织与政府部门合作等。[②]问延安等指出，广大民众对社会组织的认可和信赖有助于组织自身内部治理体制的完善。社会组织公信力的改善有赖于拓展组织的社会资源、提升组织社会使命感、增强组织道德规范意识。[③]兰华等认为组织的社会网络以及成员对组织的信任和认同可提升公信力。[④]李雨阳等认为社会组织应吸引更多参与者、转变管理方式、发展优势社会资本，从而提升公信力。[⑤]其二，信息披露的视角。田小露等认为，非营利组织信息披露的方式包括主动披露和强制披露两类，可以通过加强政府监督和行业自律形成第三方评估市场。[⑥]程博指出，社会组织只有向社会公众传递更多的信息，才能令社会公众信服。[⑦]于洋指出我国社会组织完善信息公开的关键在于将财务信息作为公开的重点，并将具体指标量化。[⑧]王琴宇认为信

[①] 温敏：《论我国慈善组织公信力的缺失与重建》，《西北工业大学学报（社会科学版）》2013年第3期，第5—7，52页。

[②] 林闽钢：《社会资本视野下的非营利组织能力建设》，《中国行政管理》2007年第1期，第42—44页。

[③] 问延安、徐济益：《社会信任与组织激励：非营利组织诚信治理的路径选择》，《长春工业大学学报（社会科学版）》2010年第2期，第41—43页。

[④] 兰华、付爱兰：《非营利组织在社会资本形成中的作用及表现》，《人文杂志》2005年第4期，第148—152页。

[⑤] 李雨阳、程浩、李怡萱：《大学青年组织形式与社会资本的构建》，《企业研究》2013年第10期，第14—15页。

[⑥] 田小露、丁宇：《完善我国非营利组织信息披露机制》，《科技创业月刊》2012年第1期，第86—87页。

[⑦] 程博：《非营利组织信息披露系统体系设计》，《情报杂志》2012年第1期，第156—160页。

[⑧] 于洋：《论我国非营利组织信息披露制度》，《怀化学院学报》2013年第7期，第26—29页。

息公开对社会组织公信力至关重要，需要完善信息公开内容并强化组织外部监督。[①]其三，社会组织营销的视角。郑璐指出，组织设立独立的营销机构，创新各种类型的营销目标、营销项目、营销活动等，能够对组织公信力的改善起到关键作用。[②]刘向红也曾提到，社会组织面对严峻的生存和发展形势，只有确立有效的营销观念才能够保障组织自身的竞争力，使组织保持较强的可持续发展能力。[③]史娜颖等认为品牌是社会组织在当前社会能够顺利生存和发展的必要保障，组织要明确定位，积极完善慈善文化，适时实施有效的营销举措，通过良好的营销活动提升组织自身的社会知名度。[④]

二、关于社会组织公信力评估的研究

关于社会组织公信力评估的研究，在国内较为常见，国内部分学者在这一领域进行了较早的开拓性研究。

邓国胜指出，我国的社会组织存在动力不足、能力不足等先天缺陷，同时认为对其开展评估是弥补这些先天不足的最有效方法，并在分析我国社会组织公信力与组织工作绩效差异的基础上，明确提出了对社会组织开展公信力评估、构建其评估指标体系的重大作用。随后，他又指出良好的内部治理结构、目标与活动的一致性、信息披露机制以及财务报告机制是社会组织评估的重要内容，应借助组织的财务指标来评判社会组织运行的绩效。[⑤]杜兰英等认为，在西方国家，社会组织的公信力并未引起广泛关注，关于公信力的研究领域主要集中在媒体和政府范围。在我国，学者对公信力评估给予重视，主要研究领域为公信力评估体系构建的内容、目标等。[⑥]郑保卫在论及传媒公信力时提出了评判公信力的六个标

① 王琴宇:《我国非营利组织信息公开的现状及发展途径》,《知识经济》2014年第1期, 第14, 18页。

② 郑璐:《非营利组织的营销传播研究》,《青年记者》2012年第11期, 第63—64页。

③ 刘向红:《我国非营利组织营销管理问题研究》,《现代企业教育》2013年第2期, 第123—124页。

④ 史娜颖、郇长坤:《基于品牌营销视角提升慈善组织公信力研究》,《产业与科技论坛》2014年第2期, 第18—20页。

⑤ 邓国胜:《非营利组织"APC"评估理论》,《中国行政管理》2004年第10期, 第33—37页。

⑥ 杜兰英、石永东、康乐, 等:《关于非营利组织公信力评估指标体系的探讨》,《经济纵横》2006年第13期, 第47—49页。

准，同样适用于社会组织公信力评估，即客观公正、可亲可信、真实准确、有益有用、全面深刻、及时有效。[1]李惠萍等着眼于实践领域，对社会组织公信力评估体系展开了详尽的研究，并构建了一个利用模糊综合评判模型进行评估的组织绩效评价体系，该评价体系主要是将计算各评估指标权重的 AHP 法与模糊综合评价方法相结合，从而对社会组织绩效整体能力及各分项指标展开评价的一种综合评价方法。[2]臧红雨等指出，随着公益性社会组织筹资规模的扩大，以贪污腐败为代表的组织公信力问题逐渐增多，其根源一方面是我国社会组织的内部治理机制不完善，另一方面是社会组织的公信力评估体系自身存在着诸多问题，因此对所有的社会组织采用统一的综合性评估指标，会对评估的关键性要素产生模糊化影响，所以应明确社会组织的类别，规范社会组织的治理结构，对不同类型的社会组织进行有针对性的评估。[3]

随着我国行政管理体制改革及服务型政府建设的推进，整个社会对社会组织的要求愈发严格，对其公信力建设更加重视。因此，应重视组织自身的需求，从更符合社会组织发展的视角来构建社会组织公信力的评估体系。

第五节　国内外相关研究评价

纵观国内外研究现状，众多学者在社会组织、评估、民办非企业单位及其评估、公信力、社会组织公信力评估等领域的研究颇丰，为本书的研究提供了丰富的文献资料。本书在已有研究的基础上，针对当前社会服务类民非评估中存在的问题进行深入的统计分析，并据此构建了社会服务类民非公信力评估体系。

就国外研究现状来看，西方发达国家在社会组织评估领域已逐步建立健全了包括评估原则、评估依据、评估技术、评估方法等在内的较为完整、可行的评估理论与实践体系，客观上对我国社会服务类民非公信力评估体系构建问题

---

① 郑保卫：《公信力的客观评估标准》，《新闻与写作》，2008 年第 10 期，第 15—17 页。
② 李惠萍、俞燕：《基于模糊综合评判的非营利组织绩效评价体系设计》，《廊坊师范学院学报（自然科学版）》2010 年第 3 期，第 76—78 页。
③ 臧红雨、马文婷、文香：《基于公信力危机的公益性非营利组织治理和绩效评价体系研究》，《对外经贸》2013 年第 8 期，第 96—98 页。

的提出及研究起着重要的借鉴和启发作用。

就国内研究现状来看，有关社会组织评估、社会组织公信力评估的理论和方法的研究仍然处于起步阶段，系统和深入的研究还比较少。直接针对特定类型的民办非企业单位的研究更是凤毛麟角，某些方面还存在着研究的空白，主要体现在以下几个方面：第一，现有研究未从社会服务类民非的视角，构建一个完整的评估体系分析框架。现有研究多是从政府监管的目的出发，使得自上而下的社会服务类民非评估理论及实践分析占据主导地位，评估主体研究重政府轻社会，未基于社会服务类民非这一特定组织类型研究其评估体系的构建，也未对社会服务类民非评估指标体系进行剖析，亦未对其利益相关评估主体、评估方法等进行深入探讨。第二，现有对于社会服务类民非评估体系的构建研究缺少从公信力角度的考量，一定程度上偏离了社会服务类民非的核心特质。国内外对于社会组织的评估研究主要集中在社会组织的绩效评估、项目评估、营销能力评估、责任评估等方面。当前，我国政府部门对社会服务类民非开展的也仅仅是规范性建设评估。可见，国内外均没有从社会服务类民非公信力视角出发，对其开展评估及进行相关研究。第三，现有社会服务类民非评估方法多侧重于单一的客观综合评估，缺少主客观相结合的科学评估方法。整体来看，现有的国内评估方法多是借鉴国外的较为成熟和流行的社会组织评估方法，主要是定性方法，所得结果有一定的片面性。社会服务类民非的核心使命在于提供公共服务，评估对象及其工作的复杂性不可避免地成为评估的考量因素，但既有研究在对主客观评估方法的结合把握方面有所不足。

由此可见，国内外既有的相关研究鲜少从社会服务类民非视角构建完整的评估体系分析框架，也鲜少从公信力价值层面考量社会服务类民非的评估体系构建。这些不足之处为本书提供了较多的学术研究空间。本书即从这些方面着手，研究社会服务类民非公信力评估体系构建中的"谁来评估、评估什么、如何评估"等重要问题。

第二章

核心概念界定与研究理论基础

本章旨在对社会服务类民非公信力评估体系构建研究中的核心概念进行界定，同时对运用的相关理论基础展开深入的介绍，为社会服务类民非公信力评估体系构建的后续研究奠定基础。

第一节　核心概念界定

本节主要对社会服务类民非公信力评估体系构建研究中涉及的核心概念进行阐释和界定。

一、社会服务类民非及其相关概念

社会服务类民非评估体系构建离不开社会组织、民办非企业单位、社会服务类民非等基本概念的使用，对这些概念进行详细梳理，可为后续研究奠定理论基础。

（一）社会组织

"社会组织"是一个中国式的概念，结合我国国情对社会组织进行概念界定，对本书的研究具有重要意义。

1.社会组织的概念

中西历史中，对"组织"有着不同的解释。中国历史上，将"组织"解释为"经纬交织而成的织物"。《诗经·国风·邶风·简兮》中有"执辔如组"，这里的"组"是指丝织的宽带。刘勰的《文心雕龙·诠赋》中有"丽词雅义，符采相胜，如组织之品朱紫，画绘之著玄黄"。其中的"组织"即指用丝或麻织就的织物。西方历史中，"组织"一词最初是医学用语。"组织"，在医学中通常是指生物体内由形态和功能相近的细胞及细胞间质所构成的基本结构。

在我国，社会组织主要包括社会团体、民办非企业单位和基金会。1950年9月，为了国内政治环境的稳定，我国政府专门制定和颁布了《社会团体登记暂行办法》，其中对社会团体作了明确规定，这是新中国成立以来第一部有关社会组织的法律文件。这一称谓一直沿用到20世纪末期。1988年，民政部成立社会团体管理司，专司社会团体的管理。

在全球化治理背景下，我国的政治体制改革也逐步推进，政府逐步向有限政府转型，部分公共职能交由社会力量承担。由此，民办非企业单位、基金会等社会组织也得到了快速发展，党和政府的文件中开始使用"民间组织"一词。进入21世纪之后，民政部门在相关文献中也使用了"民间组织"一词。机构设置方面，1996年，民政部在原有的社会团体管理司基础上，成立了社会团体和民办非企业单位管理司。1998年，民政部设立了民间组织管理局，并为其赋予了相应的组织管理职能，对社会团体、民办非企业单位、基金会、境外民间组织进行统一管理。而后，中共十六届六中全会上也开始使用"社会组织"这一名词。自党的十七大之后，"社会组织"用语逐渐替代"民间组织"概念，原来的民间组织管理局官方网站亦更名为"中国社会组织网"等。目前，"社会组织"已成为我国官方正式用语。[①]

综上所述，作为中国新时代背景下社会治理的重要主体之一，"社会组织"被不同学者赋予不同含义。鉴于前述诸学者对社会组织及相关概念的阐释，结合我国现行法律条文、国家的治理实践以及社会治理主体的演变完善，本书将社会组织界定为"公民自愿组成的在公民社会领域中活动并依法成立的具有非政府性、非营利性特征的组织"。

2.社会组织的特征

社会组织具有组织性、非政府性、非营利性、自治性及志愿性等特征。

---

① 董瓅慧：《我国社会组织发展现状研究》，《黑龙江人力资源和社会保障》2021年第21期，第1—3页。

组织性，是指社会组织属于正规的组织，具有正规组织的基本特征。这些特征包括拥有明确的组织目标、有组织负责人和执行者、有经常性的活动、有规范的结构。没有明确目标，临时聚集起来的一群人不能称之为社会组织。

非政府性，是指社会组织不属于政府部门，也不应由政府官员把持董事会、理事会等领导机构。但这并非意味着社会组织不能接受来自政府的资助，也不意味着政府官员不能在社会组织中任职。非政府性是社会组织区别于政府的本质属性。

非营利性，即"利润非分配性限制"，是近30年来国际公认的社会组织的行为法则。社会组织的非营利性是指社会组织必须将组织的利润用于组织宗旨，而不能对其所得利润进行分红。但这不意味着其不能从事营利活动，而是强调不能以营利为组织的宗旨。非营利性是社会组织与市场组织的本质区别。

自治性，是从社会组织管理的角度给出的特性，这种性质要求在满足一定的合理合法条件下，任何社会组织应当具有独立的财产分配权，拥有独立的法人资格，拥有较为完善的内部管理权利等，且这种权利在组织的各种活动中都可以体现出来。社会组织拥有独立的决策权，能够进行自主管理，能够建立独立的不受外部组织控制的内部治理结构和规则，不受政府部门和其他社会组织干预。[①]

志愿性，是指社会组织的成立和活动不具有强制性，尊重创立人和成员的自由意志。志愿性是社会组织的灵魂。志愿性不仅指社会组织的多数活动以志愿者参与为主，也表现在这种活动中的相关财物都是自愿捐献出来的。社会捐赠及志愿者构成了社会组织的重要社会资源，从而强化了社会组织的志愿功能，使其能够更好地发挥补充作用。[②]

3.社会组织的分类

如前所述，国际上对社会组织的分类虽不尽相同，但也存在一些共同之处。

国际上普遍认为，社会组织主要包括群众性组织（由妇女、儿童、青年、失业者、土著居民、老年人、残疾人等组成的组织）、行业组织（各种工会和国际联合会、专业协会、各种行业和学术组织）、非政府组织、社会运动和活动网络。

---

① 康晓光：《转型时期的中国社团》，《中国青年科技》1999年第3期，第11—14页。

② 王杨：《"元网络"策略：社区社会组织培育效果的理论解释：基于多案例的分析》，《中国行政管理》2022年第1期，第64—73页。

　　美国是社会组织最发达的国家，社会组织数量繁多，种类庞杂，从整体上看，美国通常将其划分为公益性（为社会公众服务的组织，包括慈善和社会福利组织）、互益性（为组织内部成员服务的组织）和宗教性3类。法律上的社会组织包括3种：非法人非营利社团、公司形式的社团和信托组织。美国约翰斯·霍普金斯大学提出了社会组织的国际分类（ICNPO），将社会组织划分为12大类和27个小类。[①]

　　德国是世界上社会组织最多的国家之一，其有3种法律形式的社会组织：财团、社团和公司。

　　当前，我国尚无对社会组织外延的法律法规相关规定。清华大学NGO研究所依照指标构成和制度特征将社会组织分为会员制和非会员制。会员制又可分为互益型和公益型，非会员制又可分为运作型和实体型。其中运作型组织分为运作型基金会和资助型基金会，实体型组织分为民办非企业单位和国有事业单位。从社会组织的职能可以将其划分为3类，分别是社会团体、民办非企业单位和基金会。另外国务院在颁布的相关文件中对这3类主体也做了具体描述，并分别给出了与此相关的社会组织的定义。民政部曾于2006年提出过社会组织的分类体系，并用于社会组织的年度检查工作。该分类将社会组织划分为经济类、农业及农村发展类、职业及从业组织类、社会类、环境类和其他6大类14小类。2007年，民政部第127号文件《关于推进民间组织评估工作的指导意见》又将社会组织分为工商经济、社会福利、公益慈善领域的社会组织和社区社会组织。

　　众多的社会组织分类方法，每种都不能涵盖现实中所有的社会组织类型，鉴于实践中分类的普及度和社会公众的接受度，并兼顾研究的便利性，本书认为社会组织包括正式登记的社会团体、基金会、民办非企业单位等几类，具体分类情况如图2-1所示。

[①] 莱斯特·M.萨拉蒙等：《全球公民社会：非营利部门视界》，贾西津、魏玉等译，社会科学文献出版社，2007年，第498—499页。

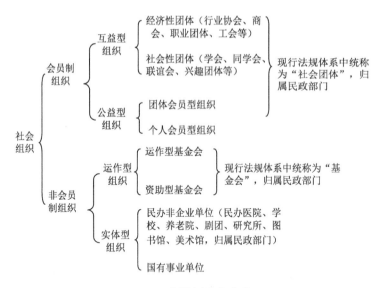

图2-1 中国社会组织分类

资料来源：王名、贾西津：《中国非营利组织：定义、发展与政策建议》，《2006年度中国汽车摩托车配件用品行业年度报告》，2006年，第530—541页。

（二）民办非企业单位

民办非企业单位在中国是一个新生事物，是非常重要的社会组织类型之一，其中的社会服务类民非在提升公共服务质量水平、推动政府治理变革等方面作用重大。

1.民办非企业单位的名称由来及争议

对许多人而言，民办非企业单位是一个十分陌生的名词。改革开放后，各地纷纷涌现了一批"民办学校""民办医院""民办幼儿园"等涉及不同行业的民间组织。这些组织没有统一的名称界定，但是由于它们与原先就存在的事业单位有许多相似的地方，所以有些地方（四川、贵州、安徽等省份）便将其称为"民办事业单位"。国外大陆法系国家的财团法人类似于我国的民办非企业单位，但是这些国家至今无"民办非企业单位"这一名称。[①]1996年中共中央政法委员会在给党中央提供的报告中，也使用了"民办事业单位"的概念。但中央讨论和决策时认为，"民办事业单位"并非事业单位，因为事业单位是由国家设立的

---

① 任进：《民办非企业单位立法的健全和完善》，转载于赵泳《民办非企业单位问题研究》，中国社会出版社，2004年，第12页。

专门为民众服务的一类社会服务组织[1]，是国家根据整个社会教科文卫以及社会福利等方面的需要投资设立的一种机构，组织的设立方对该组织的财务、资源、人事等拥有直接管理权。因此，中央最后采用了"民办非企业单位"的名称，取代此前广泛使用的"民办事业单位"。

1998年国务院颁发的《民办非企业单位登记管理暂行条例》中具体给出了"民办非企业单位"的定义，就是利用非国有资产举办的专门从事相关非营利性社会服务活动的社会组织。[2]此条例从法律方面规范了民办非企业单位，并为此方面的管理工作提供了依据。与此同时，一些严重的相关公共组织的事件也引起了政府部门的关注。在此情况下，民政部决定对此类组织进行重大部署，并依法建立起相应的评价机制。2005年，全国民政工作会议就建立此类组织的评价制度进行了相关的探讨，随后与此相关的评估工作开始被提上议事日程，民政部也多次组织开展此类社会组织评估方面的理论和实践研究。

"民办非企业单位"这一名称在市场经济进一步深入发展的形势下，开始表现出各种弊端，很有必要进行修改。首先，"民办非企业单位"这一名称有一定的不合理性，此名称是在计划经济占主导地位的年代下产生的，当时由国家社会力量兴办的各类民办单位出现，涉及卫生、科技、文化等各领域。其和原有的国有事业单位没有本质上的区别，且这一名称并未体现出其特征。其次，这个称谓并未和已有的社会组织类型明显区分开来，因而容易产生误解，且影响了此类单位的进一步发展。再次，这种单位和事业单位的主要区别在于举办的主体和资金来源，二者的举办目的是相同的，也就是为民众提供一定的社会服务。为了更好地促进民办非企业单位的发展，有人还建议使用"民办事业单位"这一称呼。但后来，许多人也对"民办事业单位"这一名称提出了异议。

综上，一个社会组织名称的确定需要考虑很多方面的因素，任何一个名称都不可能涵盖所有因素，也不可能做到完全准确而不产生任何争议。

本书认为，社会组织的称谓为何，主要还是看公众是否对其有较高的认可度。"民办非企业单位"这一名称在我国已使用20多年，已被社会公众熟悉，因此，为

---

① 国务院：《民办非企业单位登记管理暂行条例》，〔1998〕第251号令。

② 1999年12月民政部颁发的《民办非企业单位登记暂行办法》进一步规定，民办非企业单位必须拥有与其业务活动相适应的合法财产，且其合法财产中的非国有资产份额不得低于总财产的三分之二。

了研究的需要和便利，本书仍使用"民办非企业单位"这一称谓来进行论述。

2.民办非企业单位的特征

民办非企业单位的特征大致来说有如下几个方面。

民间性。民间性体现在以下两个方面：一是设立民办非企业单位的主体的非政府性。民办非企业单位的设立主体是除国家机关以外的各种社会组织。包括社会团体、企业、事业单位、民主党派和公民个人。而事业单位的设立主体是政府部门。二是民办非企业单位资金来源的民间性。民办非企业单位应当使用非国有资产设立，虽然允许有部分国有资产参与，但其不占支配和主导地位。因此，民办非企业单位区别于事业单位的主要特征就是民间性。

非营利性。非营利性是此类组织和企业的最根本区别，其不可以从事工商业性质的活动，而是以从事特定的社会公益事业、社会服务为主要目的。非营利性体现在两个方面。一是服务宗旨上，民办非企业单位主要从事社会事业，并以为社会提供服务为主要组织活动目的。二是财务分配方面，其可以依据一定的服务情况来收取适当的费用，不过所得的盈余和剩余财产的用途是确定的，不可以自由分配。

实体性。实体性是此类组织和社会团体、基金会的区别之一。民办非企业单位的主要业务是为广大社会公众提供公共服务，可以称之为运作型社会组织，不同于会员制的社会团体和非会员制的资助型基金会。此类单位不是其他社会组织的内设或下属单位，而是能够独立面向社会开展业务活动，有固定的服务专业或事业的实体性社会组织。

3.民办非企业单位的分类

为了更好地进行细化研究，很有必要对其进行分类。可以依据不同的分类标准将其划分为如下几种类型。

按责任承担形式不同对民办非企业单位进行分类。可以根据承担民事责任的方式将其划分为法人型、合伙型以及个人型三种。法人型民办非企业单位是指由多人设立，或者事业单位设立，并具有一定的法人资格的组织机构。合伙型民办非企业单位是由两人或两人以上合伙设立，并共同承担民事责任的组织。个人型民办非企业单位则主要是由个人出资，并由个人承担民事责任的一种组织，后两种类型不具备法人资格。

　　按启动资金来源与动机不同对民办非企业单位进行分类。将民办非企业单位分为集资、投资与捐资三类。集资型民办非企业单位是指为特定群体服务的具有一定互益性的组织。而投资型民办非企业单位主要指企业、组织、个人为获取收益而设立的相应的民办非企业单位。捐资型民办非企业单位则具有明显的公益目的，不求回报。当然，实践中情况更为复杂，民办非企业单位的资金来源可能是多渠道的，不过在正常情况下一般是以某一类为主。

　　按活动领域和行业不同对民办非企业单位进行分类。根据2007年民政部出台的社会组织分类标准，民办非企业单位也可相应地分为14个小类，如表2-1所示。

表2-1　民办非企业单位分类标准及指标解释

大类	门类	代码	类别名称	指标解释
经济	S	1	工商服务业	从事工业、商业、服务业等经济类的民办非企业单位
	S	2	农业及农村发展	直接为农业及农村发展服务的民办非企业单位
科学研究	M	3	科学研究	从事自然科学、社会科学研究的民办非企业单位
社会事业	P	4	教育	从事各种教育活动的民办非企业单位
	Q	5	卫生	从事各种医疗、卫生、保健服务的民办非企业单位
	R	6	文化	从事文学、艺术、娱乐、收藏、媒体、出版等的民办非企业单位
	R	7	体育	从事各种体育运动、健身活动的民办非企业单位
	N	8	生态环境	从事动物、植物保护，环境保护以及环境治理的民办非企业单位
慈善	Q	9	社会服务	从事社会福利、救灾救助、社会保障及社会事务的民办非企业单位
综合	S	10	法律	从事各种法律研究、咨询、援助、代理的民办非企业单位
	S	11	宗教	各种宗教及宗教交流的民办非企业单位
	S	12	职业及从业者组织	专门行业从事者的民办非企业单位
	T	13	国际及涉外组织	国际性非营利组织、境外非营利组织驻华机构
	K	14	其他	其他未列明的民办非企业单位

　　资料来源：《民政部办公厅关于修改民政事业统计台账民间组织分类的通知》，民办函〔2007〕210号。

通常认为，第三种分类方法和标准实现了和国民经济行业分类标准及联合国推荐的社会组织分类标准的衔接。故而，本书亦采用此种分类方法，并对其中的社会服务类民非展开研究。

（三）社会服务类民非

在清晰地界定社会服务类民非的概念之前，有必要对社会服务这一概念进行充分的了解和把握。

1.社会服务

在界定社会服务类民非之前，必须明确社会服务的内涵。社会服务概念引入中国的时间还不长，民众对其并不是很熟悉，主要是一些学者开展了相关的研究。不过西方发达国家民众对社会服务的认识较深入，且此方面的运作和管理机制已经较为完善，并建立了很多法律法规。从实际情况看，这类组织在化解社会矛盾、维持社会秩序和稳定方面起到了很大的促进作用，因而很有必要参考此方面的发展经验。

当前，国际上对"什么是社会服务"还没有公认的定义，个人社会照顾碰巧是比较研究中最少被研究和少有文献资料的领域。[1]在众多国际有关制度文件以及大量的研究资料中，我们可以总结出如下有关社会服务的内容。

1958年，英国社会学家理查德·提特穆斯（Richard M. Titmuss）在他的著作《论福利国家》中首次提出社会服务（social services）这一概念，此后，"社会服务"便在国际社会和众多西方国家中被广泛使用。他将其定义为"通过一定的方式和手段来对国民收入进行划分，并满足一定福利要求的干预行动"。

世界卫生组织给出的社会服务的定义是：为了照顾一些弱势群体而为其提供各种支持和帮助的服务和项目。此类群体可能由于多种原因而出现家庭破裂、身体和精神残疾等，因而急需救济。此定义主要和社会公共服务有关。

国际劳工组织也给出了相应的定义，即为解决很多困难群众的需求而为其提供的相应服务和支持。社会服务的类别，常见的有日常护理、康复服务、家庭帮扶等，此外也包括一些职业和家庭方面的照顾等。

相对而言，美国的社会服务包含的种类更多一些，主要涉及国民保险、社

---

① 岳经纶、刘洪、黄锦文：《社会服务：从经济保障到服务保障》，中国社会出版社，2011年，第3页。

会就业服务、住房和病理护理服务、社会救济补助金、社会卫生和文化服务、体育和教育服务、水电等服务。[1]

卡恩（Kahn）对社会服务进行了深入研究，并认为这种服务一般是由社会福利机构提供的，其主要目的是为一些有困难的家庭提供帮助。提供这种服务的主体主要包括社会组织、企业和个人等。这种服务并不能取代或矫正家庭服务，而是使一些家庭服务以更合适的形式体现出来。社会服务的相关功能可以被概括为如下几方面：修复家庭关系，为有困难的家庭提供相应的就业支持，并适当地提供相应的财物方面的支持和援助。[2]

综上可见，很多学者从不同角度给出了社会服务的定义，本质和内涵大体相似。这种服务的主要对象是处于社会底层或者正在遭受痛苦不幸的群体，主要目标是改善他们的生存状况，促进社会和谐发展，维护社会公平。本书认为，社会服务是一种慈善福利性质的服务。社会服务具有以下7种特征：非现金支付性、服务群体特定性、需求差异性、供给多样性、无偿或低偿性、专业性、内容多样性。具体如表2-2所示。

表2-2 社会服务的特征及其内容

特征名称	主要内容
非现金支付性	不属于收入保障的范畴，不以实物形式发放，通常为一种劳务形式的服务
服务群体特定性	服务对象为边缘群体、脆弱群体、困难群体，包括残疾人、老年人、新移民、儿童、灾民、精神病人、大病患者、智力障碍者和无家可归者、单身母亲、吸毒者等
需求差异性	是一种差异化、人性化的服务，它为有具体需求的个体提供，服务内容因困难不同而不同
供给多样性	主要采用三种供给模式，即政府直接供给、非营利组织独立供给、政府与非营利组织合作供给
无偿或低偿性	采用免费或弥补部分成本而收费的形式
专业性	服务人员主要是专业的社会工作者或志愿者，服务地点为受助者家中、社区和专门的服务机构内
内容多样性	服务方式包括他人照料、家庭帮助、咨询指导、心理疏导、康复治疗、行为矫治、教育培训、互助支持等

资料来源：李兵、张恺悌、何珊珊主编：《社会服务》，知识产权出版社，2011年，第1–8页。

---

[1] Baugn W.E., *Introduction to Social Services*, Macmillan, 1983, pp.17.

[2] Kahn A.J., *Social Policy and Social Services*, Random House, 1979, pp.28–34.

2.社会服务类民非的界定与特性

《民政部办公厅关于修改民政事业统计台账民间组织分类的通知》（民办函〔2007〕210号）依照行业类别将社会组织划分为5大类14个门类，民办非企业单位也可据此进行分类，其中一类便为社会服务类民非。根据前述对社会服务的内涵阐述，结合民政部对社会组织的有关解释，以及大量的相关文献资料，本书认为社会服务类民非是专门从事社会福利、救灾救助、社会保障、社会事务等方面工作的组织。结合社会服务的内涵，对社会服务类民非的具体分类及界定如下。

从事社会福利业务的民非内涵界定。社会福利是指依据一定的制度，由相关组织和单位为民众提供可保证其基本生活质量的资金和服务的相关活动总和。这种福利和社会服务事业及设施有密切的关系，其对调节社会矛盾有很大的保障作用，每一项社会福利计划总是以缓和某些突出的社会矛盾为终极目标。因此，从事社会福利业务的民非主要是指以缓和社会矛盾为目标，以保证公民一定生活水平或提高生活质量为宗旨，提供相应公共服务及设施的组织，比如各类社区综合服务中心、社区发展中心、邻里互助中心等。

从事救灾救助业务的民非内涵界定。救灾救助是我国基本社会救助制度的一项内容，其主要是为各种因灾害而无法维持基本生活的民众提供救济和援助的一项服务。通过这种服务，他们可以摆脱生存危机，并为尽快恢复正常生活打下良好的基础。救灾救助具有紧急性、救助内容与手段多样性、救助对象复杂及不确定等特点。因此，从事救灾救助业务的民非主要是指，以为因各种灾害陷入生活困境的公民提供抢救和援助为目标，以为灾民提供相应的生活、生产等方面的保障与补偿为活动内容的组织。现实中，为灾区开展服务的各类社会组织、儿童或流浪人员收养机构等均属于此种类型。

从事社会保障业务的民非内涵界定。其主要是为因为各种意外而无法维持正常生存的民众提供相应的帮助和支持，使其在年老、失业、患病等情况下可以正常生活。这种保障的水平和相应的社会经济发展状况有密切的关系，需要根据后者进行不断的调整。因此，从事社会保障业务的民非主要是指，在组织活动区域内，为无收入或者遭受意外后无法正常生活的民众提供各种社会保障，并为一些年老、失业或者生活不能自理的民众提供保障服务的组织。实践中，各类养老服务中心、为残疾人提供服务的组织、为失业者提供免费技能培训的机构等均属于此种类型。

从事社会事务业务的民非内涵界定。社会事务管理和行政管理有密切的关系，前者是后者的组成部分，其服务水平和社会发展有一定相关性，体现了社会文明程度。因此，从事社会事务业务的民非主要是指协助政府进行社会管理、提供公共服务的组织。其业务范围还涉及咨询、殡葬、教育和文化就业等方面。实践中，以提供上述服务为主要工作内容的各种组织和机构即从事社会事务业务的民非。

结合相关资料，本书对社会服务类民非进行具体分类界定，如表2-3所示。

表2-3　社会服务类民办非企业单位的分类界定

社会组织	类别名称	主要内容
社会服务类民办非企业单位	从事社会福利业务的民非	以缓和社会矛盾为目标，以保证公民一定生活水平或提高生活质量为宗旨，提供相应公共服务及设施的组织
	从事救灾救助业务的民非	为各种因灾害陷入生活困境的公民提供抢救和援助服务，为灾民提供相应的生活、生产等方面的保障与补偿的组织
	从事社会保障业务的民非	为无收入、低收入以及遭受各种意外的公民维持生存提供保障服务，为劳动者在年老、失业、患病时基本生活不受影响提供保障服务的组织
	从事社会事务业务的民非	协助政府进行社会管理、提供公共服务，业务范围包括婚姻登记及咨询服务、殡葬服务、卫生服务、教育服务、社会治安服务、民兵和预备役服务等

社会服务类民非在我国社会经济发展中作用明显，已日益成为重要的社会建设参与者、社会事务承接者、公共服务提供者以及社会经济转型的助推者。这种类型的民非具有社会组织、民办非企业单位的一般属性，同时其自身也有着鲜明的特点，即具有服务性、自主性、公益性三个特征。

服务性。作为社会服务类的民非，服务性理所应当是该种类型组织的首要特征。社会服务类民非提供的公共服务涵盖广泛，既包括社会福利、救灾救助，也包括了社会保障及社会事务等，如养老、助残、婚姻咨询、治安服务、殡葬服务、卫生服务等。社会服务类民非主要是借助于不同形式的专业性公共服务来保障自身的生存和发展，因为通过服务的提供，组织可以从中获取相应的收益。尽管当前存在着一定的社会认同等价值观念问题，但是不可否认，社会服务类民非作为实体性的社会组织，由其提供的社会公共服务，既填补了政府对公共服务投入的不足，也形成了具有竞争性的公共服务格局。

自主性。民办非企业单位一般具有自主性特点，但社会服务类民非的自主性更为显著。无论是从事社会福利、救灾救助还是社会保障、社会事务，其资金主要是自筹的，并非由国家各级财政拨付；人员是自聘的，且不存在相应的编制情况；组织内部通常拥有比较完善的治理结构，包括理事会、监事机构、执行机构、志愿者等；组织管理规范化，具有较为独立的财务会计管理制度、人力资源管理制度、薪酬管理制度等。

公益性。社会服务类民非的公益性主要体现在以下几个方面：其一，凝聚力。社会服务类民非能够聚集热心公益的志愿者，发挥利益整合的功能，将弱势群体的多元利益显现出来。其二，培养力。社会服务类民非通过自身的业务活动支持社会的多元格局，提供公共服务，培养社会的民主作风，养成民主的生活习惯，树立社会公益道德，弘扬以人为本的社会正义。其三，行动力。社会服务类民非能够促使国际组织和政府关注因市场失灵而产生的相关社会服务类问题，促使政府部门不断改进，从而有效、及时地解决上述问题。

二、公信力与社会服务类民非公信力

公信力是社会服务类民非存在和运行的根基，是社会服务类民非自身建设的核心。在界定社会服务类民非公信力之前，必须对公信力的含义进行充分的理解。

（一）公信力

在西方，"公信力"是社会学研究者提出的一个名词，牛津字典给出的定义为：社会组织为自己的行为负责，并在一定条件下得到公众信任的程度。也有学者认为公信力可以看作公众的信任度。此外，国外学者也使用"public confidence"（公众信心）、"social credit"（社会信誉）表达对"公信力"的理解。有学者认为，可以将公信力看作人们对特定组织在社会活动中表现出的可信任程度的评价，这种评价不是由少数人给予的，而是由一定的机构在综合判断的基础上给出的。也可以将其看作特定对象赢得社会信赖的能力和相应的信用度，这种能力和外界的评估有关。①

　　在中国，孔子最早论述"公信力"这一思想。在孔子主张以"仁"为核心的学说中，其中"信"是十分重要的伦理范畴。《论语》中"上好礼，则民莫敢不敬；上好义，则民莫敢不服；上好信，则民莫敢不用情"，最后一分句意指居上位的人热衷诚信，则百姓就不敢不以真心待人。传统的"信"观念对古代政治发展产生了巨大而深远的影响。古代政治重视"君子无戏言"，重视政令与法令的权威和稳定，其实显示的就是一种政令与法令的公信力。

　　《现代汉语词典》（第7版）认为公信力就是"使公众信任的力量"，这种力量和社会生活领域有关。其具体表现为在一定的社会活动平台上，公共权力在利益交换活动中所表现出的公平、正义的程度。②

　　我国的现代学者最先在媒体领域展开对公信力的研究。如张香萍将公信力解释为媒体在长时间的发展中形成的一种无形资源，代表着媒体的权威和其在公众中的社会形象。③

　　从总体上看，我国学者关于公信力的研究大多侧重于传媒、政府、司法等方面。传媒公信力是指大众传媒提供的相关信息客观公正，以及受公众信赖的程度，此外还涉及传媒担负的社会责任④；政府公信力则和其政策和行为的兑现程度有关，其兑现程度越高，则相应的公信力也越大⑤；司法公信力是指通过职权活动建立公共信心⑥；组织公信力是指在法律范围内活动，遵守内部的基本规范，通过其体现的价值赢得社会认同与信任。本书研究的正是组织公信力。

　　有学者将公信力分为"资源""信用"等多方面，并认为可以将公信力看作公共权力机关拥有的特殊信任资源，通过这种资源可以为自己带来号召力和信

①　Hwang S., "The Effect of Charitable giving by Celebrities on the Personal Public Relations", *Public Relations Review*, Vol. 36, 2010, pp.313–315.

②　中国社会科学院语言研究所词典编辑室：《现代汉语词典》（第七版），商务印书馆，2016年。

③　张香萍：《试论新闻传媒公信力及其构建》，《宜宾学院学报》2006年第3期，第60—62页。

④　何国平：《论媒介公信力的生成与维系》，《新闻与传播研究》2004年第2期，第79—82页。

⑤　龚培兴、陈洪生：《政府公信力：理念、行为与效率的研究视角：以"非典型性肺炎"防治为例》，《中共中央党校学报》2003年第3期，第5页。

⑥　于慎鸿：《程序公正与司法公信力》，《南阳师范学院学报》2005年第8期，第37—39页。

任。[1]根据以上论述可以看出公信力具有一定社会属性，其和公权的真实表达有关，此外其也是一个关系范畴，信任则是公信力的逻辑起点。

综合上述观点，本书对公信力做出如下定义：公信力是指公共权力机构因为民众信任而得到的权威性资源。这种资源属于一类抽象的无形物，和权利制度等有一定的相似性。

（二）社会服务类民非公信力

对社会组织而言，公信力也可以看作信誉度，也就是社会组织获得公众信任的能力，这种能力是社会组织在一定的条件下开展社会活动进而建立起来的，和公益或慈善有密切的关系。也有学者认为"公信力是一种对讯息来源的广泛判断，主要是通过公众评价而得出的"[2]。

本书认为，社会服务类民非的公信力是指社会服务类民非因得到政府、捐赠方、社会、接受社会服务类民非服务的对象、第三方评估机构等的认可、信任而得到的权威性资源。社会服务类民非的公信力能够公开说明组织所获得的各种社会资源的流向，说明各种组织运作符合社会承诺、符合组织宗旨，证明社会服务类民非自身的可靠性。公信力直接与社会服务类民非在社会公众心目中的形象紧密关联，反映出社会服务类民非外部环境对组织自身社会服务质量的总体评价及看法。因此，社会服务类民非公信力更多强调社会服务类民非对利益关系做出承诺的公信度，包括对政府、社会公众、理事、捐赠者、志愿者、成员等的责任。

社会服务类民非公信力的核心是信赖和信任，其具体包括两方面的主体：一方是作为信任方的社会公众，一方是作为信用方的社会服务类民非。包含两种行为，一个是社会公众的"信"，一个是社会服务类民非的"被信"。社会服务类民非的信用与社会公众的信任相辅相成、相互促进，信用是信任的基础，信任是"信用度"大小带来的结果。社会服务类民非在提供社会服务的过程中信用度越高，获得社会公众信任的可能性就越大，其公信力就随之越强。公信力的逐渐增强，又反过来使社会服务类民非内部成员的信心不断提高。

---

① 周治伟：《公信力的概念辨析》，《攀登》2007年第1期，第76—78页。

② Berlo D.K., Lemert J.B., Mertz R.J., "Dimensions for Evaluating the Acceptability of Message Sources", *The Public Opinion Quarterly*, Vol. 33, 1969, pp.563–576.

三、评估与社会服务类民非公信力评估

理解评估、社会组织评估、社会服务类民非公信力评估等基本概念是进行社会服务类民非评估体系构建的重要理论基础。

（一）评估

社会服务类民非评估体系构建离不开评估这个最基本概念的使用，对评估的概念进行详细梳理，以了解其有关背景知识及基本含义，为后续研究奠定理论基础。

1.评估的释义

《现代汉语词典》将"评估"通俗地解释为"评议估计；评价"。

《评估百科全书》认为："评估应当是最古老的方法，它一直是社会个体在现实生活中最常见的评判形式，所有的社会个体从来就是天生的评估家。"

罗西等在《项目评估：方法与技术》一书中认为，评估的最广泛定义包括所有涉及讨论时间、过程、物体或个体生命的价值的努力。[1]

艾尔·巴比认为，评估研究可以归结为应用性研究，它的研究目的主要是探讨社会干预的效果，对改进评估方案起到一定的参考作用。[2]

可见，评估活动属于人类的认知活动、实践活动的重要组成部分，是事物和运动发展到一定程度后出现的一种人们的自觉管理行为。近年来，"评估"一词的使用频率比较高，很多学者从不同视角出发对其概念进行了不同的阐释和界定。一般来讲，评估是指评估的主体依据一定时间界限，按照特定的标准，对项目、组织、活动等做出合法性、合理性及有效性的判断后，得出相应的评估结论。

本书认为，评估是指应用运筹学及数理统计等方法，按照一定的操作程序，以统一的指标体系为评价标准，采取定量、定性对比分析等手段，对被评项目、组织、机构、活动等在特定时间范围内的效益、业绩、效率、影响、持续性等做出准确、公正、客观的综合性评判。评估自身有着一套完善的理论及指标

---

① 彼得·罗西、霍华德·弗里曼、马克·李普希：《项目评估：方法与技术》（第6版），邱泽奇等译，华夏出版社，2002年，第49—51页。

② 艾尔·巴比：《社会研究方法》（第10版），邱泽奇译，华夏出版社，2005年，第18页。

体系，能够使评估者按照评估的目的对评估对象开展客观、公正的评定。评估的客体包括活动、项目、组织、个体等，如"项目绩效评估"以及各种形式的"组织人力资源评估"等，主要取决于评估主体的目的和思路，由此也演绎出评估活动的各种形式。

2.评估的起源及发展

纵观历史发展过程，评估的思想始于企业管理之中，发源于科学管理时代中盛行的效率主义。效率在英语中一般被理解为"投入与产出的比值"。通常在经济活动中，为实现较高的经济利益，就要求企业在特定时间内确保产品质量、降低成本，进而提高效率。因此，评估的理念和实践最先在企业中形成。1954年，美国的管理学家德鲁克就提出了著名的目标管理思想。目标管理思想的核心要旨即实现个人需求与组织目标的协同和整合，最大可能地使管理建立在两者的有机统一之上，既可以有效配置资源，又能调动工人的积极性和主动性，具有多方面的意义。因此，众多绩效管理理论在企业中得到广泛应用，如平衡计分卡、全面质量管理等。这些理论能够实现测量指标、员工目标、激励因素等的动态整合，强调对企业管理过程的全面考量，确保企业经济利益的最大化。发源于企业管理的评估，最初只是限定于对企业要素的评估，如风险评估、资产评估或效益评估等。

进入20世纪后，评估在多个学科中获得更为广泛的应用，并逐步扩展到社会其他领域。20世纪30年代，心理学、社会学、管理学等领域的研究者普遍运用社会科学的研究方法，对不同的社会行动方案效果进行评估。著名的霍桑实验也已经体现出了评估研究雏形。1935年，著名的美国社会学家史蒂芬运用实验的方法，对时任美国总统罗斯福实施的"新政"展开了大规模的评估。20世纪40年代中期，美国心理分析学者穆雷进行了希特勒心理评估研究，其所形成的评估报告成为人格评估领域的典型。

发源于企业管理的评估也逐渐地被引入政府管理领域。20世纪40年代至60年代，英国、美国等西方国家政府大规模增加公共投资，以公共政策为杠杆实施社会治理和经济干预。为满足政策实施的需要，强化政策实施的追踪和管理，对政策进行评估的重要性凸显。因此，正是政府公共管理以及绩效的需求，促进了评估理论和实践的发展。20世纪70年代后，评估受到了更多的关注，更广泛地被应用于政府管理领域，从而推动了西方发达国家的政府部门改革。1973年，美国制定及实施了联邦政府生产效率评估方案，标志着对政府绩效开展评估。1979年，英国推行了著名的雷纳评审，其重点即对政府部门绩效的关注。20世纪90年代，经济全球化趋势明显，政府部门的管理效率和能力逐渐成为衡量国家综合实力的重要因素。1993年，美国通过的《政府绩效与结果法案》，成为世界范围内唯一一部针对政府绩效而制定的法律。该法律规定美国政府在进行预算编制时，必须拥有一套能够客观反映部门业绩的绩效考核指标。西方国家政府开始从经济性（economy）、效率性（efficiency）、效能性（effect）三方面对政府部门进行绩效评估，即"3E"。后续增加另一个"E"，指公平性（equity），变为"4E"。

评估实践的发展，促进了评估理论、方法的发展及创新。最初，评估理论以科学理论为指导，以"经济人"假设为基础，重视评估信息、数据的准确性。而后，评估理论模式得到创新，重视对评估过程的关注，强调评估自身的影响力及对评估客体行为的提升。评估方法从早期的实验模型推演，发展到实地调研，再到社会实验。而后，借鉴社会科学的研究方法及其范式，评估取向已经由重视量化描述向更侧重情境、更重视质性及其特征研究转变。评估更加强调实地考察，强调从被评对象角度来开展评估，逐渐关注被评对象的感受，重视他们的参与和投入。伴随企业、政府评估理论与实践的发展，社会组织中开展评估的理念也逐渐被人们接受，评估开始受到组织成员的重视。

随着西方国家对评估的广泛应用，评估也逐渐被引入中国。进入20世纪80年代，我国最先在经济领域和一些跨国项目中应用评估，并逐渐地对其进行推广和发展。1983年，企业信用评级、效益评估在我国得到重视。20世纪90年代后，评估在经济领域的地位愈发重要，如价格评估、环境评估、资产评估、风险评估等，并且初步形成了一整套较为完善的评估办法。评估在非经济领域也得到了应用，科技部门开展的科技评估、教育部门开展的教育评估、卫生部门开展的卫生评估都发展迅速。总体来说，评估正在成为政府部门获得有关决策信息、增强政府管理能力的有力手段，这些专项评估在政府进行社会管理的过程中发挥着重要作用。

纵观国内外评估实践，可以发现如下特点。首先，评估既是制度化、法律化的工作行为方式，也是技术含量高、专业性强的研究活动。为了保证评估的质量，多数评估机构都会事先制订一套完善的专业化评估规范，要求从事评估的工作人员具备相应的能力和资格，且对评估结果的局限性和数据使用的可靠性进行说明，对评估方法的合理性进行论证，评估活动的实施过程也要符合规定要求。其次，客观性和独立性是开展评估的首要原则。鉴于评估是为管理服务、为政府的决策服务的，也为了给部门决策者提供充分、可靠的信息，要确保评估过程的实施、评估方法的运用、评估报告的撰写都是客观且独立的，确保为决策者服务的目的不会抹杀本身作为一项活动的评估的自身规律。客观性和独立性并不会阻碍评估机构与委托机构间的交流和沟通，反而会形成频繁的交流和沟通，会使得评估活动的每个方面都变得更加具体、明确。再次，明确的评估目标以及富有创新性的评估方法对评估至关重要。评估目标越明确，其评估结果所发挥的作用就越大。明确的评估目标是确保评估质量的关键因素。对于评估委托机构，以完成决策最小化的目标来确定评估任务是明智之选，一次评估活动并不能解决所有问题。富有创新性的评估方法也不可忽视。不管是评估问题的形成，还是评估结果的表达，均要以委托机构的需求为前提。评估机构要不断加强对评估方法的研究，针对特定的评估问题和项目，专门设计针对性强的评估方法，这才是评估的生命力所在。

3.评估的分类及特征

评估种类的划分方法主要有以下四种：

依据评估者的来源，可将评估分为自我评估与外部专家评估。[①]自我评估即计划、政策、项目的实施者开展的内部评估。外部专家评估是指计划、政策、项目的实施机构聘请专门评估机构或是科研单位的专家开展的评估。自我评估的优势在于评估者对自身组织的结构、运行、项目等较为熟悉；评估的成本低廉；对组织社会背景、文化风俗比较了解；自我评估的建议和结果容易实现。自我评估的缺点在于评估的结果缺乏公正性和客观性；评估者日常工作比较多，不能集中精力开展评估工作；公众不易相信评估结果；评估的专业性不够强等。外部专家评估较为客观，其评估结果也比较容易被社会公众接受；外部专家评估是集中一段时间开展的评估工作，其效率较高；专家的专业知识能够增强评

---

① 邓国胜：《非营利组织评估》，社会科学文献出版社，2001年，第9—10页。

估的规范性和科学性。但是，外部专家评估的成本比较高，且对被评对象的项目实施过程、运行机制等不太清楚，其评估结果与建议也难以在计划、政策和项目的实施中得以落实。

依据评估客体的特点和评估目标，可将评估分为政府绩效评估、企业效益评估、非营利组织公益评估。政府绩效评估，是指对政府部门在进行公共管理活动中的投入、产出及成果所体现出的绩效进行评判；企业效益评估，是指对企业在经济领域中活动的投入、产出及利润所体现的效益开展评判；非营利组织公益评估，是指对非营利组织的公益活动或公益服务过程中的投入、产出及其所体现的业绩进行评判。

依据评估发生的时间先后顺序，可以将其分为预先评估、过程评估、结果评估。预先评估，是指对方案、计划开展或组织成立实施事前的评价，属于审核性质；过程评估，是指对方案的实施、计划的执行以及组织运行过程开展的评价，属于管理性质；结果评估，是指方案、计划执行完毕，组织使命完成后开展的一种事后评价，属于考核性质。

依据评估者的构成，可将评估分为独立评估和参与性评估。独立评估主要是指由评估者完全负责评估方案的制订、评估过程的实施及评估结果的公布等。一般而言，主办机构仅仅对评估的目标与内容进行规定，委托相对独立的评估者自由执行评估工作。参与性评估是依照团队项目来组织的，包含了评估者与项目群体的一个或者多个代表组成的小组。由评估者和参与的项目方合作，共同完成评估计划、评估的实施等。参与性评估中最为著名的一种方式是"以使用为导向的评估"，该方法主要强调与某些特定个体的紧密合作，这些个体利用评估的结果来确保评估能够反映他们的需求，并产生他们能够实际运用的信息。

一般而言，评估具有以下几方面的特征：

学习性特征。评估本身包含监管，可是评估的最终目的绝不仅仅是监管。对于评估来讲，最终目的更多地体现为提升和改进评估客体，而评估过程更加注重发现问题、解决问题，能够使被评对象从评估结果中习得新知识、学习新经验。评估无疑发挥了无形的监管作用，提升了评估客体活动的效率和社会影响力。

系统性特征。评估是以一整套完整的理论体系为基础，依据严格的操作程序和一套科学合理的指标体系开展的。其对评估客体活动开展过程、活动效果等一系列工作进行科学、规范的评价。

时限性特征。评估活动的开展有特定的时间要求，要在一定的时间范围内完成，从不会贯穿于评估项目、机构、组织运行的始终。

（二）社会组织评估

在对社会服务类民非评估体系构建进行科学和全面的界定之前，有必要对社会组织评估的概念有清晰的了解。

1.社会组织评估的界定

目前关于社会组织评估的概念还存在较大的差异，很多学者给出了不同的定义，以下进行具体论述。

民政部管理干部学院课题组认为，社会组织评估是根据社会组织的特征，并在一定的评价方法内容和工具基础上，进行定量、定性分析而确定社会组织在一定期限内的相关活动业绩、效益、效率，并给出评价结果的一种评判活动。[1]

民政部认为，社会组织评估是指各级政府机构依据相应的评估标准，对社会组织进行评价，并给出评估结果的一种活动。这种评估活动的主要目的是促进其健康发展，并保证其履行相关的社会责任。[2]

张冉认为，社会组织评估有时可称为"组织绩效评估""组织评估"，是一种正式的组织评估制度，也是社会组织发展、管理和能力建设中一项重要的基础性工作，旨在通过科学的方法、标准来对其在一定期限内的效率、业绩、成就等进行评估，以便在此基础上对社会组织绩效进行改进。[3]

徐家良等认为，这种评估主要是依据相应的评估标准来对社会组织进行的全方位考察。[4]

---

[1] 民政部管理干部学院课题组：《中国民间组织评估框架与发展对策研究》，载《中国民间组织评估》，中国社会出版社，2007年，第90页。

[2] 《社会组织评估管理办法》，2011年3月1日，http://www.chinanpo.gov.cn/1201/47390/index.html，2023年10月26日。

[3] 张冉：《非营利组织管理》，北京大学出版社，2014年，第309页。

[4] 徐家良、廖鸿：《中国社会组织评估发展报告（2015）》，社会科学文献出版社，2015年，第2页。

　　李水金认为，评估是对评估客体的价值的评价和判断活动，且评估包括评估主体、客体和评估方法，根据这一理解，社会组织评估指社会组织领域的专业评估人员依据基本理论和方法对社会组织的使命和业绩进行系统的判断、衡量、评价和反馈的过程。[①]

　　关于社会组织评估的具体含义，不同学者有着不同的看法，但是其实质都是基本一致的。本书认为所谓社会组织评估，是指围绕着组织的战略使命或特定的评估目标，由具体的评估主体在一定的时间范围内，采用科学的评估技术、方法和手段，依照统一的评估指标，对社会组织进行测量、评价和评定的系统过程。

　　2.社会组织评估的特点

　　社会组织评估是一个有机系统。从静态的角度来看，社会组织评估是由一系列的价值、信息、指标、方法等构成的一个有机整体。社会组织评估的有机系统把评估过程中必要的管理技术及机制、指标体系等各方面因素结合起来，以便为促进其发展提供相应的管理规范、评估参照及信息支撑。

　　社会组织评估是一个动态过程。从动态的角度来看，这种评估的主要内容包括评估指标的构建、评估方案的制订、评估数据的搜集、数据信息的计算、评估报告的撰写等基本环节。整个评估过程的各个环节相互关联、环环相扣，彼此间构成了一个动态而完整的管理过程。

　　社会组织评估是一种认知活动。任何的评估活动，本质上均属于一种认知活动。围绕评估目标，客观、科学地认识和衡量组织情况是社会组织评估的基本要求。社会组织评估的认知活动特性突出地体现为，评估过程无时无刻不受到评估主体的主观目的及意志的影响和制约。其中，社会组织评估的价值取向是其评估主体在评估中对组织特定价值的选择和评判，是社会组织评估体系的核心及灵魂，它能够从根本上影响评估结果的合理性及有效性。因此，在社会组织的评估过程中，有必要认识和遵循评估活动的一般规律，树立科学的评估价值取向，确保社会组织评估结果的权威性和准确性。

　　与企业评估和政府评估相比，社会组织评估受其评估对象即社会组织性质、

[①]　李水金：《中国非营利组织管理》，首都师范大学出版社，2015年，第474页。

产权安排等的影响，其评估更为复杂，具体包括以下方面。

评估责任主体复杂。在利润分配和剩余索取权的驱动下，企业评估主体相对明确，通常由企业股东对组织经营者和组织整体开展定期评估。作为企业经营委托者的股东可以以股利方式获取盈余分配。然而社会组织的核心特征是受盈余非分配的约束。公益服务的购买者或是委托者无法分享剩余价值，导致出现严重的"所有者缺位"现象，因此缺乏评估的动机。社会组织主要凭借上级行政性及个人亲社会性提供劳动，因此社会组织理事也缺乏评价和监督组织管理层的动机，从而使社会组织评估面临责任主体失灵现象，即使有明确的责任主体，这些主体在评估中投入的精力和动机也会不足。

评估标准确定复杂。对于企业而言，由于利润最大化是其目标，企业评估多以经济效益为关注点，评估过程和方法会更多关注财务指标体系的建立。而对于社会组织来说，评估过程中的财务指标能够帮助社会组织进行评估的量化分析，而非财务指标反映的组织状况会脱离社会组织的现实情况。但是，社会组织是不以营利为目标的公益性组织，在它的财务指标中缺少利润指标，量化的指标评价似乎会缺乏操作性。此外，社会组织的利益相关者较多，组织目标也呈现出多元化且不够清晰的表述，这使得社会组织的管理人员难以就各种组织目标的重要程度达成一致，对于一定的投入能达到多大程度的效果难以确定和评价。

评估信息获取复杂。一般来讲，企业能够提供的服务或产品具有统一性，即服务或产品的购买者与消费者为同一主体，购买者能够通过自己的切身感受对所购买的服务或产品进行客观评价。但是社会组织提供的是公益服务，其具有间接性的特征，即服务消费者不是资金的提供者、购买者。因此，会呈现出一种"生产者—购买者—消费者"的三元主体分离状态。这种服务供给与消费的分离性会导致服务的委托者与消费者身份的分隔，从而使得资金提供者与政府很难通过服务或产品的真实消费评价判断所提供服务的优劣，导致评估失灵。

3.社会组织评估的分类

一般而言，常见的分类有以下几种。

依据评估内容，可分为综合评估与专项评估。综合评估是对社会组织整体工作和活动开展的全面评估，如绩效评估、综合能力评估等。专项评估是对社会组织某一专项的活动或组织工作某一方面开展的专门评估，其主要的评估对象包括透明度、公信力、服务质量、财务和经营状况等。社会组织评估的范围可以是全方位的，也可以是专项的，综合评估可以与专项评估交叉使用，可依据评估的特定需求确定。

依据评估主体，可分为内部评估和外部评估。内部评估也就是自我评估，具体为社会组织的项目、政策或计划实施者对组织内部进行的自我评估。社会组织希望通过自我评估反思组织目前存在的不足，改善组织绩效。外部评估是由外部独立且合格的机构对组织开展评估。外部评估通常包括独立第三方评估、政府评估等。由于外部评估的人员与社会组织成员间利益关系和冲突较小，因此，外部评估比自我评估更加公正和客观。

依据评估目的，可分为行为导向评估与效果导向评估。行为导向评估，主要是指社会组织评估工作主要关注组织的运作过程是否体现组织的宗旨、是否违法、是否规范或是否违反规则，着眼于组织"怎么做"。社会组织的透明度评估、规范性评估多属于此种类型。效果导向评估，主要是指评价的内容以评价结果为主的组织评估。此种评估更加注重结果而非行为，强调的是"做出了什么"，即社会组织活动所产生的社会效益，或消费者需求的满足。

（三）社会服务类民非公信力评估

如前所述，社会服务类民非是一种特定类型的社会组织，可结合社会组织评估、社会服务类民非公信力的概念对社会服务类民非公信力评估进行界定。

本书认为，所谓的社会服务类民非公信力评估是指围绕着社会服务类民非公信力的特征并依据相应的评估原则和标准，由评价主体采用一定的评估技术、方法和手段，依照统一的评估指标，对社会服务类民非是否遵守组织章程界定的业务范围以及非营利性宗旨，服务的质量承诺、信誉以及过程中的投入、产出和外部效应、社会满意度等方面进行测定、评价的系统过程。

社会服务类民非公信力评估应着眼于组织的使命。社会服务类民非是围绕着组织使命而建立的，使命是社会服务类民非的灵魂。与政府评估侧重于公共服务、企业评估侧重于利润不同，社会服务类民非评估更侧重于组织的公共服务的公益使命，侧重于社会服务类民非为完成使命而做出的努力。

社会服务类民非公信力评估的主体应是具有评估知识的专业人员。每种知识体系均有着各自特殊的要求。社会服务类民非涉及行业广泛，评估需要由掌握社会组织评估基本知识和方法的专业人士来进行。只有经过专业培训的人员才能成为合格的评估人员。

社会服务类民非公信力评估的开展依据特定的理论和方法进行。运用不同的理论指导评估，就会有不同的评估方法与结果。因此，社会服务类民非公信力评估的理论指导非常重要，通常根据社会服务类民非的实际需要，多采用公益性的评估理论，侧重于对其完成使命状况的评判和考察。在评估方法上也常采用外部专家和自评相结合的方法，保证评估结果的科学和公正。

社会服务类民非公信力评估的结果要更加注重反馈和应用。评估是为了客观、准确地反映社会服务类民非的现状及问题，并提出有关的建议，促进社会服务类民非自身的发展。因此，社会服务类民非公信力评估常通过听取汇报、查阅资料、专业访谈等对社会服务类民非整体情况进行评判和衡量，并在此基础之上进行反馈，反馈的目的在于使社会服务类民非找出差距，反省问题并为其提供发展建议，为进一步的改革和发展提供相应指导。

1.社会服务类民非公信力评估的特性

作为区别于营利组织、政府和其他类别社会组织的特殊组织，社会服务类民非的异质化决定了其既具有其他类型社会组织公信力评估的一般特点，又具有自身的独特属性。

社会服务类民非公信力评估应以非营利性和公益性为核心内容。社会服务类民非的组织属性和活动宗旨决定了其评估内容应该以非营利性和公益性为主。社会服务类民非的运作不是为了产生利润，而是从事社会公益活动。一般而言，社会服务类民非所关注与投入的领域，如扶贫济困、科教文卫的发展等公益事业领域，均是关系社会稳定与发展的重要领域。社会服务类民非受到法律和道德的约束，不能把盈余分配给拥有者或者股东。所以，社会服务类民非公信力评估的主要内容应该是对其在进行非营利性的、公益性的活动的过程中的绩效价值、能力、影响等进行评判与估计，这才是社会服务类民非区别于其他社会组织评估的核心特点。

社会服务类民非公信力评估应以利益相关者为责任主体。相比于其他类型的社会组织，社会服务类民非有着更为广泛的利益相关主体，包含服务的购买者、政府、社会公众、其他的社会组织等。因此，社会服务类民非评估主体具有多元化特点。社会服务类民非的成长基础是其自身的民间性、志愿性和公益性，组织资源主要来源于社会，这就决定了社会服务类民非的评估应由利益相关者或委托相关第三方机构进行。根据实际经验得知，通过利益相关者进行此方面的评估，是解决利益相关者与社会服务类民非信息不对称问题的最佳手段，也为组织奠定了未来的发展基础，提升了组织的公信力。

社会服务类民非公信力评估的过程应以公正、客观为基本准则。评估的公正和客观，不仅关系到社会服务类民非的发展，更关系到服务购买方、捐赠方和社会公众对社会服务类民非价值判断的准确度，并涉及社会服务类民非整体公益事业的发展。错误的评估结果很可能会使捐赠者将资金捐给那些以谋求私利为目标的伪慈善组织。此外，公正、客观的评估工作能够有效监管社会服务类民非，促使其合法运作，以确保社会服务类民非公益性目标和宗旨最终能够实现。

2.社会服务类民非公信力评估的原则

开展社会服务类民非公信力评估，通过建立有效可信的公信力评估机制，可以掌握社会服务类民非运行管理的系统信息，以透明、权威的信息披露机制来促进社会服务类民非的诚信发展，补充政府管理的不足。因此，社会服务类民非公信力评估应遵循客观性、科学性、时效性、可操作性等基本原则。

客观性。客观性是指社会服务类民非公信力评估应当依据能够客观测度的指标开展，在评估实施过程中尽可能使用定量指标并辅以定性指标，以期全面、客观反映社会服务类民非的运行情况。

科学性。科学性是指社会服务类民非公信力评估的程序和指标必须科学，要依据科学的程序和操作方法，并建立科学的评估指标体系来进行。实践中，社会服务类民非公信力评估的全部过程要基于科学的指标，要遵守事先设计好的规则，评估人员和机构也要遵守成文的规定，来确保评估指标、评估过程以及评估结果的诚信与有效。

时效性。时效性是指社会服务类民非公信力评估是在特定时间范围内进行，在一定期限内完成的。一般来讲，评估要定期开展，每隔一段时期就要对社会服务类民非进行全面评估，了解组织的运行情况，这会给社会服务类民非评估带来显著的时效性。评估反映出一定时期内社会服务类民非的运行情况，超出这一时期评估结果信息就会失效。

可操作性。当前，我国的社会服务类民非公信力评估仍处于起步阶段，因此，要尽可能全面考虑社会服务类民非评估的流程、指标体系和方法等，以便提高其在现实运用中的可操作性。评估方案的设计要尽量符合我国评估实际，符合我国社会服务类民非管理和运行的实际情况，为评估的实际操作和运用提供便利。

3.社会服务类民非公信力评估的基本流程

无论社会服务类民非采用何种评估执行方式，即无论是开展行政评估还是由专门的评估机构执行评估，就评估的具体实施步骤而言，通常是按照以下基本流程进行的。

首先，评估准备阶段。即正式实施评估的前期准备阶段，包括制订评估计划、确定评估主体，做好相关评估条件的准备工作。其中确定评估计划是此阶段的核心任务，为一切活动提供了相应的指向和标准。其次，评估实施阶段。即在评估计划、主体、条件确定的基础之上，由评估主体面向评估对象正式实施一系列评估活动，包括交流评估信息，收集相应的数据材料，并给出评估报告等。最后，评估反馈与总结阶段。即在评估报告的基础上，总结经验，将评估中发现的问题和经验通过公示、会议和其他形式反馈给被评估对象，并对未来工作提出设想和建议。

在进行特定的社会服务类民非公信力评估时，评估的背景、目的、条件、对象存在着差异，因此，评估的具体执行方式也会有所不同。但在评估过程中，评估组织机构、评估工作机构、评估对象都应建立有效的质量控制机制，从而提高评估机构的责任意识及评估质量。

四、评估体系与社会服务类民非公信力评估体系

评估体系是本书针对社会服务类民非的研究角度和内容所在，对其进行清晰的界定，有着重要的理论意义。

（一）体系

在理解和界定评估体系的概念之前，必须明确"体系"的定义。

《辞海》（第7版）对"体系"的释义是："若干有关事物互相联系、互相制约而构成的一个整体。如：理论体系；语法体系；工业体系。"

《现代汉语词典》（第7版）中解释为"若干有关事物或某些意识互相联系而构成的一个整体"，其可以实现一定的功能等。

上述不同的工具书对"体系"的定义虽不尽相同，但是从中可以发现些许共同的特征。首先，体系必然包含几个事物或是几个意识，单独的一个事物或是一个意识不能构成体系；其次，需以普遍联系和发展的观点来看待问题，体系中的事物或意识有着千丝万缕的内在或外在联系，是相互产生作用或相互产生影响，而非相互独立的个体；再次，"体系"强调的是一个整体，或是一个系统，注重完整性。

关于体系，从广义上看各种复杂的事务都可以看作一个体系，例如宇宙、星系、地球等都可以看作体系，体系的各个分支也可以看作小体系，大体系里含有无穷无尽的小体系，这样体系就存在很多个层次，不同层次之间存在一定的嵌套关系，这样就形成了一个很复杂的总体系。

本书认为可以将其看作在一定范围内，由一定数量的存在相关关系的对象或者元素组成的一个有机整体，或者由各子体系组成的一个大系统。

（二）评估体系

评估体系，是由"评估"和"体系"两个词合并组成的综合概念，目前的中文工具书中较难找到其详尽的释义，只能试图从现有研究文献中寻找其具体的内涵。

谢焕瑛的《国家重点实验室评估体系研究》、张国桢的《建构生态校园评估体系及指标权重——以台湾中小学校园为例》、陈志攀的《我国城市软件产业评估体系研究——以南京市为例》等论文中多处出现"评估体系"一词。论文在介绍"评估体系"框架时，分别涉及评估体系的设计原则、评估指标体系设计、评估方法选择等内容。

苗丽静在描述社会组织评估时认为，评估是一个完整、动态的管理过程。

包括评估目的确定、指标体系构建、评估方案订立、评估信息整理、评估数据计算、形成评估报告和认定并公告评估结果等环节。[①]

吕翔在其论文中，分别从评估的原则、评估模型设计、评估的组织管理、评估实施效果等方面具体对"评估体系"进行详细论述。[②]

韩丽洁的论文中也反复提到"评估体系"一词。从论文结构来看，本书的层次结构较为清晰，主要是从评估指标体系构建、评估结果分析几方面来整体阐释此种体系的内涵。[③]

综上所述，在参考大量文献研究基础上，本书认为此种体系是包括评估目的、评估主体、评估指标体系、评估方法、评估结果运用等多个子系统在内的既相互联系又相互制约的整体。

（三）社会服务类民非公信力评估体系

由评估体系定义可知，社会服务类民非公信力评估体系是由评估目的、评估主体、评估指标体系、评估方法、评估结果运用等多个对象构成的既相互联系又相互制约的整体。

1.社会服务类民非公信力评估体系的结构

社会服务类民非公信力评估体系中的评估目的、评估主体、评估指标体系、评估方法、评估结果运用等子系统均有着丰富的内涵，可各成体系，但它们之间又相互联系、相互制约。其中，评估目的是公信力评估体系的基础，评估指标体系是公信力评估体系的核心，评估主体是保证公信力评估体系具体实施的根本保障，评估方法是公信力评估体系实现的关键因素。公信力评估体系的构成如图2-2所示。

---

①　苗丽静：《非营利组织管理学》（第2版），东北财经大学出版社，2010年，第35—46页。

②　吕翔：《天津市出国(境)培训项目评估体系研究》，硕士学位论文，天津大学，2013年。

③　韩丽洁：《企业管理人员培训效果评估体系研究：基于A公司的实证》，硕士学位论文，南昌大学，2014年。

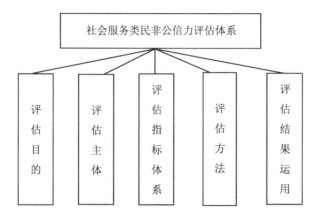

图2-2 社会服务类民非公信力评估体系结构

评估目的要解决的问题是为什么要开展评估，这是评估工作进入实质性阶段后首先要考虑的关键因素。评估目的一般由委托者提出，为委托者服务。同一被评对象，评估委托者、评估主体不同，评估目的往往可能大相径庭。评估目的贯穿和指导整个评估过程的始终。

评估主体。评估的开展，首先必须明确由谁来评估。一般来讲，评估主体是指对评估客体具体实施评估活动的组织或个人。评估主体可以是单一的组织或个人，也可以是由多个组织或个人组成的多元评估主体。不同国家或地区、不同行业有着不同的评估主体。相同行业或项目，因其所在地区不同、文化与历史各异、法律与政治体制不同，评估的主体也存在显著的差别。

评估指标体系。评估指标是评估体系的重要组成部分，评估指标设计是否科学会直接影响评估的有效性。一般而言，评估的指标内容可以划分为绩效评估指标、问责性评估指标、能力评估指标，也可以划分为项目评估指标、组织使命与战略规划评估指标、能力评估指标等，还可以划分成组织管理评估指标、组织诚信评估指标、满意度评估指标等。指标划分的标准虽不同，但在设计指标系统时都要重点把握以下原则，即系统性原则、科学性原则、可比性原则、目的性原则及全面精简原则。

评估方法。评估方法是指为了实现评估目的，对评估对象展开分析和评估活动时采用的技术及手段的总称。实践中，无论采用何种评估方法，都要将社会调查研究方法应用其中，如访谈法、文献法、问卷调查法等。可以通过文献法来全面翔实地搜索资料，并以此来熟悉研究对象的相关情况，确定研究方法。实地评估中通常采用访谈法，这是获取第一手研究资料最理想的方法，通过评估者与被评估者直接交谈的方式来获取研究资料。

评估结果运用。评估结果是对组织某一时期绩效或行为的测量结果，可表现为定性或是定量的分析结果。评估结果运用是一切评估活动实施的出发点和归结点。如果只强调评估过程，不注重评估结果的运用，评估结束后就将评估结果束之高阁，就失去了评估的意义。

综上，社会服务类民非评估体系由若干子系统组成，且每个子系统都发挥着不可或缺的重要作用。

2.社会服务类民非公信力评估体系的特征

社会服务类民非公信力评估体系是一个具有综合性的体系。评估体系是"评估"与"体系"结合的产物。评估体系融合了多个学科的理论，其体系的研究范围具有拓展性和综合性。但评估体系的内容并非相关学科知识内容的简单拼凑。评估体系是一个完整的体系，体系内容有其内在的逻辑必然性及较好的综合性。

社会服务类民非公信力评估体系是一个具有开放性的体系。开放性是"体系"这一概念的最基本特征，虽然在实践中会出于种种需要开展对体系的监控，但这远远不能改变体系开放性的特征。评估体系的开放性主要是指，一方面评估体系要与社会中其他体系如环境体系、文化体系等互动和关联，是一种开放的而非封闭的体系；另一方面评估体系本身并非一成不变，而是与时俱进的。因此开放性应是评估体系的首要特征。

社会服务类民非公信力评估体系是一个具有创新性的体系。创新性是当今信息时代对体系的本质要求之一，也是评估体系的基本特点。一方面，评估体系的研究要不断感受新情况、认知新问题，在指标、方法上不断改进和创新，这是评估体系构建的基本前提；另一方面，要不断更新观念和理论，评估实践的发展与更新应紧跟时代的步伐，只有这样，才能保持评估体系旺盛的生命力。

社会服务类民非公信力评估体系是一个具有实用性的体系。评估体系与各种评估实践有着密切的联系。一方面评估体系的研究是对评估实践经验的总结与改进，不同类型、不同行业、不同地区的大量评估实践已成为评估体系研究的源泉；另一方面评估体系的研究成果也可以在评估实践中得到检验，并指导评估的发展。

第二节　研究的理论基础

在问题研究中，理论基础起着多方面的作用，可以为相关的研究提供理论指导。理论基础是某一系统的价值性和观念性前提。某一理论系统的问题多是以该价值、观念为前提而展开讨论的，利用某一理论基础能够对一般理论系统的研究对象、关系、范畴等进行指导，并对该一般理论系统所要探讨的客体有最具权威的、最终的解释能力。理论基础的外在表达形态具有很高的概括性及统摄全局的战略指导性。理论基础和意识形态有一定的密切关系，这主要是由其所在的社会基础决定的，并建构在此客观基础之上。本章拟对治理理论、委托代理理论、资源依赖理论、利益相关者理论等作深入全面的介绍，以便为相应的体系构建打下良好的基础。

一、治理理论

根据社会治理理论的发展历史可知，治理理论的兴起、发展与政府部门变革的深化息息相关。治理理论是与社会服务类民非评估体系构建研究有着重要联系的理论基础。

（一）治理理论基础

"治理"（governance）一词最早来源于拉丁文，其含义为"引导、控制和操作""操纵"。[①]其经常和控制混用在一起。1989年世界银行在其发布的一份关于不发达国家的发展问题的报告中，提到了"治理危机"一词，随后"治理"一词开始在社会媒体领域不断被引用。[②]

---

① E.S.萨瓦斯：《民营化与公私部门的伙伴关系》，周志忍等译，中国人民大学出版社，2002年，第7页。

② 安东尼·帕格登：《"治理"的源起，以及启蒙运动对超越民族的世界秩序的观念》，《国际社会科学杂志（中文版）》1999年第1期，第9—18页。

这些年来国外学者关于治理展开了多方面的研究探索，并建立了很多公共管理研究的新模式，然后将其运用到很多地区的行政、社会管理领域，从而取得了较好的效果。当前普遍基于公共权力行使的角度来解释治理的内涵。世界银行认为治理和国家行政权力的分配、使用有关。经济合作与发展组织认为，治理是指为了有效管理用于社会经济发展的资源，而在社会中行使政治权力和实施控制。[①] 着眼于全球化发展的背景，治理理论主要的关注对象是在正常的社会治理体系下的社会发展"失败"现象，然后通过社会各方面力量的协作来改善此种状况，希望通过市场、政府、社会组织等多元主体共同参与来解决社会公共问题，以促进社会和谐发展，并维护社会成员的共同利益。根据这些论述可以看出西方的管理学家提出这种治理理论，并试图通过其来代替统治，主要是观察到政府权力在社会资源的配置中失效，因而试图通过治理来解决此方面的问题。

和国外学者相比，中国学者对治理理论的研究及应用是在特殊的背景之下展开的。中国拥有长达几千年的封建历史，官本位、强权统治思想根深蒂固。1949年以来，我国由于受到计划经济体制的影响，管制型、全能型政府特点显著，呈现出强政府、弱社会的社会发展现状。改革开放后，行政体制的改革一度落后于市场经济的发展，导致在发展转型期显现出诸多社会矛盾。21世纪后，面对社会发展困局，政府试图通过颁布一些改革措施来促进社会管理创新。很多学者也对社会治理进行了多方面的研究，并分析了其内涵和特征等。

关于治理的内涵，很多学者有不同的见解。毛寿龙认为这种治理和公共事务没有直接的关系，其主要作用是负责具体事务的管理，和相关的传统行政之间存在一定的替代关系。[②] 俞可平则认为治理主要是通过权威对一定的目标和对象进行秩序维持。治理的目的是规范公民的行为，并以此来保障公共利益，这种治理过程中需要利用到相应的权力来进行规范和引导。[③] 徐勇则认为在不同的

---

① 托马斯·G.怀斯：《治理、善治与全球治理：理念和现实的挑战》，张志超译，《国外理论动态》2014年第8期，第7—18页。

② 毛寿龙：《西方政府的治道变革》，中国人民大学出版社，1998年，第192页。

③ 俞可平：《权利政治与公益政治》，社会科学文献出版社，2000年，第133页。

社会条件下，相应的治理模式也有明显的区别。①统治和治理有明显的区别，前者主要侧重于权力运用，而后者则侧重于权力配置。因此，治理是通过权力配置实现多元权力主体合作的一种制度安排。

关于治理理论应用的研究，一些学者主要是从政府权威方面开展的，并分析了在各种社会主体合作下，如何最大限度优化公共利益。有学者提出，政府自身并不需要承担生产职能来提供公共物品，它可以借助社会组织、市场的竞争等有利条件。凭借签订合同、资金补助、捐赠等方式把一些公共产品及服务的供给责任交由社会组织来承担，同时也要积极支持社会组织提供此项服务，从而让公众能够更有效率地得到服务和物品，也可降低政府部门的资金支出规模。②

综上，治理理论强调政府怎样进行相应的体制创新，并与社会组织合作，为公众提供更好的服务。同时治理理论还强调政府应在多元治理背景下，借助职能改革，将更多职能转移给社会，而社会组织就是政府职能转移最主要的承接者。可见，在经济全球化、政府治理环境出现较大变化情况下出现的治理理论，虽然也关注政府公权力，不过更多注重政府、市场和民众的协作。

可以更深层次地理解治理：首先，从治理权威基础来看，治理对相关方的共同参与较看重，建立在这些主体对权力、制度的认同之上。其次，从治理主体构成来看，治理主体不再局限于政府自身，而是包含了市场、社会组织等多个主体，这些主体之间存在一定的协作关系。再次，从治理手段来看，多元主体平等合作的作用尤为重要，多元化可以通过各种形式体现出来，如权力制衡、服务外包，以及相应的合作等。最后，从治理发展目标来看，其主要是为了达到公共利益的最大化，且需要满足一定的效率要求。

因此，善治逐渐成为此方面的理论热点。善治属于治理的理想化表现形式，是公共利益最大化的治理过程。俞可平把善治的基本要素归纳为：法治（rule of law）、责任性（accountability）、合法性、透明性、回应性和参与性等。可以说，善治是政府、市场、社会组织多元主体参与治理下进行的相关公共领域的合作

---

① 徐勇：《治理转型与竞争——合作主义》，《开放时代》2001 年第 7 期，第 25—33 页。

② 孙柏瑛：《当代政府治理变革中的制度设计与选择》，《中国行政管理》2002 年第 2 期，第 19—22 页。

管理，是国家进行社会管理的一种高级形式，其最好地体现了多元主体合作所达到的状态。善治的最根本目的在于实现公民的权利，公民不仅是社会公共服务的"消费者"，也应该发挥一定的监督作用。[①]

归根结底，善治是政府主动向社会转移公共权力的过程，政府在其中应该发挥出多方面的作用，同时负有确立和规范行为主体行为准则的重任。[②]因此，社会的发展和表现形式与善治有密切的关系，数量众多的社会组织都遵守共同约束下的价值认同，才是实现善治的基础。

（二）治理理论与社会服务类民非评估的关系

治理理论是社会组织评估研究的关键理论基础，同时也成了民非等社会组织生存和发展的理论前提。治理理论的价值取向和善治也有紧密的关系，其主要目标是在市场和政府之间寻求最优化的组织和制度，以便尽可能地达到善治的目标，高效地提高公民福利，并促进创新型组织的发展。创新型组织主要就是指社会服务类民非等社会组织。伴随治理理论的发展，政府在社会管理领域的职能也发生了明显的变化，其中一部分就是积极鼓励社会组织进入社会管理领域，并积极发挥社会组织灵活高效的优势。

综上所述，善治和政府的权力转移有密切的关系，政府在其中主要承担指导社会组织行为者行动的责任。可见，具有法律和道德共同约束下的价值认同，具有运作规范、公信力高、数量众多、自身发展良好的社会组织，才是实现善治的基础。而社会组织的规范运作、高公信力、健康可持续发展都需要评估机制的有效运作。

二、委托代理理论

作为公共管理研究领域的重要理论之一的委托代理理论，是社会服务类民非评估体系构建的重要理论基础。

---

① 沈荣华、周义程：《善治理论与我国政府改革的有限性导向》，《理论探讨》2003年第5期，第4页。

② 胡祥：《近年来治理理论研究综述》，《毛泽东邓小平理论研究》2005年第3期，第25—30页。

（一）委托代理理论基础

委托代理理论的假设前提是：在信息不对称和利益冲突的客观环境中，委托人如何最大化地去激励代理人。它包含两部分内容，一是基于规范的角度开展研究的委托代理理论，二是基于实证角度开展研究的代理成本理论。前者重点关注在不完全监督和不确定性的情况下，如何建构委托人与代理人间的契约关系，能够为代理人提供恰当的激励，使其为委托人做出带来最大福利的行为；后者研究每一个参与者面对的激励和均衡契约形式的决定性因素。

基于委托代理理论的委托代理关系是一些人或一个人委托其他人根据委托方利益而从事某些活动，并为其授予一定的决策权利。在这种活动中委托人与代理人的目标有一定差别，并且有相应的信息不对称的情形存在。在此背景下，委托人往往需要借助不同的渠道对代理人开展约束和监管，并促使其尽可能地为自己谋取最大利益，并要求其向自己提供相应的信息，以此来判断对方的努力情况。可见，委托代理理论的目的是讨论所有权与控制权分离的情况下，面对委托人与代理人间的目标不一致和信息不对称等问题，如何构建有效的激励机制以降低代理成本，为委托人谋求最大利益。委托代理关系和经济的发展状况也有一定关系，委托方和代理方关系的复杂化以及经济的迅速发展，使得委托代理面临更加烦琐的步骤和环节，从而很可能使代理方为委托方服务的积极性有所降低。

委托代理理论强调，在信息对称和非对称的背景下，委托人与代理人的行为是不同的。不过在一定条件下，二者各自的行为透明可察，委托人可以对代理人的行为进行相应的监督和控制。然而当面对信息不透明的状况时，委托方和代理方各自的表现和行为也具有不透明性，这样就存在一定的不可控制性。由于代理人的行为一般是不可以直接观察的，这样委托人就需要利用相应的参考信息来进行分析和判断，不过这种方法的所得结果并不是很可靠，很容易受到外部环境的干扰。所以，选取既有约束作用又有激励效果的考察方式，能够起到较好的检测效果，因为在此种情况下，委托方对代理方的预测能力以及了解程度都会有较大的提升。[①]

---

① 国家民间组织管理局：《中国民间组织评估》，中国社会出版社，2007年，第25页。

（二）委托代理理论与社会服务类民非评估的关系

政府与社会服务类民非之间实质上形成了委托代理关系。由于社会需求复杂多变，且政府资金有限，因而政府无法为人们提供种类繁多、千差万别的公共服务。社会服务类民非等社会组织作为社会与政府的连接者，能够提供部分公共服务。同时，由于组织间的竞争态势和志愿精神，社会服务类民非等社会组织能够提供费用更低、质量更好的服务。因此，社会服务类民非等社会组织可以作为政府与社会之间的桥梁，在"政府失灵"的领域中发挥重要的作用。政府也可以通过授权委托、合同外包等方式，把一部分公共产品的供给权力让渡给社会服务类民非，政府与其之间就形成了典型的多目标、多任务的委托代理关系。

委托代理关系中的问题在社会服务类民非领域同样存在。由于所有权和经营权相互分离，社会服务类民非等社会组织同样存在着契约失灵、机会主义行为、目标不一致、寻租、腐败、信息不对称等问题。不论是社会组织的管理者还是普通工作人员，他们均没有企业中的剩余索取权。因此，在完全的志愿精神之下，期待社会组织的高效益和高效率是非常不现实的。社会组织与政府间的委托代理关系中同样存在管理者积极性低、效率低下等问题。委托方对代理方的激励机制、选聘机制、约束机制等都离不开评估的有效运作。因此，要在对代理方经营效果科学评判的基础之上，建立有效的隐性激励或是显性激励。

此外，评估本身就是一种有效的约束手段，评估、激励代理人的过程同样是对其监督的过程。要有效地完善约束机制与激励机制，保障委托代理关系的良性运转，必须对社会组织的评估机制进行强化，必须对社会组织的选聘机制进行坚决有效的落实，并达到相应的管理目的。因而科学的服务类民非评估机制可以有效地降低委托代理成本，将"内部人控制"的不良影响程度降到最低。因此，构建一套科学而有效的社会服务类民非评估体系，可以激励社会服务类民非的健康和可持续发展。[①]

---

① 徐家良、廖鸿：《中国社会组织评估发展报告（2015）》，社会科学文献出版社，2015年，第2页。

三、资源依赖理论

社会服务类民非处在不断变化的社会环境中，资源同样会影响到组织的发展，资源依赖理论可成为社会服务类民非评估体系构建的理论基础。

（一）资源依赖理论基础

资源依赖理论是在20世纪40年代建立的，经过几十年的发展完善已经很成熟了，目前这种理论在很多组织关系的研究中得到广泛应用。这种理论属于组织理论的一个分支，在组织变迁活动的相关研究中经常用到。

资源依赖理论认为组织为了维持生存和发展，有必要和周围环境相互作用，并吸收相应的资源。其具体含义为：其一，组织和环境存在密切的关系；其二，组织可以根据需要改变其和环境的关系，并进行调节；其三，环境不是一个固定不变的客观存在，它也是变动的。

资源依赖理论认为，不同的组织所具有的资源存在较大的差异，且流动性也有明显的区别，而有的资源是不能借助正常的交易规则来赢得的。例如某个组织的能力可以看作虚拟资源，这种资源能够使得组织具有长期的竞争能力。这类资源的获取难度很大，无法通过交易的方式获得。与此同时，组织在发展过程中需要的资源是不断变化的，一般不可能都通过自身获得。因而需要通过和环境交互来得到这种资源，这样就会产生组织对资源的依赖性。在此情况下组织会出现一定的形态改变，并试图更好地应对偶发事件。

该理论的成立依赖于三个前提假设：一是组织最为关注的是生存，其需要资源来满足生存要求，因而组织对这些资源具有一定的依赖性。二是组织需要和其所依赖的环境产生一定的交互作用。三是组织只有具备一定的控制能力，才可以满足相应的生存要求。其中最核心的假设是组织的生存和获取资源有关，组织只有不断地和环境交互才可以满足生存要求。

该理论的两个主要观点如下：（1）组织间的资源依赖会导致其和其他组织之间产生一定的交互关系，这样就会对组织内部的元素关系产生影响。（2）组织在日常运行过程中需要具备多种资源，组织只可能从自身获取少量的资源，其他的都需要靠与外部环境交换得到。内外部的条件约束构成了组织行为的条件，并形成了组织所处的内外部环境。根据这种理论可知，组织一般具有大量权力和能量，组织管理的主要目的是对其中的元素进行控制，这也是组织需要重点解决的问题。

以上两种观点，为组织的相关合并、联合等行为提供理论基础，并分析了组织改变环境的形式，说明组织不会被动地适应环境，而是通过交互与环境建立和谐的关系。此理论主要分析了组织对环境的影响，以及组织内部和组织之间的相关关系。为了更好地控制环境资源，组织可能产生合并、缩减规模等相关行为。比如组织可以通过一定的整合方式来摆脱与其他组织的共生式依赖，并通过扩展来消除相应的竞争者，也可以通过一定的形式扩展到多个领域，并以此来避免相应的依赖性。

（二）资源依赖理论与社会服务类民非评估的关系

资源会影响到社会服务类民非的生存。社会服务类民非需要通过外界资源如捐赠或者拨款来获得生存资源。社会服务类民非与外界资源的依赖关系是非对称的，如果组织通过不对称方式获取外界资源，则其很可能受到资源提供者的约束和限制，这样就会对组织的独立性产生一定的影响，甚至可能影响到组织发展。由此，各类社会组织就会借助市场交易行为来获取社会资源，从而维持组织的生存和发展。组织的相关利益群体通过制订不同的评估目标、内容、指标，从自身利益出发对组织的运行、效率、绩效展开监督。马迎贤指出，资源会影响组织发展，没有任何组织能够自给自足，其需要和外界环境进行交互，这样才可以获得所需要的资源。[①]同时，所有社会组织均处于不断变化的环境之中，为了满足相应的生存和发展需要，组织不断地和外界环境进行交流，并获取所需要的资源。不同的组织对资源的需求程度是不同的，因而资源的稀缺性和重要性对组织的性质也有显著的影响。该理论认为组织应该回应环境中控制关键资源的那些群体，如利益相关者的需求。组织管理者的任务就是回应环境的需求与约束，并且试图减轻这些影响。资源依赖理论在某种意义上解释了与组织选择性相关的问题，社会组织可以通过一定的替代品来减少其对一些资源的依赖，以此来更好地应对环境的变化。

---

① 马迎贤：《资源依赖理论的发展和贡献评析》，《甘肃社会科学》2005年第1期，第116—119，130页。

社会服务类民非评估为组织与政府、服务对象等外部环境的互动提供了通道。在社会服务类民非评估中，一项很重要的标准应是"社会评价"及公信力，该标准涵盖了组织的部分内部互动与外部互动。其中组织的内部互动包括了对社会服务类民非的董事会、理事会、监事会、工作人员等的评价，外部互动包括了社会服务类民非捐赠人、受益人、大众媒体等主体对社会服务类民非的评价。通过评估，社会服务类民非能够获取内部人员及外部利益相关主体对组织的基本评价，这对组织发展意义重大。此外，获得较好评估结果的社会服务类民非，能够在一定程度上得到更好的社会认可，对组织的公信力建设、吸纳更多的捐赠资源、提升组织形象具有重要作用。

四、利益相关者理论

当前，多数研究学者将利益相关者理论应用于企业领域，对企业进行衡量和评估，并得到了社会的普遍支持。[①] 相对于企业来说，社会服务类民非有着更为广泛的利益相关者，需要考虑影响组织生存及发展的利益相关者在社会组织评估中的地位和角色。因此利益相关者理论同样适用于社会公共治理领域，同样是社会服务类民非评估体系构建的重要理论基础。

（一）利益相关者理论基础

1708年，当时的《牛津词典》最早出现了"利益相关者"一词。20世纪60年代，利益相关者理论在美国、英国等国家逐步发展起来。

进入20世纪80年代后，伴随着经济全球化发展和企业之间竞争的激烈，大家开始意识到以"是否影响到企业生存"的视角去界定利益相关者的做法有着严重的局限性。因此，1984年，弗里曼出版《战略管理：利益相关者方法》一书，"利益相关者理论""利益相关者管理""利益相关者"等术语在不同领域、不同行业得到广泛的应用和追捧。他认为利益相关者会对组织目标的实现产生很大的影响。其在进行组织研究时提出了利益相关者理论，并认为利益相关者就是影响企业目标的群体，且在企业目标实现过程中采取相应行动影响此目标

---

① 陈维政、吴继红、任佩瑜：《企业社会绩效评价的利益相关者模式》，《中国工业经济》2002年第7期，第57—63页。

实现的个体和组织也是利益相关者，并指出任何公司的发展和这些利益相关者都有密切的关系。常见的利益相关者主要有债权人、股东、消费者、政府。企业的生存、发展和这些利益相关者有密切的关系，企业为了保持长期的繁荣发展和实现相应的目标，就很有必要满足这些相关者的需求。根据此定义可以看出，政府部门也是利益相关者之一，因而扩充了其内涵。国内学者目前对政府绩效评估主体的选择与比较经常落入企业绩效评估主体构建的思维中，即常借用"利益相关者"理论来分析政府绩效评估主体的范围和作用。

利益相关者理论的核心原则有以下几点：利益相关者的满意度，即谁是主要利益相关者，他们的要求和愿望是什么？利益相关者的贡献，即需要从利益相关者那里得到什么？战略，即应该采取什么样的战略满足利益相关者的需要？流程，即需要什么样的流程去执行上述战略？能力，即要拥有什么样的能力才能更加有效率地执行流程？具体如图2-3所示。

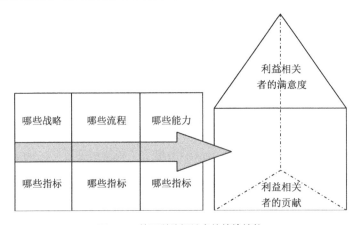

图2-3 基于利益相关者的绩效棱柱

资料来源：殷晓宝：《基于利益相关者的非营利组织绩效评估》，硕士学位论文，上海师范大学，2007年，第24页。

（二）利益相关者理论与社会服务类民非评估的关系

根据前述定义，利益相关者理论完全适用于社会服务类民非的评估。社会服务类民非的利益相关者体现为志愿者、捐赠者、政府部门、组织高层管理者、内部员工、消费者等。它们对于社会服务类民非的生存、运行和发展有着十分重要的影响。社会服务类民非与其利益相关者之间是一种"互动和影响"的双向关系。

　　一方面，利益相关者多数情况下会影响到社会服务类民非的决策和行动，进而影响到组织的绩效。例如社会的捐赠必定会影响组织的资金来源及经济基础，政府方面的规章制度和政策法规会对组织决策产生较大和深刻的影响，组织内部的员工工作能力和态度也会直接影响组织的生产效率。另一方面，社会服务类民非的绩效也会反过来影响利益相关者们价值和利益的实现。概括来讲，社会服务类民非卓越的绩效肯定是来源于组织自身和利益相关者间的绝对忠诚关系，而利益相关者也必将得益于社会服务类民非绩效的提高。社会服务类民非要想获取长期的可持续发展，必然要衡量利益相关者各方的需求。

　　可见，利益相关者理论为理顺社会服务类民非与不同的利益相关者之间的关系提供了一个良好的分析框架，为构建社会服务类民非评估体系提供了重要的理论支持。在构建社会服务类民非评估指标体系时，应综合考虑来自组织利益相关者的多方评价。

第三章

社会服务类民非及其评估的发展

本章从社会服务类民非的发展、社会服务类民非发展的主要制约因素、社会服务类民非评估的发展及局限三个方面展开相关分析。20世纪80年代中期，民办非企业单位开始发展，社会服务类民非同步兴起和发展，经历了探索、规范、培育三个阶段。社会服务类民非的增长速度不断加快，制度环境、法律环境、管理体制、财产规则和内部治理共同为社会服务类民非的发展奠定基础。社会服务类民非取得了一定的发展，但在实践中众多问题都体现出了组织的公信力缺失，导致了其承接政府职能转移能力的削弱，也阻碍了组织自身的生存和健康发展。社会服务类民非评估的发展大致可分为探索兴起、规范建立、深化发展等阶段。社会服务类民非评估在政策环境、指标体系、程序和方法以及结果运用等方面拥有了长足的发展，也凸显出评估观念相对陈旧、主体单一、指标不科学、方法片面等问题，亟须对评估体系进行改进和完善。

第一节　社会服务类民非的发展

社会服务类民非是我国改革开放以来出现的新的社会组织类型，它的兴起和发展植根于我国改革开放以来的具体国情，它历经了不同的发展阶段，已经在公共服务提供方面发挥了积极作用。但是，就社会服务类民非的现状来说，总体上还是处于初级阶段，其在发展中不可避免地面临着诸多问题。本节从社会服务类民非的出现、发展历程、规制体系三个方面展开论述。

一、社会服务类民非的出现

改革开放以来，特别是20世纪90年代后，在经济迅速发展的形势下，民众的需求也日益多样化。在此背景下，涌现出了提供社会福利、救灾救助、社会保障及社会事务等各种社会服务的社会组织实体，即社会服务类民非。它们成为政府提供社会服务的帮手和补充，日益获得社会公众的关注和认可。社会服务类民非属于民办非企业单位的一种重要类别，其兴起和发展自始至终与民办非企业单位的兴起和发展相生相伴。

中华人民共和国成立后，各项制度都借鉴和参考自苏联，并仿照其建立了相应的计划经济体制，对社会组织进行严格的限制，因而我国的社会组织一直处于数量少、种类少的状态。在经济领域，彼时的国有经济处于绝对主导地位，科技、文化、教育、文化等领域的社会组织全部通过国家进行管理运营。同时，我国建立了各种事业单位，并由其提供各种社会公共服务。

《事业单位登记管理暂行条例》中指出，所谓事业单位，是"国家为了社会公益目的，由国家机关举办或者其他组织利用国有资产举办的，从事教育、科技、文化、卫生等活动的社会服务组织"。这种组织的举办主体为国家，其运营经费都由国家财政拨款。从事业单位的运行来看：一方面，社会事业一直采用的是由政府直接组织的方式，机构设置、目标确定、经费供给、具体业务活动组织、人员管理等，全部依靠政府，使得政府财政负担加重；另一方面，形成了由事业单位主导社会公共服务供给的一元化局面，导致缺乏竞争，从而引发公共服务的供给动机不足、机构臃肿、质量不高、效率低下等问题。此时，迫切需要引入新的机制来改善事业单位的服务绩效。

引入民办非企业单位等社会力量，使其参与社会服务便是大势所趋。不过在发展初期阶段，民办非企业单位还没有统一的称呼。国务院在1998年10月25日颁布了《民办非企业单位登记管理暂行条例》，将原先的"民办事业单位"改为"民办非企业单位"，指企业事业单位、社会团体和其他社会力量以及公民个人利用非国有资产举办的，从事非营利性社会服务活动的社会组织。此后民办非企业单位的对象范围也逐渐清晰，法律地位得以明确，其中当然也包括社会服务类民非。

自此，社会服务类民非等民办非企业单位作为一种重要的社会组织类别和形式走进了中国百姓的社会生活，成为一种新型法律主体，在社会福利、救灾救助、社会保障、社会事务等相关领域为民众提供各种公共服务。

二、社会服务类民非的发展历程

经过几十年的发展，我国的社会服务类民非在社会福利、救灾救助、社会保障、社会事务等领域发挥了积极作用。社会服务类民非的发展与改革开放的经济体制以及社会事业的发展密不可分。具体而言可以分为三个阶段：先行先试的探索阶段、整顿限制的规范阶段、培育支持的发展阶段。

（一）先行先试的探索阶段（20世纪80年代中期—1995年）

改革开放之前，我国实行的是计划经济体制，政府是社会事业发展的唯一责任主体。社会服务、科技等方面的事业需要通过政府部门来直接管理，私人没有参与权限。同时，由于受到当时财政投入不足、事业单位治理水平不高、员工工作积极性不强等因素影响，事业单位的社会服务能力跟不上我国群众日益增长的社会服务需求。改革开放之后，经济迅速发展，民众的需求日益多样化，社会事业步入快速发展时期，社会事业领域逐步放开，各类社会组织大量涌现，所涉及的社会服务领域也愈益宽泛。正是在此背景下，我国的民办非企业单位不断自发涌现。

（二）整顿限制的规范阶段（1996—2000年）

1996—2000年，我国确定了"民办非企业单位"的类别名称，社会服务类民非也有了较为明确的范围，基础性的法律体系和制度框架开始建立。同时，有条件、有重点地鼓励社会服务类民非等民办非企业单位的发展，政府给予明确的政策支持。

伴随我国社会事业领域的逐步放开，不同类型的社会组织不断增多，在社会和经济发展方面发挥了重要作用。理应看到，社会组织在发展中还存在诸多亟待解决的问题，如业务范围不确定、监管规范不完善、登记管理体制混乱等。由此，政府部门开始加大管理力度，1997年中央开始专门研究社会服务类民非等社会组织存在的问题，从维护社会稳定和政治稳定的角度出发，提出了社会组织管理工作应该依据的相关原则。

1998年民政部专门下发了《民办非企业单位登记管理暂行条例》，这标志着民办非企业单位开始走向规范化。

从总体上看，经过这一时期的整顿和规范，我国的民办非企业单位数量有了明显下降，很多不合法的组织被取缔。但是，在政府鼓励和支持的教育、社会服务等领域，民办非企业单位却取得了较快的发展，并逐步走向规范化、制度化。

（三）培育支持的发展阶段（2000年至今）

2000年至今，我国政府更加注重社会事业的发展，并制定了很多鼓励和支持的政策。政府对社会服务类民非的支持力度全面加强，社会服务类民非进一步快速发展，但是其规范化、制度化建设仍待健全。

21世纪后，在经济进一步发展的形势下，民众对公共服务的需求不断增加，原有的政府类公共服务无法满足发展需要。与此同时我国的民营企业数量也在不断增多，并开始成为活跃的市场主体。根据相关数据统计可知，2007年，民营经济占到GDP总量的65%，吸纳就业的比重高达80%。因此，社会上的大多数劳动人员，已从"单位人"转为"社会人"。大部分原有的社会保障也消失了，而全新的社会保障机制还未有效地建立起来，这样此类人员对社会服务的需求非常迫切，而原有的政府类服务无法满足其需求，导致社会事业发展滞后。

当前，社会服务类民非等民办非企业单位蓬勃发展。随着政府机构改革和市场经济体制的确立，我国的经济发展取得了瞩目的成就，行政改革也大步前进，社会事业的战略重点正向社会公共服务等领域扩展。要想激发中国社会事业发展的活力，单纯依靠政府的力量很难满足要求，这就需要大量培养相关的民营实体性非营利组织。而社会服务类民非作为一类重要的民办非企业单位，其业务重点关注社会服务领域，所以发展前景更为广阔。

社会服务类民非发展的具体阶段如图3-1所示。

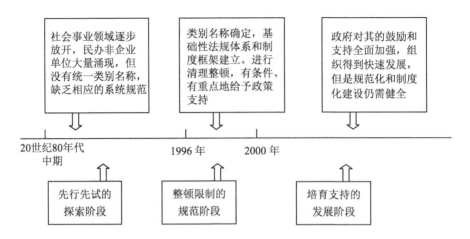

图3-1　社会服务类民非发展阶段时间轴

三、社会服务类民非的规制体系

社会服务类民非的发展离不开良好的环境。规制体系则是社会服务类民非的重要外部环境，包括制度环境、法律环境、财产规则和内部治理。制度环境是社会服务类民非发展的宏观基础。法律环境是社会服务类民非发展的具体制度规范，其中的社会服务类民非登记管理制度、税收法律制度、会计制度是重要的方面。社会服务类民非资金来源的特殊性以及组织自身的非营利性所决定的财产规则，也是社会服务类民非发展的重要制度规范。内部治理的内容包含社会服务类民非的章程、理事会、执行机构、监事会，这些内容要素也是对社会服务类民非进行内部控制和管理的体制。

（一）社会服务类民非的制度环境

我国行政管理体制改革和经济体制改革的最终目标是实现政府职能的转变，实现由集权政府到分权政府的转变，实现由管理型政府到服务型政府的转变，实现由全能政府到有限政府的转变。政社分开、政事分开等微观政府职能分离，社会服务和社会事业等领域呈现出了多元化发展的趋势。政府逐步意识到社会服务类民非等新型社会组织的突出作用，更加重视对其的支持和培育工作，引导社会服务类民非在经济、社会建设中发挥积极作用，为社会服务类民非的发展构建良好的制度和政治环境。

"十一五"规划对此作了明确规定，也就是各级管理部门应该引导和规范此类组织的有序发展，并重点培养一批公益慈善组织，为其提供相应的政策和制度支持。其中的服务性组织，主要指的是民办非企业单位当中的社会服务类组织。

十六届六中全会通过了《中共中央关于构建社会主义和谐社会若干重大问题的决定》，要求各级管理部门"健全社会组织，增强服务社会功能。坚持培育发展和管理监督并重，完善培育扶持和依法管理社会组织的政策，发挥各类社会组织提供服务、反映诉求、规范行为的作用。发展和规范律师、公证、会计、资产评估等机构，鼓励社会力量在教育、科技、文化、卫生、体育、社会福利等领域兴办民办非企业单位。发挥行业协会、学会、商会等社会团体的社会功能，为经济社会发展服务。发展和规范各类基金会，促进公益事业发展。引导各类社会组织加强自身建设，提高自律性和诚信度"。鼓励民间力量投入福利、教育、科技等领域，并为其提供相应的引导和支持。积极引导各类社会组织努力提高自身的服务能力。

党的十七大进一步引导制定、完善关于社会组织的法律，通过法律对此类组织进行监管。党的十八大报告则进一步提出，引导社会组织更多投入基层和基本公共服务体系中，并加大力度建立起全面综合的社会服务体系，在此基础上对现代社会组织体制进行规范和监管，同时为其提供适当的帮助和支持，引导其健康有序发展。作为社会组织的社会服务类民非是基本公共服务体系的重要组成部分。

我国"十二五"规划纲要也明确提出，充分发挥民众在其中的参与作用，并不断强化城乡社区自治和服务功能，为民众提供更好的公共服务。此规划还明确指出要发挥社会组织的服务功能，这也正是社会服务类民非的组织宗旨和终极目标。

"十三五"时期，我国注重围绕构建中国特色社会主义社会管理体系和现代国家治理体系，形成政社分开、权责明确、依法自治的现代社会组织体制，积极培育和发展各类社会组织，提升社会组织能力，激发社会组织活力，促进社会组织发挥作用。

民政部印发的《"十四五"社会组织发展规划》，明确了"十四五"时期包含社会服务类民非在内的各类社会组织发展的总体要求、主要任务和保障措施，为进一步规范社会服务类民非登记管理、推动我国社会服务类民非高质量发展做出系统安排。

综上，党和政府高瞻远瞩，对社会服务类民非等民办非企业单位发展的目的、原则和道路等进行了深刻阐释，为推进社会服务类民非的发展与管理指明了方向。可见"宏观鼓励"的正面制度环境为社会服务类民非提供了广阔的发展空间。

（二）社会服务类民非的法律环境

我国基本没有直接针对社会服务类民非的法律法规，更多的是关于民办非企业单位的法律法规。社会服务类民非属于民办非企业单位，因此，这些法律法规对社会服务类民非同样适用。

当前，我国有关社会服务类民非的法律法规处于初创阶段，仍未形成一套完整的法规体系。具体来说，包含基本法律、行政法规、部门规章、地方性法规及规章四大类。

1.基本法律

社会服务类民非的基本法律在现行法律框架下的数量较少，主要是1999年的《中华人民共和国公益事业捐赠法》。此外，还有一些相关的法律，如2018年修订通过的《中华人民共和国个人所得税法》规定，"个人将其所得对教育、扶贫、济困等公益慈善事业进行捐赠，捐赠额未超过纳税人申报的应纳税所得额百分之三十的部分，可以从其应纳税所得额中扣除"。2016年第十二届全国人民代表大会第四次会议通过的《中华人民共和国慈善法》，明确了社会服务类民非中慈善组织享受税收优惠的权利以及相关捐赠规定。

2.行政法规

从社会服务类民非的行政法规层面来看，主要是1998年国务院颁布的《民办非企业单位登记管理暂行条例》，该条例总共有六章三十二条，主要对此类组织的形式、监督管理规则、登记条件等进行了明确的规定。上述条例是当前对民办非企业单位进行直接调整的最高位阶的法律法规，常被看作管理此种单位的"基本法"。

3.部门规章

有关社会服务类民非的部门规章数量、层级较多，初步形成了一个比较完整的规章体系。其中主要有《民间非营利组织会计制度》《民办非企业单位印章管理规定》《民办非企业单位年度检查办法》等，对社会服务类民非等民办非企业单位的登记名称、具体条件、行业类型、印章管理等各方面进行了详细规定。

4.地方性法规及规章

从社会服务类民非的地方性法规及规章层面来看，近年来，全国各地陆续出台了许多有关社会服务类民非等民办非企业单位的管理办法，对此方面的管理起到了很重要的规范作用。主要有《北京市民办非企业单位年度检查暂行办法》，以及湖北省和浙江省发布的类似管理制度。有关社会服务类民非等民办非企业单位的地方性法规及规章在不同地方差异较大。

除专门针对社会服务类民非等民办非企业单位的立法外，其他一些法律也对这种单位的具体管理问题有所涉及。例如《中华人民共和国企业所得税暂行条例》的内容中就有对公益、救济性捐赠扣税等方面的详细规定。综上所述，社会服务类民非的法律法规体系如表3-1所示。

表3-1　社会服务类民非的法律法规体系

法律法规位阶	名称
基本法律	《中华人民共和国公益事业捐赠法》 《中华人民共和国个人所得税法》 《中华人民共和国慈善法》
行政法规	《民办非企业单位登记管理暂行条例》
部门规章	《民办非企业单位名称管理暂行规定》 《民办非企业单位登记暂行办法》 《事业单位、社会团体、民办非企业单位企业所得税征收管理办法》 《民间非营利组织会计制度》 《民办非企业单位印章管理规定》 《民办非企业单位年度检查办法》
地方性法规及规章	《北京市民办非企业单位年度检查暂行办法》 《浙江省民办非企业单位管理暂行办法》等

（三）社会服务类民非的管理体制

社会服务类民非是承担一定社会服务功能的社会组织，它的成立应当受到法律的保护，并在符合相应条件下享受相应的优惠政策，与此同时还应该接受相关政府机构的监管。全球范围内，各个国家都有相应的法规对社会组织加以规制和保护。世界上多数国家用税收法律对社会组织进行监管，而我国主要是通过组织法对社会服务类民非进行管理，最突出的体现是对社会服务类民非的双重管理体制，并且由专业的管理机关行使对此类组织的监管职能。

如前所述，依据现行有关社会服务类民非的法律制度，社会服务类民非的管理体制主要包括：归口登记制度、双重负责制度、分级管理制度。

1.归口登记制度

归口登记制度也常被称为统一登记制度，主要是指社会服务类民非统一由民政部、各地方的县级及以上民政部门进行登记。《民办非企业单位登记管理暂行条例》以行政法规的形式对此进行明确规定。社会服务类民非在注册前需要得到业务主管单位的审查同意。业务主管单位负责对社会服务类民非的资质条件等进行预审。相同事项如筹备申请、成立登记以及相应的审核与检查等都需要业务主管单位进行初审，而后由民政部门做最后决定。可以说业务主管单位进行的是实质性审查，民政部门的登记审查则是一种程序性审查。

2.双重负责制度

双重负责制度是指社会服务类民非受登记管理机关与业务主管单位的双重管理。其中的"登记管理机关"指相关的国务院民政部门和地方各级民政部门。其具体是指本级人民政府管辖范围内社会服务类民非的登记管理机关。社会服务类民非的登记管理机关的职责主要体现在以下几方面：负责社会服务类民非的成立、变更与注销登记；对社会服务类民非进行年度检查；对社会服务类民非的违规行为进行监督检查及行政处罚。

"业务主管单位"主要包括国务院和各级政府管理部门，其在民办非企业单位管理方面发挥着重要的作用，具体包括以下管理职责：负责社会服务类民非的成立、变更，同时进行一些审查工作；对此类组织的违法行为开展检查和进行惩处；对其进行年检，监督其日常活动，确保其行为符合国家相关法律和政策；与相关政府部门一起开展对社会服务类民非的清算工作等。

3.分级管理制度

"分级管理"是指按照社会服务类民非的业务范围、级别，实行分级登记、分级管理。县级以上各级登记管理机关、县级以上各级业务主管单位对社会服务类民非进行管理，登记管理机关负责同级业务主管单位审查同意的社会服务类民非的登记管理。全国性的社会服务类民非由民政部负责登记，地方性的社会服务类民非由县级以上各级地方政府民政部门负责登记。[1]可见，无论是社会服务类民非的成立、变更还是注销登记，都由县级以上各级登记管理机关和业务主管单位负责。

（四）社会服务类民非的财产规则

社会服务类民非的成立、日常运转、组织开展业务活动等均需要一定的物质资产作为支撑，资产是社会服务类民非开展业务活动和承担民事责任的物质保障。有关社会服务类民非的财产来源、财产使用规则的规定是其组织及行为的重要基础。

1.社会服务类民非财产的来源

《民办非企业单位登记管理暂行条例》规定，此类单位应该具有一定数量的自有财产，并且财产可以确保其业务正常运行。社会服务类民非的组织财产受相关法律法规的保护，组织只对这些财产享有使用权，任何单位、个人不得将财产独自占有或挪为他用。一些知识产权也包括在内，这种权利主要和一些高知识含量的服务类单位有关，因而其也享受相应的知识产权。

此类单位的资产来源主要有以下四种：

举办者筹集的资金。社会服务类民非的财产主要来源于创立者与支持赞助者，这些资产可以通过募捐、个人出资等方式得到，举办者在相应法定宗旨的范围内进行的筹资都是合法的。

有偿服务收费。此类组织提供的服务是有价值的，因而可以向接受服务的民众和个人收取费用，如收取的费用大于支出，则产生的利润可以积累为组织的资产。

政府资助和国有资产转移。为了鼓励社会服务类民非的发展，政府有关部门可以对社会服务类民非的设立和业务活动给予资助，并为其提供的相关服务付费，以此来促进其持续长远的发展。政府相关管理部门也可通过合法程序，把事业单位改制为相应的社会服务类民非，改变财产性质。值得注意的是，根据相关管理规定，此类民办非企业单位的合法财产中，非国有资产份额不得低

---

[1]　佟丽华、白羽：《和谐社会与公益法：中美公益法比较研究》，法律出版社，2005年，第43页。

于总财产的三分之二。换言之，其国有资产不得超过总资产的三分之一。

社会资助和捐赠。根据规定，此类组织可以接受其他组织、单位的资助和捐赠，除了日常服务所得到的收入之外，资助和捐赠是此类组织最主要的收入来源，对其日常运营起着重要的保障作用。

2.社会服务类民非财产的使用规则

社会服务类民非的财产权是相对而言的。社会服务类民非对其自身拥有的合法财产不具有完整的使用权和处置权。《民办非企业单位登记管理暂行条例》具体规定了此类组织在日常运营过程中应该遵守的原则，以下对此进行具体论述。

第一，来源合法，不得侵占、私分或挪用。社会服务类民非的资产要依法取得，财产受相关法律法规的保护，任何单位、个人不得将财产独自占有或挪为他用。社会服务类民非的出资人、举办人和管理人员均不得侵占、私分或者挪用资产。

第二，盈余不得分配。社会服务类民非是非营利的，其提供社会服务所获取的收入，必须用于组织章程规定的业务活动，不能用于谋利活动，获取的盈余也不能在组织内部成员间进行分配。

第三，清偿时不能私分财产。社会服务类民非解散和注销时，必须依照县级以上各级登记管理机关、业务主管单位的要求进行清算工作，不能私分组织资产。

第四，使用资助或捐赠资产时的透明原则。社会服务类民非对组织、单位或个人资助和捐赠资产的使用，首先应该保证其符合相应的法律规定，并在一定范围内运用。其次，和捐赠人约定使用方式，并依据预定期限、合法用途等使用。最后，要向社会服务类民非的业务主管单位及时汇报相应的资产使用情况，并依据相关原则和规范将其向社会公布。

第五，接受财务审计。社会服务类民非必须遵守国家有关社会组织的财务管理法规制度，还要接受来自相关审计单位的审查和监督。社会服务类民非法人代表或是负责人员进行变更时，还要接受县级以上各级登记管理机关、业务主管单位的财务审计。

（五）社会服务类民非的内部治理

所谓社会服务类民非的内部治理，主要是指此类组织依据相关规范进行自主治理，在治理时可以参考相关"内部人控制"理论，并解决一些利益相关者的协调问题。此种治理还需要解决与效率和权力约束相关的问题，并合理设置权利和义务的关系来对组织运营进行合理控制。内部治理的主要内容是建立对社会服务类民非进行控制和管理的体制。组织理事会、执行团队/委员会和监事会是社会服务类民非的治理决策代言人，通过对利益相关者的权益和责任的有效配置，从而确保组织的有效运行。故而，社会服务类民非内部治理的核心内容，主要包括治理的制度安排、规则及治理结构，其基本要素如图3-2所示。

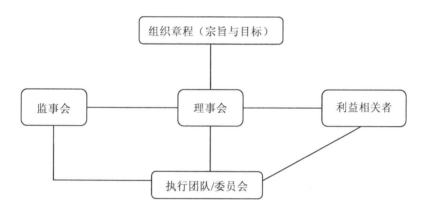

图3-2　社会服务类民非的内部治理基本要素

资料来源：景朝阳：《民办非企业单位导论》，中国社会出版社，2011年，第71页。

1.社会服务类民非的章程

社会服务类民非的治理规则集中表现为社会服务类民非的章程。章程既是社会服务类民非内部治理活动的基本依据，也是社会服务类民非内部治理的基本规范。

2.理事会

理事会是社会服务类民非治理结构的核心部分，承担着界定组织使命、制定组织战略、监督组织运行等职能，对社会服务类民非绩效有一定的监管责任。虽然目前通用的《民办非企业单位登记管理暂行条例》中没有对内部治理问题的规定，但是在民政部颁发的有关民办非企业单位章程的示范文本中，明确规定要设立理事会，并规定了理事会的议事规则和职权范围，以及产生办法和途径。理事会在社会服务类民非管理中有着举足轻重的作用，其在管理中发挥的主要职能包括制订业务计划和相应的运营方案、人员的聘任、理事的增补和罢免等。实际运行中，理事会主要发挥核心职能，如对组织发展战略的指导，进行战略规划，肩负公益使命，对组织开展监控等。

3. 执行团队/委员会

执行团队/委员会是社会服务类民非内部协调和控制的核心。在社会服务类民非理事会闭会期间，其代表理事会行使日常管理职责。执行团队/委员会也可以作为理事会的协调机关，确定理事会的日程安排、行为方式或协调其他委员会的活动安排。

4. 监事会

社会服务类民非的监事会按照章程检查组织会计和财务资料，并监督理事会对法律和章程的遵守和执行情况。其主要职能是对组织的财务状况进行监督。监事可以列席理事会会议，同时将相关的情况汇报给业务和会计主管单位，并有相应的传达责任。

第二节　社会服务类民非发展的主要制约因素

社会服务类民非是我国改革开放后的新生事物，其不仅需要面对社会变迁所带来的影响，也要从发展中摸索经验，尽快建立适合我国的社会服务类民非发展模式。因此，需要从体制机制着手，发现社会服务类民非发展的规律，对发展中面临的主要问题探寻解决之道。当前，我国社会服务类民非主要面临发展定位不清、自身发展动力不足、管理体制建设滞后、内部治理不善等问题。

一、社会服务类民非发展定位不清

社会服务类民非发展定位不清将直接影响组织自身公信力。当前，社会服务类民非面临着发展思路不清、对社会组织分类不清、公益性和非营利性区分不清等三个方面的问题。

（一）社会服务类民非发展思路不清

社会服务类民非在提供社会服务方面思路不清，存在着高估与低估社会服务类民非作用和地位的问题，直接影响组织公信力的稳定。长期以来，我国对市场、社会和政府在社会公共服务提供中应具有什么地位、起什么作用，未形成一个统一的认识。从国际视野来看，无论是代表市场机制的营利组织，还是代表社会自治组织机制的非营利组织，都存在不同程度的问题，因此政府是社会公共服务提供责任的最终承担者，社会公共服务的提供由政府主导是全球通行的经验。从政策实践来看，我国的社会服务类民非在社会服务的提供方面仍处于起步阶段，因而不宜对其作用过度夸大。即使放眼国际经验，也没有社会或民间力量能在社会公共服务领域起主导作用的先例。

（二）对社会组织分类不清

首先，对社会组织分类不清，会影响社会服务类民非的规范发展，从而降低组织公信力。我国的社会组织分类在20世纪90年代基本确定，即社会团体、基金会和民办非企业单位三大类型。但从法律地位来看，我国只设有社团法人，还未设立财团法人，导致基金会和民办非企业单位在民法体系中仍没有明确界定，归属于民办非企业单位的社会服务类民非亦是如此。从其他大陆法系国家的立法来看，基金会是物的集合，其对应的是财团法人。从社会服务类民非的发展历程及现状来分析，其也偏向于财团法人。缺乏明晰的法律界定，对社会服务类民非的权利和义务界定不清晰，不利于其发展和规范。其次，对应的组织分类管理体制不健全，导致社会服务类民非的发展容易受到外部压力传导的影响。我国的社会组织分类是在社会转型中摸索和总结出来的，仍然很不完善，既不是由社会、市场、政府等主体界定的，也不是依据行为和利益目标来界定的，会给以分类管理为基础的社会组织统一管理体制带来阻碍，只要某一类社会组织出现外部压力，就十分容易传导给其他类型的社会组织。

（三）对公益性和非营利性区分不清

在对社会服务类民非行为边界和利益目标进行确定时，容易混淆公益性和非营利性这两个概念，从而削弱组织公信力。公益性来源于现代国家对公民承诺的基本权利，必须由政府亲自承担最终责任。而非营利性组织的重要标准是不分配约束，主要是指非营利组织相关利益者不能参与组织的利润分配。因此，即使符合非营利性标准，也并不意味着必然会符合公益性的标准。就国际实践来看，具有公益性的非营利组织是非营利组织的子集，通常是由公信力强、发展较好，和公共部门有着长期互信、合作关系的非营利组织承担政府部门筹资的公益性社会项目。

二、社会服务类民非发展动力不足

近年来，社会服务类民非等民办非企业单位数量不断攀升、发展迅速，但在发展中也涌现出很多新的问题，进一步降低了组织公信力，使其遭遇到生存危机。这说明，社会服务类民非的发展动力机制面临着严重的问题，值得关注。

（一）新生市场发展空间不足

社会服务类民非在我国公共部门改革释放出的新生市场空间中求发展，导致其难以发挥相应社会作用，面临生存危机。社会服务类民非是我国公共部门改革的产物。20世纪80年代，政府大幅度降低提供公共服务的能力，并引导家庭和市场的力量填补空缺。但是，受到市场经济体制不健全的影响，以及我国长期存在社会和家庭关系网络支持能力不足的情况，不能有效填补这一空缺，导致公共服务供给短缺。因此，鼓励社会服务类民非等民办非企业单位弥补公共服务不足，是在集中资源发展经济的挤压式发展战略下做出的一种选择。社会服务类民非的发展从一开始就受到两方面的阻碍。一是长期缺少政府投入，使得社会服务类民非等民办非企业单位必须在市场中求生存。二是缺少激励个人捐赠的条件，社会服务类民非筹资艰难。因此，社会服务类民非只能依靠自身的力量去发展，自我投入、自我管理、自收自支、自我循环。可见，由于社会服务类民非长期依靠市场经济改革后的新生空间发展，既容易与公办社会事业发生利益冲突，也不能很好地发挥相应的社会作用。

（二）对营利行为的路径依赖

社会服务类民非对营利行为的路径依赖也会导致其自身发展动力不足。首先，社会服务类民非的监管机制建设滞后，使得社会服务类民非在发展过程中逐步形成了对营利行为的路径依赖。社会力量从事社会事业是我国公共部门改革的重要组成部分，财税、土地等相关优惠政策和措施转化为社会服务类民非的资产，虽一定程度上惠及社会服务的消费者，实质上却是典型的逆向转移支付。其次，社会空间发育不足，依托新生市场空间的发展方式，会对社会服务类民非的可持续发展造成阻碍。社会服务类民非发展依托的市场空间缺乏监管，法律法规等制度支撑不足，导致社会服务类民非发展易出现波动、不稳定，甚至趋于停滞或倒退。社会服务类民非发展的社会共识尚未形成，使得其社会信任度不强，从而导致社会服务类民非从社会层面得到的支持非常有限。

三、社会服务类民非管理体制建设滞后

当前，社会服务类民非管理体制建设滞后，进一步削弱了组织的公信力。实践中，社会服务类民非存在着配套法律不完善、双重管理制度落后于发展形势、激励机制薄弱等三个方面的问题，影响了组织公信力的发展。

（一）配套法律不完善

社会服务类民非的相关配套法律仍不健全。首先，现有法律不统一且层级较低。有关社会服务类民非等民办非企业单位的法律法规之间仍存在着相互冲突的地方。且此项管理条例属于行政法规，相应的法律层级较低。其次，我国至今未有区分非营利组织与营利组织的明确法律界定，相关的法律法规也很不完备。我国针对社会服务类民非的征税标准也没有形成一个完整统一的规则，已有的相关税收优惠政策和法规多是碎片化的，容易为社会服务类民非相关职能部门提供寻租的机会。

（二）双重管理制度落后于发展形势

社会服务类民非等民办非企业单位的双重管理制度，是我国在20世纪90年代初期形成的社会组织管理体制。受到管理范围、信息管理能力的影响和约束，政府将社会服务类民非的资格准入行政审批权与日常运行的监督权分离，且根据具体情况实行逐级下放。但在实际运行中，为降低审批与监管难度，也为了弥补治理能力的不足，双重管理制度易被简化成抬高注册登记门槛的前置性干预办法，或是政府相关部门疏于日常监管、纵容趋利的行为。

（三）激励机制薄弱

目前，我国对社会服务类民非的非营利性关注不够，仍未建立相应的激励约束机制。政府对社会服务类民非的支持力度较弱，享受相应政策优惠的社会服务类民非数量有限。制度设计的不合理以及政策体系的不完善，使得部分优惠政策难以落实。财政税收政策不健全，针对社会服务类民非的优惠政策不多。公益性组织和慈善组织减免所得税是国际通行的惯例，我国的社会服务类民非等民办非企业单位的纳税水平总体上低于企业，但相比于同类的事业单位，税收优惠还远远不够。

四、社会服务类民非内部治理不善

我国的社会服务类民非虽然已历经了多年的发展，但是在其内部治理中仍然面临着资金状况欠佳、目标和规划缺乏专业化定位、独立性不强、组织从业人员素质较低、内部治理制度不健全等问题，对组织公信力产生了较大的影响。

（一）资金状况欠佳

我国的大部分社会服务类民非缺乏政府、企业、个人的捐赠支持，主要依靠业务收费来维持组织的运作和发展，导致社会服务类民非的总体资金状况欠佳。这势必影响到社会服务类民非提供服务的质量以及服务对象的满意度，进而对社会服务类民非的生存和发展产生影响。

（二）目标和规划缺乏专业化定位

精细化、专业化的组织能力建设和目标定位，既是社会服务类民非不断发展壮大的重要途径，也是相对于公共部门的一个显著优势。但是，由于受到我国当前制度环境以及自身资质的影响，社会服务类民非的转化程度还不高，缺少清晰可行的组织战略目标与规划。实际中，我国的大部分社会服务类民非往往边运作边找思路，对组织专业化水平的提升极为不利。

（三）独立性不强

社会服务类民非作为一种特定类型的社会组织，具有明显的独立性，既独立于营利组织和公共部门，也独立承载社会伦理价值。但是，我国社会服务类民非具有独特发展模式，其发展受到登记管理部门和业务主管单位的较大影响，业务活动和资源获取也受到颇多行政干预，导致独立性不强、提供社会服务责任不清等。这势必会影响到社会服务类民非的公信力，进而对其筹资能力产生影响。

（四）组织从业人员素质较低

社会服务类民非多由富有社会责任感、经济实力较强的能人建立，因此其素质对社会服务类民非影响较大。但是一些社会服务类民非负责人的素质有待提高，如有的负责人思想保守、缺乏长远规划、缺少现代管理能力、为自己谋利等。同时，社会服务类民非整体待遇不高，其工作人员的素质也普遍较低。调查显示，受到社会保障制度及经营状况的影响，此类单位的职工福利和正式的事业单位相比明显过低，一般只有事业单位正常收入的一半左右[①]，从而导致社会服务类民非工作人员整体素质不高。尤其是层级较低的社会服务类民非，其内部工作人员文化程度低，缺乏正规职业培训。

（五）内部治理制度不健全

为确保社会组织的公益性，国际上通行的是建立理事会制度进行内部治理，从而形成社会公众参与的权利结构。从我国的社会服务类民非现状来看，多数采用了秘书处制度，没有设立组织的理事会，使用的是能人治理模式。即使设立了理事会，受到环境的影响，大多也徒有形式，理事会不能发挥治理作用。可见，社会服务类民非内部治理结构的不健全导致其透明性和公开性缺少制度保障，对组织的筹资能力和社会形象都有不利影响。

我国社会服务类民非的法律制度环境不断改善，其在社会服务提供方面发挥了积极作用，有效缓解了改革开放以来公办社会事业不能满足社会公众不断增长的社会需求的矛盾，在促进事业单位改革、社会公益慈善发展、经济发展、扩大公共参与等方面作用显著。社会服务类民非已经成为我国社会建设中一支不可忽视的力量。

综上所述，社会服务类民非发展中暴露的问题与组织公信力不足有关。社会服务类民非在发展中面临的公信力不足问题，可以通过构建公信力评估体系

---

① 白光昭、张志勤：《推进民办非企业单位发展的对策研究》，载赵泳：《民办非企业单位问题研究》，中国社会出版社，2004年。

来改善。构建有效的社会服务类民非公信力评估体系，对其人事制度、财务制度等内部管理制度进行有效的评价和监管，能够甄选信誉较高的社会服务类民非，淘汰运行效率较低的社会服务类民非，从而优化社会服务类民非的发展环境，提升社会服务类民非的公信力，促进社会服务类民非的发展。

第三节　社会服务类民非评估的发展及局限

改革开放后，我国的社会服务类民非得到了快速发展。社会服务类民非对我国社会福利、救灾救助、社会保障、社会事务等领域的发展有一定贡献，已经成为当前经济、文化、民生等方面发展的推动力量，为促进经济发展、构建和谐社会发挥了积极作用。但是，整体而言，我国的社会服务类民非发展中暴露出诸多弊端，建立社会服务类民非评估机制对促进其自身发展具有十分重要的意义。本节将通过文献资料的整理，从社会服务类民非评估的发展历程、发展现状、评估局限性三个方面展开论述。

一、社会服务类民非评估的发展历程

在我国，社会服务类民非由来已久，其为我国社会公共事业的发展起到了重要的作用，尤其在参与公共服务、社会公益活动等方面贡献突出。作为特定类型的社会组织，社会服务类民非评估的认识和发展与社会组织评估的认识和发展紧密相连，大致可分为三个阶段，即探索兴起阶段、规范建立阶段、深化发展阶段。

（一）社会服务类民非评估的探索兴起阶段（1978—2003年）

社会服务类民非评估的兴起与社会组织、民办非企业单位评估的兴起和发展密不可分。改革开放后，我国的社会服务类民非等社会组织就有了更自由的发展空间，这一时期社会服务类民非的数量出现大幅度增长。然而，由于社会服务类民非等社会组织自身的非营利性、自愿性等特征，此类组织日常运营所需要的资金主要依靠政府拨款和社会捐赠，因而长久以来其一直处于无监管和动力的状态,这样"志愿失灵"的情况比较常见。因此,政府部门尝试运用评估这一手段,对社会组织进行监管,并将评估、登记、年检、执法作为监管社会组织的重要举措,以此促进社会组织的健康发展。1984年,中央管理部门专门针对社会组织的审批和管理情况下发了相应的文件。1997年,民政部专门设立了相应的管理司,并以此来对此类组织进行管理。[①]随后,大部分省(区、市)也对原来的管理机构进行了重命名,例如一些省(区、市)将其命名为社会组织管理局。这样对社会组织的管理和引导更加规范,不过相应的评估工作还没有开展。1998年国务院颁布了《民办非企业单位登记管理暂行条例》,旨在进一步完善此类单位的管理体制。此阶段相关的管理主要侧重于评价和管控方面,没有建立统一的评估概念和指标体系。

(二)社会服务类民非评估的规范建立阶段(2004—2009年)

21世纪以来,社会服务类民非等社会组织发展迅速。2004年开始探索社会组织评估机制。2005年,全国民政工作会议报告中对建立社会组织的评价制度作了具体的论述,随后与此相关的评估工作开始被提上议事日程,民政部也多次组织开展社会组织评估方面的理论和实践研究。2007年,民政部发布了《关于推进民间组织评估工作的指导意见》,研究确立的评估指标体系包含了行业类社团、基金会等众多类型的社会组织。随后,民政部颁发了《全国性民间组织评估实施办法》等相关文件,其中明确规定了社会组织评估机构的组织人员情况,规定"民间组织评估专家由民间组织登记管理机关、业务主管单位、政府有关部门、民间组织科研机构、会计师事务所、律师事务所和民间组织等有关专家组成",根据评估结果为其评分级。这些规定对社会组织的评估起到了重要推动作用,也使得相应的规定进一步细化。次年,民政部正式开启了相应的民办非企业单位评估工作。2009年下发《关于开展民办非企业单位规范化建设评估工作的通知》。以上文件的出台,标志着我国社会组织评估机制已经逐渐确立起来,社会服务类民非评估机制也正式确立。

(三)社会服务类民非评估的深化发展阶段(2010年至今)

伴随社会服务类民非评估的初步建立,众多学者的研究也逐渐增多,既包

[①] 于轶群:《我国社会组织管理体制研究》,硕士学位论文,吉林大学,2011年。

括对现行评估机制的分析，也包括对评估方法、手段、指标体系重建问题的分析等。这一阶段是我国社会服务类民非等社会组织评估研究的黄金期。2010年12月，民政部针对社会组织领域存在的混乱情况进行了调查研究，并下发了《社会组织评估管理办法》，此文件主要是对社会组织评估的相关方法标准做了具体规定，对评估的主体、对象和依据等作了具体论述，具有较高的应用价值。2012年，全国的民政工作会议将社会组织评估的理论和实践又不断向前深入推进，强调"探索社会组织分类评估和第三方评估制度"。2015年，民政部又下发了《关于探索建立社会组织第三方评估机制的指导意见》，进一步推动了社会服务类民非等社会组织评估实践的发展，如图3-3所示。

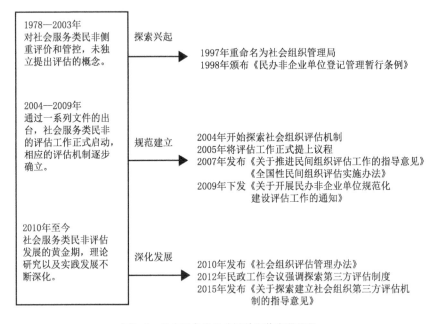

图3-3　社会服务类民非评估工作发展历程

二、社会服务类民非评估的发展现状

社会服务类民非是政府提供社会公共服务的合作伙伴或重要补充。社会服务类民非的发展，对我国解决当前一系列社会问题，如推动就业发展、稳定社会等具有重大理论及现实意义。为促进社会服务类民非发展，需对社会服务类民非评估的发展现状展开研究。

（一）社会服务类民非评估的目的

2009年民政部下发《关于开展民办非企业单位规范化建设评估工作的通知》，正式启动对社会服务类民非的评估工作。我国当前对社会服务类民非开展的是诚信评估，不仅有利于加强组织的政府监管，还有利于规范组织的自我管理和发展，更有利于为政府购买服务提供依据。

1.加强组织的政府监管

评估有利于加强政府部门对社会服务类民非的监督、管理与支持。实践中，评估与登记、年检、执法一起，成为政府对社会服务类民非监督管理的四大手段。但是，当前我国社会服务类民非的登记管理部门综合力量不足，对社会服务类民非的监管时有疏漏；执法手段是仅在社会服务类民非发生违法行为被举报时才会使用的惩处手段；年检作为登记管理部门和业务主管单位对社会服务类民非依规进行的例行检查，内容较为简单，不能准确获得社会服务类民非的性质和变化。相比以上三种手段，评估则可以全面、深入地对社会服务类民非进行监管，同时也可拓展社会服务类民非的发展渠道，加深其自我规范和管理程度，提升组织工作绩效。

通过科学、客观的组织评估，民政部门及相应的业务主管单位能够清晰地评价社会服务类民非的财务状况水平、公信力、绩效等。这能够促使政府部门对社会服务类民非开展有效管理，有利于对其加强监督和管理，惩罚违法违规的社会服务类民非，从而能够依据评估结果的优劣决定购买服务对象。

2.规范组织的自我管理和发展

评估不仅是社会服务类民非的一种监管方式，也是促使其自律和成长的一种有效手段。近年来，尽管我国的社会服务类民非数量在快速增长，在促进经济发展、开展公益活动、提供公共服务等方面贡献较大，但是总体来说仍然处于初创阶段。社会服务类民非在发展中不可避免地存在鱼龙混杂、泥沙俱下的现象。在多数社会服务类民非诚信自律与有效运行的同时，部分社会服务类民非还存在公信力不高、整体素质较低、服务能力不强、机构不健全、管理行政化等现象。有些社会服务类民非内部制度不完善，组织不健全，民主管理不落实，缺乏资金和专职人员，内部矛盾突出，工作效率低下；有些社会服务类民非政社不分，严重影响了自身积极性和创造性；少数社会服务类民非活动不规范，乱分钱物，缺乏社会公信力。这些问题的存在已经破坏了社会服务类民非的公众形象，影响了组织的资金筹集和业务的开展，制约了社会服务类民非的健康发展以及不利于政府转移职能的承接。因此，亟须对社会服务类民非加以引导和规范。

而要解决这些问题，一个关键性要素就是建立评估机制，通过制度化的评估，提供有关社会服务类民非运行和管理的系统信息。通过构建一套科学的评估体系，社会服务类民非可以进行自我评价，揭示组织在具体实践中需要注意的问题，为加强组织自身能力建设提供相应的参考和借鉴，有助于社会服务类民非进行自我管理和完善。现行社会服务类民非的评估工作与绩效考核、优惠政策挂钩，通过设定组织评估目标，以评促建、以评促改、以评促创，成为引导和激励社会服务类民非发展的有力措施。

3.为政府购买服务提供依据

随着政府职能的转变以及行政管理体制改革的深化，政府不再包揽社会公共服务和管理，而是采用政府购买服务的方式，把日益增多的社会事务交由社会组织来承担，使其成为社会服务和管理的治理主体。尤其是政府转移出来的部分职能，需要找到衔接的组织实体，而社会服务类民非等社会组织可以较好地满足此方面的衔接需要，因而其自然而然地承担了这些职能。当前，我国各省（区、市）相继出台了相关法律，对政府向社会组织购买服务的行为做了规定，可以预见购买服务将成为未来此方面的发展趋势。近年来，中央财政拨付大量专项资金用于支持社会组织参与社会服务，涉及大部分省（区、市）的养老服务、医疗救助、受灾群众帮扶等领域。

在政府购买社会组织服务不断增多的情况下，社会服务类民非等社会组织品质的不确定性无疑会成为政府购买服务的风险源。需要对这些社会组织进行适当的评估，通过评估来确定政府购买服务的范围和数量，全面测度社会服务类民非提供社会服务能力的强弱，为政府向社会服务类民非购买服务提供参考依据等。对社会服务类民非开展评估，能够明显降低政府购买服务的风险，使得购买服务逐渐规范化。

（二）社会服务类民非评估的政策环境

近年来，社会服务类民非评估发展迅速，政府出台多项政策措施保障其顺利发展。2007年，民政部颁布了《关于推进民间组织评估工作的指导意见》，对社会服务类民非等社会组织的评估主体、评估指标体系、评估方法进行了详细的规定。2008年，民政部决定开始对各类行业协会商会、基金会等社会组织开展评估工作，并下发了相应的评估指标文件。2009年，民政部对民办非企业单位相关评估指标和评分标准进行了规定，这标志着民办非企业单位的评估工作正式进入落实阶段。2010年，民政部在总结先前管理和评估工作经验的基础上，颁布了《社会组织评估管理办法》。此办法对社会组织评估实践有重要意义，为相关的管理工作提供了依据。此文件规定的内容较多，对评估工作的总则和细则、方式和标准、指标体系、各部门职责、程序和方法等都做了具体的规定。2011年，"十二五"规划提出，在未来五年内应该建立完善的社会组织信息公开和评估制度，强化社会监管，为民办非企业单位规范开展社会服务类工作打下良好的基础。2015年，民政部接着下发了此方面的评估指导文件，进一步推动了社会服务类民非等社会组织评估实践的发展。具体政策文件如表3-2所示。

表3-2　2007—2015年社会服务类民非评估政策文件

评估政策文件	发布时间	发文字号	发布对象	相关内容
《全国性民间组织评估实施办法》	2007年8月	民函〔2007〕232号	各全国性民间组织业务主管单位	定义、原则、费用、参评资格、评估主体（民政部设立全国性民间组织评估委员会、民间组织服务中心）、程序
《关于推进民间组织评估工作的指导意见》	2007年8月	民发〔2007〕127号	各省、自治区、直辖市民政厅（局），计划单列市民政局，新疆生产建设兵团民政局	基本要求、指导思想、主要原则、评估机构、评估内容、评估程序、评估登记、具体要求
《关于开展全国性行业协会商会、基金会和民办非企业单位评估工作的通知》	2010年4月	民函〔2010〕93号	各全国性行业协会商会、基金会、民办非企业单位业务主管单位	评估范围、评估内容、实践安排、评估材料、评估要求

续　表

评估政策文件	发布时间	发文字号	发布对象	相关内容
《社会组织评估管理办法》	2010年12月	民政部令第39号	经各级人民政府民政部门登记注册的社会团体、基金会、民办非企业单位	总则、评估对象和内容、评估机构和职责、评估程序和方法、回避与复核、评估等级管理、附则
《关于印发各类社会组织评估指标的通知》	2011年8月	民发〔2011〕127号	各省、自治区、直辖市民政厅（局），计划单列市民政局，新疆生产建设兵团民政局	全国性学术类社团和非内地居民担任法定代表人的基金会、全国性行业协会商会、基金会和民办非企业单位评估指标
《关于探索建立社会组织第三方评估机制的指导意见》	2015年5月	民发〔2015〕89号	各省、自治区、直辖市民政厅（局），计划单列市民政局，新疆生产建设兵团民政局	第三方评估总体思路和基本原则、规范第三方评估机构、资金保障机制、信息公开和结果运用

　　资料来源：徐家良、廖鸿：《中国社会组织评估发展报告（2013）》，社会科学文献出版社，2013年，第3页；中国社会组织网，http://www.chinanpo.gov.cn/1202/1/1/zcindex.html.

（三）社会服务类民非评估的主体

　　对社会服务类民非开展评估，首先要确定评估主体。本书所说的社会服务类民非评估，主要是指独立于社会服务类民非本身的外部主体对其进行的评估。当前，我国政府对社会服务类民非的评估和评价，仍然是社会服务类民非评估的基础，是社会服务类民非生存和发展的根本前提。随着法律的进一步完善、政府管制的放松，以及利益关系人评估和社会评估机制的发展，政府评估对社会服务类民非的影响会降低，但只要社会服务类民非的合法性需要通过登记来确认，政府评估的基础性地位就不会动摇。

　　但在实践中，面对行业类别复杂的社会服务类民非以及各地的不同情况，显然单一的评估主体不可能完全覆盖。目前，社会服务类民非评估主要有以下两个主体可以选择，即管理社会服务类民非事务的相应政府部门，或是第三方专业评估机构。由政府相关部门作为评估主体的情况较为多见。

1.承担管理职能的政府相关部门

当前条件下，政府对社会服务类民非的评估仍然是社会服务类民非评估的基础。由政府部门对社会服务类民非进行的评估和行政工作有一定关系，属于政府机构的一类行政职责。根据民政部下发的《关于推进民间组织评估工作的指导意见》，在坚持客观公正和循序渐进的原则下，各地民政部门应依据相应的规范标准开展辖区内的民非评估工作。评估委员会由各级民政部门负责组织和成立，并对社会服务类民非的评估工作开展监管和指导。

评估委员会成员应当包括各评估相关方以及相应的专业评估人员，此机构的主要职责如下：制订评估工作的相关流程和方案；建立相应的评估指标体系，设立专业评估小组；组织评估小组对民办非企业单位提交的材料进行评审，接受社会监督。

评估委员会内部工作人员要具有较高程度的专业水平以及权威性和代表性。社会服务类民非的评估成员应当包含有关的业务主管单位、会计师事务所和政府管理机构以及一些专家学者等。评估委员会成员要熟悉此方面的相关法律法规和方针政策，在开展评估工作时，应严格依据此方面的制度规范，确保做到忠于职守。评估委员会的成员人数一般不超过15名，并设立相应的组织结构，其中应包括一名正主任和几名副主任。由民政部聘任这些人员，在聘任前应进行相应的公示。在评估期间，评估委员会应该依据记名投票方式对所得评估结果进行表决，各成员都可投一票，不可弃权，依据所得票数来决定评价结果，在表决结果上各成员需要签名确认。

理应看到，目前社会服务类民非评估中，参加评估的人员多以行政机关的专家库形式接受政府部门委托并参与评估，评估委员会本身没有法律法规的明确授权，也不具有实体性。即使在评分上能够做到独立，在组织机构上其也不具独立性，没有主体资格。

2.第三方专业评估机构

评估是一项专业性和技术性较强的工作，当前，我国不少地方建立政府授权、财政支持的独立第三方评估机构，对社会服务类民非开展评估。

随着社会服务类民非评估在全国许多地方推广，这项工作已经取得了很大成效，不过也存在一些缺陷。社会服务类民非第三方评估机构的独立性有待增强，评估的指标体系不太科学，评估结果具体表现为评估机构独立性不强、评估指标体系不够完善、评估结果运用效度不高等。为激发社会服务类民非活力，加快转变政府职能，第三方专业评估机构对社会服务类民非开展的评估日益增多。开展社会服务类民非第三方评估，是完善社会服务类民非综合监管体系的重要内容，是社会服务类民非评估的发展方向。2012年，民政部召开会议指出，应当逐步完善各种类型社会组织的第三方评估制度；2015年，民政部发布了《关于探索建立社会组织第三方评估机制的指导意见》，为我国社会服务类民非第三方评估的发展奠定了政策基础。我国社会服务类民非第三方评估的基本原则是坚持政社分开，管评分离；坚持客观公正，公开透明，确保评估公信力；坚持引导激励，以便为此种评估工作的进一步发展打下良好的基础。

民政部要求各级民政部门充分利用现有资源，大力发展形式多样的专业评估机构。目前，我国部分第三方评估机构能够独立承担民事责任，具有相对稳定的专业评估队伍。各级民政部门应该依据相关原则，对社会公众开放相应的民非评估的项目、内容、周期和规范依据等。在选择第三方评估机构时，应该严格依据相关的招标评标程序进行，以此保障评估结果的科学性和公正性。此外，要对第三方评估机构的服务内容、期限、权责、资质等进行严格的限定。各级民政部门在一定的规范要求下，严格审查相应的记录文献，并对第三方评估结果的公正性、规范性进行检查，以此来确保相关评估流程规范有序，评估结果准确可信。在评估期间，第三方评估机构还应该依据参评对象的实际情况，为其提供相应的指导服务，并定期将所得评估结果向各级民政部门报告。

资金对这种评估工作有重要的意义，因而很有必要建立社会服务类民非第三方评估工作的资金来源渠道。其中主要的保障渠道之一就是将第三方评估经费纳入政府财政计划中。一些经济较发达的地区已经将相应评估服务纳入政府购买服务中，并取得了较好的效果。与此同时，也可以鼓励各社会力量对此类评估工作予以支持。这种评估服务一般不向评估对象收取费用，为了确保评估工作的正常开展，很有必要进行评估资金的规范和管理，确保评估质量和效果，同时还需要将相关资金的使用情况定期公布，并接受社会监督。

不少地方在选择社会服务类民非评估主体活动中进行了有益的试点。山东省专门成立了山东省民间组织评估中心，对社会服务类民非等各类社会组织进行评估。该中心依托会计师事务所建立，注册为民办非企业单位，实行"两块牌子，一套班子"。民间组织评估中心接受山东省民间组织管理局的指导和监督，具体工作内容是负责省级各种类型社会组织的评估工作，评估的程序、评估的标准等重大事务由民间组织管理局和民间组织评估中心来协商确定，相关的实施工作则由民间组织评估中心独立进行。

（四）社会服务类民非评估的指标体系

为了确保所得评估结果客观公正，就需要运用科学的评估方法。在进行此种评估时需要先建立相应的绩效评估指标，然后依据此指标体系来对社会组织的服务进行价值判断。因而评估指标的科学合理对此种评估结果的客观性有重要意义。为了保证评估指标的科学性，并被评估方接受，需要在评估指标体系中设立多个明确的指标，并准确反映出评估对象各方面的情况。社会组织有很多类型，如何统一规范其内容及指标，是社会组织评估必须解决的关键问题，也是社会服务类民非评估面临的主要问题。为了有效解决这些问题，民政部专门下发了相应的评估指导文件，并对此类评估工作的依据、原则、基本要求等做了具体明确的规定。随后，民政部制定了24条社会组织评估的规范，并对此种评估工作的指标体系建设工作下发了通知，制定了此类评估工作的相关指标和评估评分标准。《社会组织评估管理办法》于2010年12月颁布，该办法对社会服务类民非在内的社会组织的评估内容、指标设计及评估方法做出进一步规定。

按照民政部要求，在开展此类评估工作时，应该根据组织的类型，设置有区别的评价标准。为了确保评估结果的真实性，还需要对此类单位开展诚信评估。2015年，民政部对评估工作的相关基础条件、内部治理、工作绩效、社会评价等做了具体规定。其中基础条件包括法人资格、变更登记和备案、年度检查、章程；内部治理包括人力资源管理、组织机构、档案和证章管理等；工作绩效包括信息公开、业务活动、社会宣传等；社会评价包括外部评价、内部评价。实践中，评估单位可以对评估指标体系进行适当的修改，并在此基础上制定出有针对性的评估指标和相应的细则。

（五）社会服务类民非评估的方法

如前所述，由各级民政部门组建的评估委员会、评估中心或招标机构担负实际的社会服务类民非组织评估职能。因此，社会服务类民非的评估方法需要评估委员会、中标机构等根据评估对象的实际情况以及其所开发的评估内容指标体系来确定。

考虑到我国的社会服务类民非评估才刚起步，很多社会服务类民非在管理和运行上存在很多不确定因素，评估所选择的方法应该尽量简便、实用和易理解；方法中的数据，应该能从社会服务类民非现有的资料、报告或财务报表中直接获得，易于操作，便于计算。因此，我国选择综合评估方法进行社会服务类民非评估。

综合评估方法主要是针对一些影响因素众多且很复杂的事物和对象进行评价时使用的方法。利用这种方法时，先根据评估目标分解相应的影响因素，并据此来建立相应的统计指标体系；接着进行指标赋值，得到各指标的权重系数；最后利用建立的综合评估模型来确定各指标的评估值，排序处理后得到最终的评定结果。利用此种方法进行评价时，主要的工作就是指标赋值和指标权重系数确定。通过指标赋值将不同单位、量纲和作用的指标转换为可直接比较、统计的指标。指标权重系数主要是依据相应的评估贡献份额来确定的。

社会服务类民非评估中，依据不同的内容指标，赋予评估对象一定分值，最后进行加总。社会服务类民非评估指标体系由4个维度、几个不同层次级别的指标构成，将不同的内容指标分别计分，最后将整个指标体系评估得分相加得到一定的分值，再折算成百分制。按百分制计算，将评价结果分为5个等级。

（六）社会服务类民非评估的程序和结果运用

1. 社会服务类民非评估的程序

为了确保社会服务类民非评估工作的客观性，很有必要建立科学的评估程序。根据2007年民政部《关于推进民间组织评估工作的指导意见》，社会服务类民非评估应该包括如下几方面的工作，即评估机构评估、评估委员会审核、确认评估结果并告知被评估对象。各地区的民政部门可以在此基础上设定具体的实施程序，同时确保评估程序合理、公开。评估工作具体包括如下几个阶段。

动员阶段。各级社会服务类民非的业务主管单位发布评估工作通知，然后对评估对象、方法、时间、要求、评估指标等做出基本规定，并在相应网站面向被评组织做动员宣传，为评估工作的开展奠定基础。

自评与申报阶段。自我评估是指社会服务类民非按照各级社会组织服务中心的要求，对组织自身一定时期内的管理、运行、活动成效、制度等进行自我评价和自我总结。被评社会服务类民非按照要求完成自我评估报告，并按照《评估材料目录》上报相关评估材料。自我评估报告完成后递交给民间组织评估中心进行参评资格复查。各级民间组织评估中心将社会服务类民非的自我评估报告分送到组织的业务主管部门，并会同这些主管部门对社会服务类民非自我评估情况进行初步审查。审查之后由评估机构或评估委员会对被评的社会服务类民非的自评材料进行审查，为实地评估提供基础性信息。自我评估根据组织所从事的领域、行业、开展业务的不同也存在相应差别，不过总体上一般包括机构、资金、活动等相关内容。自我评估为外部评估提供了组织的基础信息，内部人员也比较熟悉情况，但是自我评估往往带有感情因素，难以保证评估的公平与公正。

初评阶段。在书面审查结束后，评估机构先确定适用的相关评估标准和指标，然后依据评估原则具体开展评估工作。此阶段还需要安排相应的评估组进入现场，采取"听、看、查、问、议"等评估手段了解组织的运作情况。评估专家组从已有的专家数据库中随机抽取5～7人组成，他们可通过访谈、查询、观察等方式了解评估对象的基本情况，此种评估就是现场评估。相关评估机构依据评估对象的自我评估、现场访谈和查阅组织相关台账材料等信息，在参考相应的打分原则基础上，对评估的各项指标进行打分，打分之后进行汇总处理，然后得到初步评估结果，并将此结果发送到评估中心。

反馈和终评阶段。对社会服务类民非结束实地评估后，各级评估中心对前一个步骤中得出的初步结果进行审核，然后发送给评估对象。若被评的社会服务类民非对评估结果有异议可进行申诉，并在收到通知一定期限后向相关的评估委员会申请复核，后者在接到申请之日起60日内，给出正式答复意见。与此同时，负责日常评估工作的各级社会组织服务中心将所得评估结果向社会发布公示。在公示期间，社会公众可以就评估结果进行检举。接到检举之后评估委员会应再次复议初步评估结果，然后给出最终评估结果。

公示阶段。各级评估中心应该将得到的最终结果公开在正式媒体上，或上报民政部门，由各级民政部门统一向公众公开。

公告阶段。各级民政部门同意向社会公开，接受媒体和社会大众的监督。具体评估程序如图3-4所示。

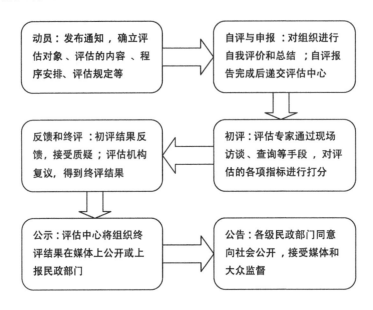

图3-4　社会服务类民非评估工作程序

2.社会服务类民非评估的结果运用

评估结果是与社会服务类民非的监督管理和培育发展相结合的有效制度安排。社会服务类民非的评估结果可以划分为5个等级，依次为5A级到1A级。给出相应的评定等级牌匾之后，评估单位可以将评定等级牌匾悬挂在服务场所相关的位置，在进行相应的对外证明时，也可以出示此牌匾。政府机构在转移相关政府职能时，可以优先选择评估等级在3A以上的社会组织，其在获取政府奖励方面也有一定的优先权。等级在4A以上的社会组织可以适当简化相应的年检程序。

三、社会服务类民非评估的局限性

随着民众对社会治理的要求不断提高，评估在社会治理中的作用凸显。但是，我国社会服务类民非管理和发展仍处在转型期，社会服务类民非的评估还存在较多的缺陷。结合大量的国内社会服务类民非评估实践案例及其相关论述资料，同时在阅读大量有关评估文献资料的基础之上，本书总结出当前我国社会服务类民非评估发展的局限性，即评估观念相对陈旧、评估主体单一、评估指标不科学、评估方法片面、评估结果运用不足等。

（一）评估观念相对陈旧

评估工作易被忽视。我国的社会组织评估活动早在新中国成立初期就有新的进展，但是当时并未引起政府部门及学术界的重视，社会组织理论研究尚处于起步阶段，近几年学术界对社会服务类民非等社会组织的研究兴趣逐渐突显，且多从政治学、国际问题、社会学角度开展研究，从管理学、经济学角度进行的研究较少，缺乏民间评价研究项目。至于评估，在我国企业与政府管理中尚难有成熟的实践经验并付诸实施，更不用说在社会组织方面了。且部分社会服务类民非从政府职能部门转变而来，导致其严重依赖政府，缺乏市场竞争意识与生存意识。因此，社会服务类民非评估因其自身的特殊性，在推行过程中困难重重，有时易被有意或无意忽略。

评估过分关注组织内部能力建设。按照传统观念，社会组织应当将相应的资源投入服务工作中，若单纯考虑到能力建设，则很容易导致相应资源的不合理转移，这也会违背社会服务类民非作为社会组织的终极目标。从社会服务类民非角度来看，在此类组织所处的环境出现变化的情况下，组织会改变其一段时间内的经营目标，比如更多地在意其生存情况而忽视了服务工作。彼得（Peter）指出，非营利组织内部经常存在一些理想化心态，其内部员工一般不倾向于承认自身涉及了竞争性和市场化的活动。其还具体分析了出现这种现象的原因，也就是员工认为将注意力更多放在经营和市场中，会影响到组织价值观和文化。[①] 根据实际调查得知这种评估理念在当前很多社会服务类民非中仍然存在。为了提升社会服务类民非的效率、公信度与组织能力，有必要改变这种落后的评估观念。

---

① Drucker P.F., *Managing the Nonprofit Organization*, New York: Harper Collins Publishers, 1990, pp.142.

对评估易形成"工具性"认识。不少社会服务类民非仍保留有一些落后观念，对自身的经营性质没有准确合理的认识，并认为经营所得利润不必进行分配，因而不必过多关注组织"效益"。一些社会服务类民非将评估等同于绩效管理，使评估与组织发展相脱节。此外，部分社会服务类民非评估的动机不端正，仅试图通过评估来获得更多的社会资助，并非希望借助评估来提高组织自身管理水平，这样就存在明显的认识误区，在此错误认识下，组织一般不会依据评估结果对相关经营活动进行调整。这样很容易使得评估沦为工具。

（二）评估主体单一

以往评估主体一般是由政府机构组建的，主体较为单一，评估过程受到的主观影响较大。因而很有必要建立多方评估主体，以此来确保评估结果更客观公正。目前我国此方面的评估实践有多种方式，其中由承担社会服务类民非管理职能的政府相关部门主导的评估比较常见，也有部分地区委托独立的第三方专业评估机构对社会服务类民非开展评估。但总体来看，我国社会服务类民非评估主体较为单一，过程封闭，方式单向，束缚了其规范化、科学化发展。[①]由承担社会服务类民非管理职能的政府相关部门主导的评估通常采取组织考察、目标责任制等方式，这种评议是在不同级别单位间进行的，主观因素会显著影响评估结果的客观性，因而所得结果并不是很公正，往往受到质疑。

评估主体单一使得评估结果丧失可信性。在单一评估主体评估模式下，社会服务类民非的评估活动难以取得合法化的基础。社会服务类民非的组织特性及公共责任承担者的身份，要求相应的评估成员来自组织的众多利益相关方。社会服务类民非评估主体应包括相关政府部门、捐赠者、服务对象、组织管理者、组织员工、社会公众等。社会服务类民非评估主体的多元性对保证评估结果的准确性有重要的作用。此类评估主体的成员来源较多，各成员都有其特定的评估角度，这样所得评估结果的局限性就较大。将社会公众作为此类评估的主体有多方面的意义，对其发展起到一定促进作用，可以确保其更好地为民众提供服务。

---

① 徐双敏、崔丹丹：《完善社会组织第三方评估工作机制研究：基于5市调查数据的分析》，《中南财经政法大学学报》2016年第6期，第52—57页。

（三）评估指标不科学

内部评估指标较多。根据以上论述可知，此种评估指标体系的一级指标主要有基础条件、内部治理等，其中多数为有关社会服务类民非内部管理问题的指标，指标过于单一，不利于对社会服务类民非活动效果进行科学、客观和全面的衡量。虽然工作绩效或社会评价指标中也有关于社会效果和服务质量的评价指标，但是数量不多，且相关公众对其并不了解，不利于社会监督和民主评议，也无法使社会服务类民非外部评估人员参与其中。

指标可测性和完整性较差。现有的社会服务类民非评估指标体系在业务发展、业务效益等方面的指标可测性较差，很难对评估指标准确量化[1]，最终导致社会服务类民非评估结果的不准确。此外，当前的评估指标在基础设施投入增长率、服务对象增长率等方面缺少对社会服务类民非的评估，无法公正、合理地反映社会服务类民非的最终评估结果。

指标评分标准单一。社会服务类民非评估指标反映了社会服务类民非的基本情况和服务效果，因此，需要对指标设定评分标准。当前使用的社会服务类民非评估指标体系中基础条件、内部治理、社会评价等绝大部分的指标评分标准只有"是"与"否"两种，不能公平、合理地反映不同社会服务类民非间的真实差距，不利于对社会服务类民非进行客观的评价。

（四）评估方法片面

评估方法多属经济学范畴。目前，我国社会服务类民非评估方法单一，没有超出经济学范围，只局限于直接投入和产出。如目前广泛采用的成本效益评估分析方法，多是对社会服务类民非的运作效率、效益、成本的定量评估；对比分析法也难以对社会服务类民非的社会效果和影响进行因果推定的对比分析。

评估方法难以满足评估目标的复杂性。为了确保评估结果准确，需要评估方法具备一定的科学性。目前，除了政府部门对社会服务类民非采取的综合评估方法外，我国很多研究者也通过构建评估模型，采用多种评估方法对社会服务类民非进行评估，如"成功度"法、逻辑框架分析法等，但是这些评估方法

---

[1]　徐双敏、崔丹丹：《民办非企业类社会组织评估现状及其完善研究：以浙江 N 市"阳光驿站"评估为例》，《晋阳学刊》2016 年第 2 期，第 105—113 页。

却很少能够对社会服务类民非服务过程中产生的效果和社会影响进行测度和评价，组织的价值理性、伦理道德等很少涉及。因此，我国社会服务类民非评估方法的选择还存在改善空间。

（五）评估结果运用不足

政府激励举措实施不到位。评估结果的应用应当有利于激励和引导社会服务类民非自身的规范化建设和服务能力的提升。当前评估结果的应用范围逐渐扩大，对社会服务类民非自身来说是一种积极的信号，但是在我国积极推进"政社分开"的改革关键期，对于社会服务类民非的登记管理机关而言，这却是一种协调压力增强的信号。对于评估等级较高的社会服务类民非而言，其年度检查、评选先进组织、公益性捐赠税前扣除资格认定、政府购买服务、政府职能转移等优惠政策的制定以及落实，均需要相关政府部门以及业务主管单位之间进行深入的交流和沟通，这些工作的开展必将加大上述部门的协调压力，因此会对评估结果在更大范围内的应用产生一定的影响。

指导组织后续发展不明显。有的社会服务类民非对自身评估结果等级重视不足，没有充分利用评估结果，使得评估结果无法有效发挥出激励的作用。社会服务类民非的评估结果应用于组织自身的运行和管理，为其持续发展提供建议。当前，评估结果没有起到影响决策的作用，无法针对组织自身在运行管理中存在的不足提出具有建设性的意见。只有重视社会服务类民非评估的结果应用，才能起到评估促管理、促建设、促发展的效果。

第四章

社会服务类民非公信力的构成要素及评估的实践价值

构建社会服务类民非评估体系首先需要厘清的问题就是组织期望通过评估达到什么结果。当前社会服务类民非一些运行不规范、失信违规行为反映出公共责任的缺失，引起人们对社会服务类民非公信力的质疑，也使社会服务类民非的可持续发展受到影响。目前，我国各级民政部门运用规范化建设评估指标体系，从基础条件、内部治理、工作绩效、社会评价四个方面对社会服务类民非进行评估，规范其组织行为和各项活动。也有个别学者基于不同视角创建社会服务类民非的评估体系，但是仍具有片面性，没能取得预期效果。因此，社会服务类民非评估体系应该更关注哪些方面才会对组织的管理和运行更加有利呢？或者说社会服务类民非评估的视角应该侧重什么方面呢？本章基于社会服务类民非自身发展的需求，探讨社会服务类民非公信力的两大构成要素——诚信与使命、可持续发展，并分析公信力评估的实践价值，可为后续公信力评估指标的设计奠定基础。

第一节 社会服务类民非公信力构成要素的确定

公信力是社会服务类民非的重要社会资源，具有合法性、多元性、承诺性等特征。公信力是社会服务类民非自我监督的工具，也是其履行职责的基本要求。通过分析，本书认为社会服务类民非公信力包含诚信与使命、可持续发展两大构成要素。

一、社会服务类民非公信力的特征

对社会组织而言，公信力是其重要的资源，也是其需要重点建设的部分。公信力是社会公众对社会服务类民非的认知度，是社会意愿的体现和反映，是社会服务类民非社会信誉的重要标志。从社会服务类民非公信力的内涵来看，其具有以下三个特征。

合法性特征。合法性是社会服务类民非公信力存在与运行的根本前提，是其最为显著的特征。社会服务类民非作为一个主体开展活动，并以法律监督和法律规范为基础，从而得到守法的社会公众的信任和接受，即社会服务类民非公信力的形成和确立。

多元性特征。对于社会服务类民非而言，公信力是生命线，是保障各种社会资源得到高效利用的一种共同约定。社会服务类民非公信力的对象呈现出多元化的特点，因此社会服务类民非公信力的内容具有多样性。多元化的特点，使公信力保障机制复杂化，导致社会服务类民非对自身公信力价值的依赖程度比市场和政府都要深。

承诺性特征。社会服务类民非的公信力更多地体现在对相关利益主体（如服务对象、捐赠方）承诺的公共责任，对关系人的响应，对社会共同利益的维持，对组织效能、组织信息的披露，理事会信托责任，廉洁以及对法律规范的遵守等方面。社会服务类民非需要较高的公信力，在此基础上才可以获得社会各方的赞助和支持，并有效地吸引志愿者加入其中。

二、社会服务类民非公信力的功能

公信力是社会服务类民非的重要社会资源，是获取其他社会资源的基本前提。公信力在某种程度上能够决定社会服务类民非的生存和发展。社会服务类民非必须让社会公众知晓组织自身付出的资源和提供的公共服务，切实给社会和公众带来帮助，以此保证其能够在运行中获得社会的普遍信任。

公信力是社会服务类民非自我监督的工具。公信力能够衡量社会服务类民非是否遵纪守法，是社会服务类民非自我管理和监督的重要手段和工具。社会服务类民非在运行中如果能够遵守相关法律以及各项管理制度，就能达到公信力对组织的要求。公信力对社会服务类民非的考察为其提供了自我监督的有效框架。众所周知，社会服务类民非对社会资源的取得和配置是非市场化的，不能用市场化的手段来对其进行评价和考察，必须重新构建评估体系。而公信力正为这一评估体系提供了新的构建思路。

公信力是社会服务类民非职责的基本要求。社会服务类民非要开展的社会服务活动都是极具志愿精神的，必须让社会公众明了组织存在的意义是提供社会服务，而不是为组织自身谋取利益。作为服务对象的公众，他们不愿意看到社会服务类民非将其贡献给组织的资源让渡给组织以外的其他个人，这必将严重违背社会服务类民非存在的初衷，必然导致社会公众的不满。公信力是社会服务类民非职责的基本要求，对社会服务类民非自身发展意义重大。

三、社会服务类民非公信力的构成要素

结合对社会服务类民非公信力特征和功能的分析，以及大量相关文献资料的查阅和分析，笔者认为社会服务类民非公信力的主要构成要素包括两个方面：一是诚信与使命要素，具体内容包括诚信、使命；二是可持续发展要素，具体内容包括合法、效率、绩效。各要素及其关系如图4-1所示。

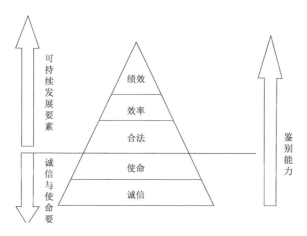

图4-1　社会服务类民非公信力构成要素及其结构

（一）诚信与使命要素

社会服务类民非公信力的诚信与使命要素具体包括诚信、使命两个方面。

1.诚信

诚信是此类组织被社会公众接受的真正底线,应引起社会服务类民非的高度重视。社会服务类民非的诚信需有一系列的机制来提供保障,具体包括建立相关的评价体系、构建问责机制等。

2.使命

非营利组织和企业的经营目标是不同的,非营利组织不是靠利润驱动的,主要是在使命的驱动下去为公众提供相关的社会服务,并通过使命来增强组织的凝聚力。使命是提升社会服务类民非公信力的关键因素,公开透明的财务制度、规范的管理机制、健全的激励机制等能够保障社会服务类民非使命的实现。

(二)可持续发展要素

社会服务类民非公信力的可持续发展要素具体包括合法、效率、绩效三个方面。

1.合法

目前我国关于社会服务类民非的相关法律法规和政策尚不健全,社会服务类民非的双重管理体制对社会服务类民非仍存有很多限制。故而,合法性在当前阶段不能作为衡量社会服务类民非的底线,而是其可持续发展的重要前提,也可作为可持续发展方面的评价标准。因此,可以根据社会组织的发展现状适当地放宽对此类组织的合法性要求。这可以通过修改相关立法来实现,还需要对其原有的管理体制进行改进,完善税法,取消"非竞争性"原则举措,健全法规体系。

2.效率

社会服务类民非的捐助者需要知晓其所赠物资是否得到组织的有效配置和利用,因此效率是区分社会服务类民非良莠的重要依据。社会服务类民非通过提升筹资能力、项目管理能力、人力资源管理能力、专业化能力等,能够提高组织的效率,从而保障和促进组织的生存和可持续发展。

3.绩效

社会公众依据组织绩效选择社会服务类民非,出资人也将绩效作为追求的终极目标。一般而言,绩效较高的社会服务类民非,具有较强的可持续发展能力。衡量社会服务类民非绩效及效果的制度与机制有使命的全面落实、内部自律、政府评估制度、独立第三方评估机制等。

社会服务类民非公信力两大构成要素及其具体内容存在如下的关系：诚信是其在经营过程中始终应该遵守的主线，使命是组织开展一切活动的信念约束和引导，合法是其获得公信力的法律基础，其余两个要素则是非营利组织行为的基准线。其中诚信与使命要素是社会服务类民非公信力的因素，即社会服务类民非公信力的最基本要求；合法、效率、绩效三者又可以看作社会服务类民非可持续发展的因素，对组织的生存和发展起着关键的作用。

第二节　社会服务类民非公信力
构成要素的具体内容

社会服务类民非公信力构成要素包含诚信与使命、可持续发展两大方面，具体内容包含诚信、使命、合法、效率、绩效等五个方面。其中诚信与使命要素是社会服务类民非的最基本要求；合法、效率、绩效三者是社会服务类民非的可持续发展因素，对组织的可持续发展起着关键的作用。每个要素包含的具体内容不尽相同，对其要素的具体内容进行相关分析，可为后续社会服务类民非公信力评估指标内容的确定奠定理论基础。

一、诚信与使命要素的具体内容

（一）诚信

社会服务类民非的诚信要素是其被社会公众、政府接受的真正底线，其具体内容包含公众认知与情感、政府认知、信息公开三个方面。

1.公众认知与情感

公众对于社会服务类民非的认识、评价和情感感知是影响社会服务类民非公信力的重要社会心理因素，这里的公众可以是社会服务类民非的服务对象，也可以是其他社会人员或媒体等。信任的产生以对信任对象某种程度的认知、认可为基础。目前，我国部分社会公众仍不清楚社会服务类民非的业务和属性，社会公众对社会服务类民非的认知程度较低，更谈不上对社会服务类民非产生积极的社会情感。认知和情感共同决定对事物的态度，因此，难以想象我国社会服务类民非获得社会公众肯定的态度。社会心理学家指出，对某种事物的态度一旦形成，就会具备一定的稳定性，但是稳定性是相对的，各种主客观因素的变化会促使认知个体的态度发生转变。社会服务类民非能否有效改变社会公众的认知和情感，直接关系到社会服务类民非社会公信力的强弱。

2.政府认知

政府认知因素，即政府部门对社会服务类民非提供社会服务的客观评价，是体现社会服务类民非公信力的又一重要因素。在我国的传统行政管理体制背景下，政府一直扮演着"全能政府"的角色。"全能政府"体现为政府对整个社会事务的大包大揽：在社会领域，政府实施严格的行政管控；在经济领域，政府实施高度集中的计划经济；在文化领域，政府负责出资兴办各种文化事业。伴随我国深化经济体制改革的步伐，政府机构改革也稳步推进，改革的主要内容是变革传统的政府管理手段和方式：政府更多通过间接方式来满足管理要求，并侧重于宏观管理方面。目前相关的行政体制改革已经对政府与市场的关系进行了调整，从而为社会服务类民非等社会组织的发展提供了更为广阔的空间。

但是政府对于社会服务类民非的发展仍持有一种矛盾心理：一方面，政府已然意识到，应该大力发展社会服务类民非来协助承担社会服务责任；另一方面，政府内部工作人员的认知仍然存有偏差。有的部门仍把社会组织当成党政机关的代管机构和内部机构，使社会服务类民非等社会组织缺乏独立性；有的部门把社会服务类民非当作负担；有的部门将社会服务类民非当作安置政府机关闲散人员的机构……

3.信息公开

社会服务类民非的信息公开是指，将反映社会服务类民非运行状况的主要信息，如组织基本情况、组织重大活动、财务与投资报告、所提供服务状况、年度报告、年度重大事项等信息，及时、完整、真实、准确地向出资人、受益人、政府及其他相关利益方予以公开的全部过程，同时也包括信息公开制度的制定及有效执行等。加强和完善社会服务类民非信息公开对于提升社会服务类民非的公信力具有重大意义。

信息公开直接作用于社会服务类民非不当行为的产生根源，体现出社会服务类民非不同利益相关者对组织内部信息要求的权利和意志，可以削弱内部人信息优势，使监督方式从事后向事前转变，也使组织监督者处于有利地位。对社会服务类民非不当行为的控制并非只注重不当行为本身，强调信息公开的约束比管制更为有效。

信息公开是社会服务类民非其他约束机制实施的基础和前提。社会服务类民非的其他约束机制在触动某个信息后才会产生反应，信息公开的质量会影响其他约束制度的有效性。由此观之，相关利益者参与社会服务类民非治理的首要前提，即通过信息公开获得开展治理的信息基础。

相对于其他社会组织，信息公开对于社会服务类民非而言尤为重要。社会服务类民非的服务群体广泛，接受社会公众、媒体的监督是社会服务类民非可持续发展的重要前提，这需要通过信息公开来搭建社会服务类民非与公众合作、沟通的桥梁。

从信息公开意愿的角度进行区分，社会服务类民非信息公开可分为两类，一是强制性信息披露，是源于法律层面的强制要求；另一种是自律性信息披露，是组织自愿公开的内部信息。《民办非企业单位登记管理暂行条例》规定社会服务类民非接受捐助，必须符合章程对组织宗旨和业务范围的规定，必须依据与捐赠人、资助人约定的期限、方式和合法用途使用。社会服务类民非应当向业务主管单位汇报相关捐赠的具体情况，并依据相应原则将捐赠信息向社会公布。这些规定为维护出资人权益、实现其预期目的提供了法律保障。2003年恩玖信息咨询中心制定了《中国非营利组织（NPO）公信力标准》，为社会服务类民非自律性信息公开提供了行动指南。理应看到，相对于法律层面的强制性信息公开，社会服务类民非自律性信息公开仍处于探索阶段，这也体现出我国社会服务类民非治理水平的整体迟滞。

（二）使命

使命是提升社会服务类民非公信力的关键因素，具体内容包含公益活动与服务、社会责任感两个方面。

1.公益活动与服务

公益活动是社会服务类民非的生存之本，是其凝聚志愿者和组织成员为公众提供服务的直接体现，公益活动的开展及其服务效果对社会服务类民非的公信力影响重大。信任关系不是瞬间形成的，而是来自长时间的反复行动。社会服务类民非在开展公益活动的过程中、在与社会公众的互动中，不断地累积形成公信力，社会服务类民非的工作绩效会直接影响社会对组织的认可与信任。社会服务类民非通过高质量、高水平、志愿性的公益活动，为相关对象提供社会保障、救灾救助、社会福利等社会服务，其中公益活动是社会服务类民非实现组织公益目标和价值的重要渠道。因此，只有科学制订公益活动计划、行为规范，合理安排公益活动支出，正确评价和对待公益活动及服务绩效等，才能增强社会服务类民非的公信力。

2.社会责任感

从社会服务类民非志愿者及工作人员角度来看，他们的公益志愿精神、职业道德修养，对自身社会责任和社会规范的认同程度，以及他们在实际行动中的自律性与自觉性，毫无疑问地会对社会服务类民非公信力的强弱产生直接影响。社会服务类民非只有具备较强的社会责任感，实现对捐赠者、董事会、公众、志愿者、新闻媒体等一系列利益相关方所承诺的责任和义务，才可能真正获得社会公众的支持与信任。当前，我国社会服务类民非整体服务意识仍较薄弱，甚至存在公共责任缺失的情况，只关注对个体效用最大化的片面追求，一些社会服务类民非甚至将组织的公共资源视为私有财产，不能很好地提供公正、客观的社会服务，这将对其公信力产生消极影响。

二、可持续发展要素的具体内容

（一）合法

合法是社会服务类民非生存和发展的法律底线，其具体内容包含法律制度、政策体制两个方面。

1.法律制度

法律制度是社会服务类民非运行和开展活动最重要、最直接的制度因素。

社会服务类民非法人资格的确立、各项活动的开展、资金的使用、利润的分配等，都必须有相应的法律法规依据，符合规定的法律程序。社会服务类民非必须依照法律规定产生法定代表人，有法定的注册资金、独立的办公用房和设备、独立的银行账户等；社会服务类民非的社会服务活动须在国家法律允许的范围内开展，绝不允许有超越法律的行为产生；社会服务类民非所得资金、组织利润的使用等也必须符合相关法律规定。简言之，社会服务类民非的一切日常活动的开展和资源的使用都必须在宪法和法律框架之内，遵纪守法是社会服务类民非赢得社会公信力的首要前提。我国已初步建立了相关法律法规，如《民办非企业单位登记管理暂行条例》对社会服务类民非的他律、自律和互律等进行了规范，但是社会服务类民非财务管理、捐助和募捐政策等还未有系统的法律法规对其加以规范，针对违规者还没有相应的惩罚举措，可见，我国社会服务类民非的法律制度仍需健全。

社会服务类民非必须在法律法规框架之内活动，遵纪守法能够使社会服务类民非获得公众支持和政府合作，亦能使组织获取发展所需的人力和财力资源，从而促进社会服务类民非的可持续发展。法律制度是社会服务类民非生存和发展的最直接的外部影响因素。社会服务类民非申请、登记、审批、问责、变更、消亡等程序必须有相适应的法律规范。社会服务类民非的预算、编制、人力资源管理、财务资金管理、社会资源的获取渠道和方式、承接政府购买服务的资格和要求等也必须符合相关法律的规定。如前所述，目前我国已经初步建立了管理社会服务类民非的相关法律法规，如《中华人民共和国慈善法》《民办非企业单位登记管理暂行条例》《关于支持引导社会力量参与救灾工作的指导意见》《关于规范全国性社会组织年度财务审计工作的通知》《党政机关、事业单位和社会组织网上名称管理暂行办法》等，都对社会服务类民非具有规范、指导和制约作用。

2.政策体制

社会服务类民非的政策体制主要是指双重管理体制，该体制对社会服务类民非实施管理、制约及监督，对社会服务类民非的可持续发展产生重大影响。各级民政部门负责本级社会服务类民非的审批，业务主管单位主要负责社会服务类民非的日常事务监管。从审批程序来看，部分民政部门在审核社会服务类民非的登记申请时，没有对社会服务类民非进行全面的社会调查，更没有严格按照审批规则和程序，放松了申请成立的标准。在实际操作中，社会服务类民非的审批环节复杂，没有建立责任追究制度，使得那些可持续发展潜力差的社会服务类民非得以成立。这些社会服务类民非不能较好地实现组织宗旨和目标，发挥应有的社会服务功能，从而使社会公众对其丧失信心。从监督制度来看，《民办非企业单位登记管理暂行条例》规定了各级民政部门、业务主管单位、审计机关、财政部门为社会服务类民非的法定监督部门。可见，监督主体的多元化，导致各监督主体之间职责分工不明确，容易出现互相推诿、扯皮的情况，由此造成了只有形式上的集体监督，而实践中却无人监管的局面，对社会服务类民非的可持续发展不利。

（二）效率

效率是区分社会服务类民非良莠的重要依据，其具体内容包含治理结构、能力建设两个方面。

1.治理结构

社会服务类民非的理事会、监事会、执行机构的规范管理和有效运行，对社会服务类民非的可持续发展意义重大。社会服务类民非的治理结构主要是指一套依照法律、章程的规定在组织的决策机构（理事会）、执行机构、监察机构（监事会）间形成的相互制约、权责分明、运作协调的机制。治理结构为社会服务类民非提供了一个制定组织目标、设定管理机构、明确决策程序、制定组织规章、建立监督机制的有效框架，以实现组织宗旨和可持续发展。理事会作为社会服务类民非的决策机构，处于顶端，职能是确保社会服务类民非不偏离组织目标和使命，确保自身在伦理规范和法律框架内行事。理事会的产生程序和条件是否合法，是否按期换届和召开等，都影响着社会服务类民非的可持续发展。作为监督机构的监事会，它的基本职责是按规定向理事会呈报财务报告，按规定进行年度审计和换届审计等。财务管理规范、监事会作用有效发挥的社会服务类民非，拥有较强的可持续发展能力。而执行机构是否拥有专职工作人员，机构职责是否明确或规章制度是否健全等，无不对社会服务类民非的发展有重要影响。

2.能力建设

社会服务类民非的能力是指其拥有的有利于实现组织目标的不同要素间的协调和整合能力，以及能够借助的一切外部力量之和。[①]能力建设对于社会服务类民非至关重要，社会服务类民非的能力不足将直接影响组织的生存和发展。加强能力建设是社会服务类民非改革与发展的当务之急，亦是持续发展之策。

从社会服务类民非自身发展与外部环境的角度来看，社会服务类民非的能力主要为规划能力、应变能力等。社会服务类民非内部结构、服务过程及服务效果都与其能力建设密切相关。规划能力是社会服务类民非为长远发展制订计划、安排步骤以实现组织目标的能力。社会服务类民非需要拥有较强的规划能力，对组织发展的长期、短期目标进行合理、科学的部署，以及对具体执行步骤进行安排。应变能力是指社会服务类民非基于外部环境需要，改变或加强自身的管理，从而适应外部环境变化的能力。外部环境具体涉及公共安全、环境卫生、消防安全等。社会服务类民非不能只遵照组织目标对外界进行无条件的索取，而应该积极适应外部环境的需要，做出相应的管理安排和改变，如积极满足安全、卫生、消防等对组织的要求，做到公共安全措施符合规定，卫生状况达标等。理应看到，良好的外部发展环境也会对组织产生作用，促进组织持续良性发展。

（三）绩效

社会公众依据组织绩效选择社会服务类民非，其具体内容包含组织内部管理、资源的获取、文化建设三个方面。

1.组织内部管理

社会服务类民非的内部管理对其自身的可持续发展也产生作用，其中较为重要的是财务管理和人力资源管理。

财务管理。财务管理的有效实施是实现社会服务类民非可持续发展的必要条件。社会服务类民非的财务管理包括对会计法律制度的有效执行、会计专职人员的管理、财务管理制度的制定和执行以及定期开展财务审计等。财务管理的良好实施有助于组织内部效率的提升和组织运行成本的降低；有助于组织对

[①]　王思斌：《社团的管理与能力建设》，中国社会出版社，2003年，第87页。

外树立良好形象，吸引更多的志愿者和捐赠人；有助于组织财务的公开透明，防止腐败滋生，谋求社会服务类民非的可持续发展。社会服务类民非的财务管理首先要在法定范围内进行，因此，落实有关国家或地方会计法律制度是财务管理的基本前提。组织内要有专职的会计人员，他们的编制和支出定额也要进行有关制度条款的制定、执行和检查，对人员配置及支出分配进行管理。财务管理本身非常需要有成文的制度加以固定和执行，这样才能对社会服务类民非各项财务管理进行持续有效的监督。定期的财务审计也不可或缺，主要是指根据有关政策、方针和相关财务制度对社会服务类民非的各项财务活动开展的检查。①

人力资源管理。社会服务类民非的人力资源管理主要是指组织为实现目标、促进成员发展，依据一系列制度、规章进行的选拔、任用、激励、考核等管理活动的总称。对于社会服务类民非来说，只有管理好"人"这一资源，才能抓住组织内部管理的纲领，促进组织的可持续发展。社会服务类民非志愿性服务尚处于起步阶段，专职工作人员是社会服务类民非发展所必备的重要人力资源。专职人员数量较多、相对稳定的组织往往发展后劲较强。有公正合理的人员招募、聘用制度，做到"任人唯贤"，把专业素质高、志愿精神强的人员吸纳到组织中来。社会服务类民非的主要负责人也应严格按照相关法律规定的程序推选出来，真正做到对组织负责。社会服务类民非的工作人员多数通过招聘进入组织，其知识水平和业务素质参差不齐，因此对于员工的培训尤为重要，应加强对全职人员知识、技能、道德修养等方面的教育及培训。社会服务类民非应该对组织的负责人，按照岗位责任制和工作完成情况进行年度考核，将考核情况与奖惩挂钩，并在组织内公布，以此实现对其工作积极性的调动，确保提升组织整体绩效。

2.资源的获取

社会服务类民非对外部人力、财力资源的获取是其绩效的主要表现。我国由计划经济体制向市场经济体制的转型带动了社会服务类民非的变革，也深刻影响着社会服务类民非对外部人力、财力资源的获取。一般而言，发达的市场

---

① 吴东民、董西明：《非营利组织管理》，中国人民大学出版社，2003年，第197—198页。

经济能够为社会服务类民非提供丰富的外部社会资源，尤其是人力资源和财力资源。社会体系中，经济体制通常被当作生产关系的最直接表现，某种程度上能够决定经济资源的配置方式。在计划经济体制背景下，社会服务类民非的设置具有强烈的指令性和计划性，运行模式和程序也都完全依照政府的行政指令进行。受该种体制制约，我国的社会服务类民非组织资源稀缺，发展动力单一。但是，在市场经济体制下，社会服务类民非必须根据市场变化而运行或者进行相应调整。社会服务类民非自由活动空间变大、流动资源增加，生存与发展空间也随之增大。社会服务类民非只有满足了社会公众的多元化需求，才能获取生存所需的必备资源。可见，社会服务类民非通过自身变革获取生存和发展必需的人力、财力等各种资源，对社会服务类民非可持续发展作用重大。

3. 文化建设

社会服务类民非的文化建设集中在组织的奉献精神、公益宗旨、服务意识等方面，核心在于诚信。社会服务类民非文化是在特定的社会政治、经济背景下形成的，是与社会服务类民非组织形式并存的客观存在，是社会服务类民非在组织的长期活动中形成的群体意识、管理思想和行为规范。[①]建设社会服务类民非公信力必须重视文化建设的作用。社会服务类民非的服务要依靠组织文化来宣传，社会服务类民非的形象和声誉也要靠组织文化来塑造。社会服务类民非要面向社会，在激烈的市场竞争中站稳脚跟、长足发展，必须借助社会服务类民非文化的传播及其影响力。

社会服务类民非的文化建设是其生存和发展的灵魂。社会服务类民非正是通过自身的文化建设，使内部成员对社会服务类民非的价值观形成基本共识，并自觉贯彻到成员的行为中，从而最终保证社会服务类民非宗旨的实现。

第三节　社会服务类民非公信力评估的实践价值

市场经济背景下，对于企业、组织或个人而言，"诚信"具有十分重要的作用。对社会服务类民非的公信力开展评估尤其重要，它不仅能够推动社会服务

---

① 杨文志：《现代科技社团概论》，科学普及出版社，2006年，第382页。

类民非适应市场经济的要求，促进社会服务类民非的持续、长远发展，也能够助推整个社会信用系统的建立和完善，其重要性主要体现在以下四个方面。

其一，增强社会服务类民非的生存能力。优良的公信力是社会服务类民非得以持续生存和发展的重要保障。组织只有向民众提供更好的公共服务，才可以赢得社会公众的信任，并为其发展打下良好的基础，社会服务类民非的公信力也由此产生。某种程度而言，公信力也是公众对社会服务类民非持续发展的支持力。要获得服务对象和社会公众的信赖，社会服务类民非需提供持续、有效的诚信服务，而这种点滴累积而来的信任就会成为社会服务类民非一种特殊的财富，并对此类组织的行为和态度有影响，也会直接影响到其资金的募集和捐赠。公信力也是社会服务类民非获取社会资助、财政支持、吸引志愿者的客观要求。社会服务类民非的公信力是组织资源提供者与需求方的纽带，二者据此建立起相应的合作关系。拥有较高社会信誉是社会服务类民非动员社会力量、获取社会资源的基本前提。如果其影响力足够大，则可能会影响到相关政策法规的制定，为此类组织的发展提供更好的环境，促进社会的和谐发展。

其二，拓展社会服务类民非的发展优势。在复杂的竞争环境中，社会服务类民非拥有较高的公信力，能够促使组织始终处于优势地位。社会服务类民非若不重视组织公信力建设，就很难赢得公众的信任，社会服务类民非的竞争力也无法形成。如果社会服务类民非的公信力不足，则很可能产生对捐献财物的不合理利用情形，公众便不会对其再行资助和捐赠。因此，当前对于社会服务类民非而言，首先应该进行公信力建设，通过不断提供优质社会服务来提高自身的社会形象，以此得到社会各方的关注和信赖。这样就可获得更多的社会捐款和政策支持，以解决发展经费问题。组织资金的充实也可以吸引更多的优秀人才加入其中，有利于扩大人才队伍，提高服务质量。此外，社会服务类民非诚信的巩固，也有利于消除徇私舞弊、贪污腐败等不良现象。

其三，提高社会服务类民非的服务质量。公信力是社会服务类民非自我监督的有效手段和框架，能够提高组织的服务质量。一般而言，社会服务类民非的公信力建设主要通过三种方式来保障组织自身的服务质量。其一，公信力建设能够使社会服务类民非赢取更多的社会公共资源，从而提升其社会公共服务能力，同时也保障了社会公共服务供给的质量。其二，公信力建设促使社会服务类民非面向社会公布及时、有效、真实的组织资源获取和使用情况，这种内部信息的公开对组织而言是一种强有力的外部监督，从而保障社会服务类民非获得的社会资源能够被有效配置和充分利用，而非被个别人贪污牟利。其三，公信力建设要求社会服务类民非加强组织自身和社会公众之间的沟通，无形间建立了社会公众监督社会服务类民非的渠道，利用公众监督保障社会服务类民非的服务质量。

其四，提升社会服务类民非的服务承接能力。在服务型政府建设过程中，社会服务类民非需要承担更多的社会责任，增强社会服务类民非的公信力是配合政府职能转变的必要举措。社会服务类民非生存和发展的基础是社会不同群体的各方面服务要求。社会中不同利益群体的利益诉求存在较大的差异，需要发挥社会力量的作用，更好地满足这些不同利益群体的要求。社会服务类民非作为政府的助手，在救助救灾、社会福利、社会保障等领域承担了相应的管理与服务责任。为了确保社会服务类民非能较好地承担责任，就要求其具备良好的公信力。这种公信力是在长期的社会服务过程中建立起来的，对组织的经营和发展有重要的意义。

第五章

社会服务类民非公信力评估的主体

　　评估主体回答的是"谁来评估"的问题。评估主体是推动社会服务类民非评估体系正常运转的轴心，是社会服务类民非评估体系中的核心要素。任何评估活动均由特定的评估主体组织实施，因此，如何选择评估主体会对社会服务类民非的评估结果产生直接影响。评估主体的产生方式、类型、运作对于社会服务类民非评估具有重要意义，是实现社会服务类民非评估体系创新的关键。我国传统意义上的社会服务类民非评估一般由相关政府机构主导或承担。从公共管理发展趋势来看，公共治理导向下要求社会服务类民非评估主体由多元主体组成，不同主体在拥护自身利益的前提下去衡量社会服务类民非的发展水平。基于公信力视角的社会服务类民非评估体系要求评估主体具备专业评估知识，吸纳多元主体作为评估组成人员，达到协调公共利益的目的。本章从分析社会服务类民非评估主体类型入手，依据评估主体的基本标准，对各个评估主体进行比较，借鉴国外评估主体实践经验，从而选择社会服务类民非的评估主体。

第一节　社会服务类民非评估主体的分类及比较

　　社会服务类民非的评估主体，是指对评估对象做出判断的个人或组织，即"由谁来评估"。评估主体是社会服务类民非评估体系中的主导要素，评估体系中的其他要素都要通过评估主体来连接和安排。评估主体可以决定评估的原则、依据、内容、模式。评估主体能够对评估指标、评估方法等进行取舍，因此评估主体的科学设置直接关系到评估结果的有效性。在阐述当前我国社会服务类民非评估主体类型的基础上，依据评估主体的基本标准，对现有的各方评估主体进行优劣比较，从而为社会服务类民非评估主体的选择奠定基础。

一、评估主体的分类

依据评估主体相对于评估对象是否具有独立性，可将社会服务类民非的评估主体分为外部评估主体与内部评估主体。

外部评估主体是指被评社会服务类民非以外的评估主体，具体包含：政府部门、第三方专业机构、政府主导的混合部门（社会公众、社会组织、媒体参与）。内部评估主要是指社会服务类民非自身开展的自我评估，包括组织内部的上级评估、同级评估和下级评估。社会服务类民非的评估主体类型及结构如图5-1所示。

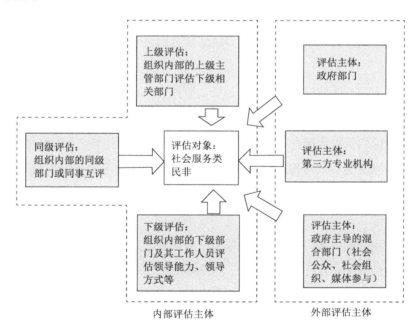

图5-1 社会服务类民非评估主体类型及结构关系

（一）政府部门

当前，由政府部门对社会服务类民非开展的评估，仍是我国社会服务类民非评估的基础。有学者认为，当前我国的特殊背景下，社会组织评估需要强化政府部门的监督职能，构建有效的评估标准。①有学者指出，社会组织的政府主管部门应当对组织的治理结构、工作机制等进行审查，将具有规范的治理结构和机制当作判断社会组织合格并开展业务活动的前提条件。②有学者引述了美国的一些举措，如美国国税局会定期对一些重点关注的免税机构进行抽查并开展审计，取消一些严重违反法律规定的免税机构的免税资格，以此来加强政府部门的监督。③

政府对此类组织的评估依然是主导型的，评估的内容更多是规范性内容，这种评估主要从管制演变而来。关注社会服务类民非是否遵守相关的法律法规，以此达到政府部门对社会服务类民非运行规范的监管目的，评估结果也是政府为其提供资金支持的依据。政府部门作为社会公众利益的保护者，作为社会服务类民非的外部评估主体，能够通过研究社会服务类民非的评估报告、审查组织内部管理系统、调查组织制度等方式了解组织运行情况，确保社会服务类民非受托责任的履行。例如《全国性社会组织评估管理规定》中规定，社会组织评估等级有效期为五年，获得一定等级的社会组织可优先享受政府购买服务等优惠政策。

政府部门作为我国当前最主要的社会服务类民非评估主体，具有威慑性和强制性。首先，社会服务类民非有接受政府部门指导、监督、管理的义务。其次，政府部门可以利用自身的资金、信息、人力等资源优势，为组织提供政策支持和专项资金。政府部门可以建立完整翔实的社会服务类民非资料信息库，在实施评估的过程中，便捷、快速地获取所需资料信息。

近年来，政府部门对社会服务类民非的评估工作取得了一定成效，但伴随我国各项事业的发展，评估工作面临着一些问题。其一，资源浪费。政府部门对众多的社会服务类民非开展评估，使得其耗费大量的资金、时间和人力成本，造成资源的浪费。与此同时，社会服务类民非在接受政府部门的监管时，难免

---

① 李虹：《论非营利组织社会公信力的建设》，《上海交通大学学报（哲学社会科学版）》2003年第1期，第32—36页。

② 臧红雨、马文婷、文香：《基于公信力危机的公益性非营利组织治理和绩效评价体系研究》，《对外经贸》2013年第8期，第96—98页。

③ 黄心华、卢锐：《论我国非营利组织公信力的建设》，《沿海企业与科技》2005年第10期，第162—163页。

会为应付检查只去做表面工作，这样就无法起到实际的检查效果，并可能造成组织的资源浪费。其二，易诱发寻租现象。组织为应付政府部门评估工作，可能采取相应的贿赂手段，并试图得到更好的评估结果。如果缺乏有效的监督机制，在评估过程中就很容易产生权力寻租行为。其三，政府部门对社会服务类民非的评估工作也存在着发展不平衡、评估人员专业水平不高、评估指标体系不科学等问题，迫切需要对其进行进一步改进和完善。

（二）第三方专业机构

第三方专业机构主要是指采用市场化运作方式的专门从事评估工作的组织。第三方专业机构评估，指对社会服务类民非开展评估时，引进独立于服务对象（社会服务类民非受益者，即第一方）和被评对象（社会服务类民非，即第二方）的机构，依据一定的标准对社会服务类民非开展评估。

近年来，众多学者对社会服务类民非评估主体的研究呈现出了多元化的趋势和特点，通过第三方专业机构开展评估就是其中一种。有学者认为，应建立一个独立的专业社会组织机构，并对社会组织实施统一的管理、监督和协调，该机构作为捐赠方与社会组织间的联络机构，能够定期组织社会组织代表会议，规范各类捐赠，协助社会组织制订规划。[1]有学者基于绩效评估角度认为，建立公平和客观的评估机制，需要有一个独立于政府、社会组织的专业评估机构，以此保障评估工作的开展不受评估对象主观意志的影响。[2]有学者指出，独立的评估机构可以通过中立的监督及透明的信息公开，对评估的社会组织形成一种激励和约束，这种评估机构独立于政府部门，无管制权力，只是通过收集被评组织的信息资料，对其表现进行评估，然后将评估结果以最简单和直接的方式告知公众。[3]

第三方专业机构独立于委托方以及被评估对象开展评估的设计、执行、反

---

① 张玉昕：《非营利组织公信力的提升策略研究》，《财经问题研究》2013年第13期，第172—176页。

② 齐海丽、张晓军：《非营利组织绩效评估的阻力和对策分析》，《宜宾学院学报》2007年第4期，第55—57页。

③ 平开玉：《浅谈我国非营利组织的公信力缺失及制度化建设》，《商品与质量》2011年第S5期，第51—52页。

馈、发布等工作。第三方专业机构熟知社会服务类民非的所有业务活动，能够弥补政府部门评估工作的不足。第三方专业机构由具有评估相关专业知识和丰富评估经验的人员组成，可以比较全面、理性地实施评估，并且能够确保评估结果的准确性和客观性。

由第三方专业评估机构对社会服务类民非开展评估，更具有优越性。不过为了确保第三方专业机构评估的效果满足要求，需要做到以下三点：其一，第三方专业机构是依照法律法规正式登记成立的社会组织；其二，第三方专业机构的评估过程应该保持一定的独立性，不会受到相关部门的干扰；其三，所得的评估结果应该得到政府和民众的认同。

近年来，我国政府也采取购买第三方专业机构服务的方式，开展对社会服务类民非的评估。民政部于2015年5月下发的关于建立相关第三方评估机制的文件中，具体论述了开展第三方评估的总体思路、基本原则、组织领导、政策措施等。这对于促进政府职能转变、助推社会服务类民非独立发展、提升社会服务类民非评估工作公信力、吸引社会力量参与监管等具有深远意义。

（三）政府主导的混合部门

随着社会服务类民非数量的增多以及评估业务需求的不断扩大，政府部门独自开展评估工作显然力不从心。因此，我国政府也在不断地探索全新的评估方式，更加关注社会公众、媒体在评估主体中的参与。例如由政府部门主持，吸纳社会组织、社会公众、媒体等加入评估工作。民政部还专门下发了《社会组织评估管理办法》，其中规定："各级人民政府民政部门设立相应的社会组织评估委员会（以下简称评估委员会）和社会组织评估复核委员会（以下简称复核委员会），并负责对本级评估委员会和复核委员会的组织协调和监督管理。""评估委员会负责社会组织评估工作，负责制定评估实施方案、组建评估专家组、组织实施评估工作、做出评估等级结论并公示结果。复核委员会负责社会组织评估的复核和对举报的裁定工作。""评估委员会和复核委员会委员由有关政府部门、研究机构、社会组织、会计师事务所、律师事务所等单位推荐，民政部门聘任。"

1.社会公众参与评估

社会公众参与评估是当前学界较为关注的评估方式。社会公众在日常生活中也会接受社会组织提供的各种服务，这样他们对这些服务的质量、水平和效果等就有直接的感受，能够对效果给予最直观的评估。但是，评估主体的主观"认知偏好"以及评估中存在的"信息不对称"使得实际的评估有很多缺陷。具体表现为：首先评估易受干扰。在当前的信息时代，民众每天接受大量信息，而其一般不具有较强的信息辨别能力，这样很可能受到误导而产生盲从行为。在一定情况下还可能受到不法分子的利用，这样所得评估结果的准确性就很难保证。其次，评估主观性较强。在评估过程中民众一般都是依靠自身的主观判断来进行评估的，这样很容易出现误判情况，进而导致不同的评估个体产生差异较大的评估结果。最后，社会公众的评估工作需要更多的时间、资金等的投入，会显著增加评估成本，不符合高效、经济等要求。

2.社会组织参与评估

社会组织参与社会服务类民非的评估具有自身显著的优势，具体表现在如下方面。首先社会组织对此方面的环境、使命、手段等都较为熟悉，同时其专业知识较丰富，这样可以更科学地制订相应的评估指标体系，保证了评估结果的合理性。社会组织还能够代表整个社会服务类民非的利益，为组织利益进行更有效的沟通，为此类组织的发展起到一定的促进作用。不过由于受到各种因素的影响，社会组织的独立性可能难以保证，因而其在参与过程中容易出现利益勾结或输送行为，并进而影响评估的公平、公正和客观。

3.媒体参与评估

目前社会传媒在社会生活领域的影响力正在不断增强，其已经开始成为一种特殊的社会公权力。社会传媒主要以网络、电视、广播等为代表，其具有广泛的参与性和及时性等特点。

有学者认为，媒体的评估与监督是规范社会服务类民非行为十分关键的一道防线，媒体的披露兼具全面、威慑力强、及时的优势，能够影响公众的态度和行为。[①]也有学者指出，社会服务类民非的评估离不开媒体督导和参与，媒体

---

① 　平开玉：《浅谈我国非营利组织的公信力缺失及制度化建设》，《商品与质量》2011年第S5期，第51—52页。

有责任发挥社会监督作用，可以利用其成本低、效率高的优势，充分发动社会各界关注社会服务类民非，能够最大限度调动社会舆论监督的力量。[①]

媒体成员众多，其分布范围也很广泛，并和社会生活有紧密的关系。通过媒体可以准确地发现社会公众的利益诉求，并将民众的各种诉求向相关管理部门传递。此外媒体也会对政府部门的决策、处理模式等产生影响，督促它们纠正错误。目前，媒体参与评估的相关法律还没有制定出来，这样其在进行评估时就得不到法律的保护和确认，因而很容易陷入被动地位。与此同时很多媒体独立性不强，很容易受到党政机关的约束和限制，这样其客观性也难以保证，监督作用并不能较好体现出来。

根据以上论述可以看出，由政府主导的混合评估主体，在社会组织评估方面具有一定的优越性，不过也存在一定的缺陷。公众和媒体由于其自身的特性，在进行此方面的评估时容易产生偏差，且所得结果的客观性受限制。同时，政府在组织这些主体进行评估时，会产生额外的成本。此外，在这种模式下，社会公众和大众媒体的意见容易被忽视，混合评估的效果也体现不出来。

（四）社会服务类民非自身

社会服务类民非自身的评估也有较好的参考价值，这种评估是一种传统的社会服务类民非评估方式。20世纪90年代，我国学界受到西方政府绩效评估理论和实践的影响，逐渐开始关注政府绩效，起初主要是引入了国外此方面的评估理论和一些政府绩效评估。随着我国社会组织的进一步发展，我国很多学者也开始了相关公共部门绩效管理、评估的理论方面的研究，并取得了很多研究成果。与此同时，为了提高组织效率，更好地为民众服务，这些社会组织也开始依据相关的评估方法来开展组织内部评估活动，取得了一定成效。社会服务类民非自身的评估和监督，是促进组织健康可持续发展的有效途径。社会服务类民非自身评估作为一种自我修正的评估方式，可划分为上级评估、同级评估和下级评估三类。

---

① 崔树银、朱玉知：《慈善组织的公信力建设浅析》，《社会工作下半月（理论）》2009年第4期，第15—17页。

1.上级评估

上级评估主要是由社会组织的上级主管部门来对其进行评估，具有一定的行政性质，上级评估的优势具体表现如下：社会服务类民非内部的上级部门及其管理者熟悉所属下级部门的运作方式、工作职能，了解下属的工作态度、工作能力、工作作风、工作成绩，且能够准确掌握这种评估的目的、内容与方式。上级评估可以起到多方面的作用，例如促进了双方之间的交流和沟通，对相关管理工作也有一定的积极作用。不过这种评估也有一定的缺陷，具体表现为主要是集中在评估对象是否遵守组织的规则、程序方面，这样很容易导致对下级创新、整体绩效的忽视，也使得评估的作用难以体现出来，所得结果的应用价值也很有限，或者结果失真。

2.同级评估

同级评估主要是社会组织内部同级部门之间进行互评，这种评估的优点表现为社会服务类民非内部各部门之间一般都熟悉了解各自的情况，这样所得结果更具有参考性。此外，统计评估还能够实现社会服务类民非组织内部同事之间的信息交流，对消除偏见有一定促进作用，对上级评估形成有益补充，促进了各部门之间的交流和合作。这种评估有一定的适用条件，也就是同级部门之间也存在密切的信息交流。此外由于同级部门之间存在一定的关联性，这样所得结果很容易受到主观因素的影响，因而所得结果的客观性也难以保证。

3.下级评估

下级评估是指社会服务类民非内部的下级机构对上级机构的工作进行评估，为其改进工作起到一定的参考作用。下级评估的优势体现在：组织内部下级部门和上级部门之间存在密切的关系，这样下级部门可以更详细、准确地评估上级部门相关工作，且可以使下级部门意识到自身工作的重要性，对激发其工作热情有一定促进作用。不过在这种评估工作中，下级部门的人员一般处于被管理的地位，受到上级部门的相关约束和限制，因而其在评估期间可能会出于自身利益考量而给出有利于上级部门的结果，从而影响了评估结果的真实客观性。

二、评估主体的标准

评估主体是社会服务类民非评估体系中的主导要素。如前所述，社会服务类民非的评估主体包含政府部门、第三方专业机构、社会公众、媒体等，每类评估主体都有着独特的评估视角及评估内涵，同时也兼具其他主体不能展现的优势和特点，但是以上各种评估主体也有着不可避免的局限性。因此，必须在不同评估主体之间进行比较，才能求得合理的社会服务类民非评估主体。吴建南等指出，政府绩效评估最佳的评价者往往需满足一定条件，即众多主体进行评估时，该主体所得的结论更客观真实，对政府改进活动有更好的参考价值，并且这种评价的成本较低。[1]因此，本书认为，一个合理、科学的社会服务类民非评估主体应具备地位独立、影响权威、技能专业、成本低廉、利益诉求成熟五个条件。

（一）地位的独立性

为了确保社会服务类民非公信力评估的客观性和公正性，其评估主体必须包含相对独立性的特征。评估主体地位的独立性主要是指，社会服务类民非公信力评估的主体在其开展评估工作的整个过程中，具有对外界干扰因素进行排除的能力，并且对评估对象做出科学、独立、客观的评估和判断。社会服务类民非的评估主体不应是政府的附属机构，也不能是政府与市场、企业、社会之间的任何管理层次，抑或是政府的某个派出机构，而应该是介于政府与市场、政府与社会、政府与企业间的桥梁或纽带。[2]

社会服务类民非公信力评估主体的独立性具有两个方面的重要内涵：其一，评估主体在身份方面具有完全的独立性。私人组织或是政府部门的派出单位、机构、附属组织不能作为社会服务类民非公信力评估的主体，评估主体对评估工作的安排、决策、计划、实施具有完全的决定权。其二，评估主体财政的独立性。社会服务类民非评估主体日常运行的资金来源情况，会对评估主体态度的倾向性和自主性产生重要的影响。一般而言，社会服务类民非的评估主体可以通过接受社会公众、企业等的捐赠，或者是通过向社会公众提供服务来获取所需资金以维持自身的正常运转。政府拨款等财政支持不应该是社会服务类民

---

① 吴建南，阎波：《谁是"最佳"的价值判断者：区县政府绩效评价机制的利益相关主体分析》，《管理评论》2006年第4期，第46—53,58,64页。

② 中国行政管理学会课题组：《我国社会中介组织发展研究报告》，《中国行政管理》2005年第5期，第8页。

非评估主体的唯一资金来源，否则，这种评估主体很容易转变为政府的附属机构。也应看到，社会服务类民非公信力评估主体的独立性并非绝对意义上的独立，其原因在于，无论是哪种类型的社会组织都不能超脱于相关的国家政治背景去生存和发展，都要在一定程度上受到政府有关部门的监督和管理。政府对其的管理不能仅采取一定的行政管理、控制的手段，而应当通过制定相关的法规政策去实现监管的目的，从而真正履行对社会服务类民非等社会组织的管理、服务、协调和监督等职责。

（二）影响的权威性

社会服务类民非公信力评估主体的权威有两个主要来源：一个是政治赋权，另一个是评估主体开展一定的评估工作从而获取社会公众的支持和认同。社会服务类民非评估主体的权威是上述两者的有机统一。因为权威机构所得出的评估结论往往代表着大众群体的意志，所以对于该机构所属群体的内部成员而言，他们必须承认与服从；对于机构外的其他群体及其成员而言，该权威机构所做出的社会评估结论也最能代表其所属群体的主体意志。但就"最能代表"这一方面而言，其他群体及其成员也是必须承认和"服从"的，从而其能够被更大范围的社会公众认可。与此同时，社会服务类民非公信力的评估主体要具有一定的监管能力，使得每次评估工作的对象能够对评估中产生的问题提出具有针对性的建议，即评估主体对特定社会服务类民非服务效果的评价所形成的压力，要能够促使社会服务类民非对其服务过程及服务效果进行彻底的反思。当然，社会服务类民非评估主体权威性的大小还会受到政府对其态度的影响，若评估主体的这种评估权威能够得到政府的认可，则权威性将会得以加强；若社会服务类民非公信力评估主体的权威不能得到政府有关部门的肯定，或者被反对和否定，这样就会对评估主体的权威造成负面影响。

（三）技能的专业性

社会服务类民非公信力评估主体技能的专业性是确保评估工作开展科学性、客观性的首要条件。评估主体的专业性主要是指评估主体的各个成员具有评估所需要的一切知识和技能，能够对评估工作获取的资料、数据进行一定的综合考察分析，并有针对性地提出对策和建议。社会服务类民非公信力评估主体成员应当具备扎实的理论背景，包括具有统计学、经济学、社会学、管理学、心理学等领域的相关知识，并且评估主体要合理确定科学的评估指标体系、指标权重，对评估数据进行采集和运算，开展评估问卷调查，对问卷进行信度、效度检验，并在评估实施过程中选取科学有效的评估方法与工具。此外，社会服务类民非公信力评估主体要能够利用一切手段获取评估所需的资料和数据，并能够对这些信息进行有效和科学化的处理分析，通过科学分析，做到透过现象看本质，对评估对象做出公正、科学的评估判断，为评估对象提出富有科学性和针对性的发展建议和对策。

（四）成本的低廉性

狭义的评估成本主要是指物力、财力、人力和时间，更为广泛的理解还包含公共关系与公共权力等资源。任何评估的执行者都应当尽量降低评估的成本，因为在实践中评估成本常常是限制评估顺利开展的瓶颈。[1]降低成本、提高效率应当被看作评估主体生存和发展的有效推动力。同时，大部分社会服务类民非参与评估的初衷也是引导组织自身能以最小的投入，产出最大的社会公共服务和公共产品。因此，社会服务类民非的评估主体更应在其评估行为的实施过程中，将自身开展评估的运行成本降到最低限度。如果社会服务类民非公信力评估的主体仅仅完成了评估的目标，但是在评估工作的开展中却耗费了大量的资源，也应认定其是失败的。

（五）利益诉求的成熟性

利益诉求的成熟性是对社会服务类民非评估主体的基本要求，也是增强评估主体的权威性和公平性，避免出现腐败、受贿等不良现象，确保评估结论正确、客观的必要前提。部分评估主体仍旧缺乏成熟的社会理性，其突出表现在缺少独立的人格，易受到不法分子的煽动和利用；仅具有参与社会事务的热情，却局限于狭隘的个人利益，在一些社会公共活动中只关注局部利益、眼前利益；不能充分、自由地表达自己的意愿。在社会服务类民非评估过程中，部分评估主体不是在获取大量组织信息并进行充分考量的基础之上做出评估，多数情况

---

① 包国宪、孙加献：《政府绩效评价中的"顾客导向"探析》，《中国行政管理》2006年第1期，第29—32页。

下仅凭着主观感受或是"道听途说"做出评判，使得评估缺乏科学性。评估主体的成熟利益理性要求评估主体在拥有社会责任感的基础上，根据与评估对象有关的充分、翔实的资料信息做出独立、客观、公正的评估。评估主体要以科学和理性为指导，而不是迎合某些组织或个人的需要，更不能盲目地表态与哗众取宠。

三、评估主体的比较

根据以上社会服务类民非评估主体的基本标准，对上述几种评估主体进行比较，以期对社会服务类民非评估主体的类型做出理想的选择。

在社会服务类民非评估实践中，常见的外部评估主体具体包含政府部门、第三方专业机构、政府主导的混合部门（社会公众、社会组织、媒体参与）；内部评估包括三个层次：上级、同级和下级。以下将运用地位的独立性、影响的权威性、技能的专业性、成本的低廉性、利益诉求的成熟性等5个指标对以上8种常见的评估主体类型进行比较，衡量标准采取程度"非常高""比较高""一般""较低""不确定"5个等级。评估主体比较结果如表5-1所示。

表5-1 社会组织不同评估主体间的优劣比较结果

主体类型		地位的独立性	影响的权威性	技能的专业性	成本的低廉性	利益诉求的成熟性
外部主体	政府部门	★★★★	★★★	★	—	★★
	第三方专业机构	★★★★	★★★	★★★★	★★	★★★
	社会公众	★★★	—	★★	★	—
	社会组织	★★★		★★★	★	★★★
	媒体	★★★★	★★★	★★	★★	★★★
内部主体	上级部门	★	★★	★★	★★★	
	同级部门	★★★	★★	—	★★	
	下级部门	★	★	★★	★★	—

注：★★★★表示"非常高"；★★★表示"比较高"；★★表示"一般"；★表示"较低"；—表示"不确定"。

根据表5-1，社会服务类民非内部评估主体的独立性很差，会使评估结果的权威性受到很大影响，所以，能够得出内部评估主体的诚信与使命程度较低的结论。比较而言，社会服务类民非外部的评估主体独立性比较强，其评估结果的权威性普遍较为理想，更为重要的是外部评估主体的利益理性相对比较成熟。从技能的专业性来说，第三方专业机构和社会组织的程度最高，因此能够得出外部评估主体诚信与使命程度也较高的结论。

因此，对于社会服务类民非而言，并不存在一个天然良好的评估主体类型，多数评估都存在这样或那样的局限。但是，在综合分析之后，不难看出外部评估主体中的第三方专业机构是相对最优的评估主体，在地位的独立性、影响的权威性、技能的专业性、成本的低廉性、利益诉求的成熟性方面都具有相对优势。尤其在地位的独立性和技能的专业性方面的优势是其他评估主体无法比拟的。当前，社会服务类民非评估中已经逐步引入第三方专业机构，也引起了社会的广泛关注，并产生了良好的效果。

第二节　社会服务类民非评估主体的选择

由于评估的目的、评估关注点有所差异，评估主体需要对具体内容、主要指标、评估方式等进行合理的选择，形成不同的评估结果，这将会直接影响评估工作的有效性和科学性。因此，在社会服务类民非评估活动中，如何选择评估主体至关重要，要明确由"谁"来对社会服务类民非开展评估，才能确保社会服务类民非评估的公正性与客观性。

一、第三方评估的必要性

第三方专业机构是社会服务类民非重要的外部评估主体之一。第三方专业机构对社会服务类民非开展评估，具有理论层面的重要性及必要性。

（一）第三方评估是社会服务类民非获取社会合法性的基础

"合法性"（legitimacy）这一概念的内涵十分丰富和复杂，对其可有以下7种不同的解释：以继承权的基本原则为依据的；合法的婚姻所生的；依据法律的或符合法律的；符合推理规则的；与既定的原则、规章和标准一致的；通常的或正常有逻辑的；正当的。虽然解释的含义有所不同，但是不难看出，任何事物的"合法性"一般是指具有以上7种属性。总体而言，"合法性"通常是指某一事物或现象能够被社会公众承认、接受和认可的前提。以合法性的含义为出发点，社会服务类民非的合法性是指社会服务类民非凭借其社会的合法性从而获得特定群体、社会公众的认可和支持，以及政府部门等官方机构的承认和接受。

任何一个社会组织的成立，首先必然要具有社会的合法性。社会服务类民非社会合法性的基础主要包括传统、共同利益或共识的规则。[①]因此，作为特定类型社会组织的社会服务类民非，社会的合法性必然成为其生存和发展的首要前提，而社会公信力又是社会服务类民非获取社会合法性的基础和保障。由于社会服务类民非自身拥有自愿性、志愿性、自律性等基本特点，组织资金来源于政府部门、社会公众、私人组织、基金会等的捐助和支持，因此，大部分社会公众会认为社会服务类民非应当具有较高的规范要求和道德层次界限。只要社会服务类民非的组织行为达到了这种规范要求和道德层次界限，社会公众就会对其给予极大的信任和支持，社会服务类民非就获取了相当程度的社会公信力。若社会服务类民非滥用社会公共资源，行为失当，则会对组织的社会公信力产生不良影响，进而丧失社会服务类民非赖以生存的社会合法性。因此，依据该理论视角，无论第三方专业机构对社会服务类民非开展哪种形式的评估工作，都有利于社会服务类民非自身的生存和发展，从而有助于组织获取广泛的社会支持，保障组织的社会合法性。

（二）第三方评估是杜绝社会服务类民非权力寻租的有力保障

依据评估主体的不同，社会服务类民非公信力评估活动可以归纳为三种不同类型：由政府部门组织的评估活动、由独立第三方机构开展的评估活动、由联合型或伞状型社会组织开展的评估活动等。而评估工作到底选择哪种形式，往往由评估的最有力的需求主体来决定。不同的评估需求主体能够产生不同类型的评估模式。如果社会服务类民非自身具有强烈的需求，就会产生伞状型或联合型社会组织开展的评估类型；如果社会公众的评估需求最强烈，就会产生

---

① 高丙中：《社会团体的合法性问题》，《中国社会科学》2000年第2期，第100—109，207页。

独立第三方机构开展的评估类型；如果政府部门的评估需求最强烈，就会产生由政府部门组织的评估活动类型，主要表现为政府部门直接进行评估或是政府部门委托评估两种形式。

在我国行政管理改革的进程中，社会服务类民非必将通过政府购买服务，承担政府部门转移的部分管理和服务职能。但是，具体由哪些社会服务类民非来承接这些服务，取决于社会服务类民非自身的绩效水平及社会公信力。因此，在寻求工作绩效水平较好、社会公信力较高的社会服务类民非的过程中，政府部门就自然而然地产生了对其评估的需求。[①]以政府部门为主体开展的评估可以分成直接和间接两类，后者为政府委托的形式。通常而言，为保障评估结果的科学性和公正性，保障社会公共资源的最有效使用，非常有必要引入第三方专业机构对社会服务类民非开展评估。当前，由于政府部门对评估工作的支持，所谓的"评估权"自然而然地变成了一项重要的政府权力。由政府部门直接对社会服务类民非开展评估难免会产生权力的寻租行为。在此种情况下，由独立第三方专业机构对社会服务类民非开展评估便是一种有效的权力制约手段，可以有效弥补政府部门评估权力寻租的缺陷，避免评估结果失真。

（三）第三方评估是强化社会服务类民非社会监管的有效途径

作为特定类型的社会组织，社会服务类民非有着不同于其他组织的特点、属性和优势，即社会服务类民非能够在政府部门对于社会事务服务不足的地方进行一定程度的优化和完善。也应看到，社会公共服务的提供者众多，社会服务类民非只是其中一个，不可避免地带有一定的局限性。社会服务类民非的相关利益群体众多，一般包含社会公众、捐助方、服务对象、管理者、志愿人员等。这些利益相关方实际控制着社会服务类民非生存和发展所需的大量资源，但是利益相关方之间的需求却存在着一定的矛盾和冲突，从而导致社会服务类民非的社会公共责任的混乱和模糊。此外，在利益相关方较多且分散的情形下，就会产生"搭便车"现象，极易导致在社会服务类民非中出现内部人控制的情况，其内部人更多地关注自身的利益，包括职务、工资、福利待遇等，还会因个人的特定利益诉求去损害社会服务类民非的利益。近几年在社会服务类民非

---

① 纪颖：《民间组织评估模式的国际比较及成因探析》，《学会》2008年第6期，第38—42页。

中发生过个人利益侵害组织共同利益的事件，例如工作人员逃税漏税、贪污组织物款、挪用私分物款、逃汇骗汇等，或是在日常管理中造成的内部管理的无计划、高成本、财务浪费、低效益等。①因此，有必要建立由第三方专业机构进行评估的工作机制，以此强化对社会服务类民非的约束和监管。

二、社会服务类民非评估与第三方专业机构

为了尽可能确保评估指标的合理、评估内容的完整、评估结论的公正，通过对不同评估主体的对比，可以看出第三方专业机构具有突出优势，是社会服务类民非相对最优的评估主体。假如选取社会服务类民非自身或政府部门作为评估主体，组织获得的社会资源可能非常有限。若由第三方专业机构开展评估，评估主体人员中包含社会公众、服务对象、媒体等，则评估会更加有效，且评估的诚信与使命程度会更高。

第三方专业机构自身的相对优势决定了其适合作为社会服务类民非的评估主体。首先，第三方专业机构的社会地位相对比较独立，能够使其对社会服务类民非的部门设置、组织宗旨及使命、资源获取途径、成长过程、面临的政策环境等拥有更为深刻的理解。其次，第三方专业机构的性质和特征决定了它可以广泛吸纳政府部门、企业组织以及社会公众积极参与进来，帮助社会服务类民非协调多元主体利益，获取社会资源，确保社会服务类民非公信力和可持续发展能力的提高。最后，选择社会地位相对独立的第三方专业机构可以有效减少对社会资源的占用，同时提高评估对象的广度。如果评估活动完全由政府部门负责运作，很容易导致活动经费的浪费，并且对社会资源的吸收有一定的负面作用。同时，因为财政预算的限制，如果完全由政府部门操作，则评估内容可能有所不足，并且很多评估都是以组织年检合格为依据的。

国外社会组织第三方评估实践为社会服务类民非评估主体的选择提供了良好的经验借鉴。从全球范围来看，由独立的第三方专业机构对社会组织进行评估，在西方国家早已有之，且实践经验丰富，取得了较好的效果。美国对社会组织开展的评估属于独立第三方评估。早在1912年，美国就成立了"更好事务

---

① 柏晶、周定财：《我国非政府组织志愿失灵问题浅析》，《学会》2010年第5期，第3—7页。

局委员会"，其所属的公益咨询服务部专门从事社会组织的评估工作。1918年，美国成立了"全国慈善信息局"（NCIB），面向社会公众提供社会组织的基本信息。当前，在美国推行的政府改革背景下，"更好事务局委员会"和"全国慈善信息局"已经合并为"明智捐赠联盟"（Wise Giving Alliance）。美国把对社会组织的第三方评估作为社会组织健康发展的重要防线。第三方评估机构的主要做法是通过控制捐款来制约社会组织。"明智捐赠联盟"制定道德标准和行为规范，向社会公众提供有关社会组织的活动信息，使个人、基金会、组织、企业能够更明智地实施捐赠，从而引导社会组织的规范发展。德国社会问题中央研究所（DZI）也是一家独立的社会组织评估机构。[1]DZI成立于1983年，该机构的主要任务是对劝募机构开展评估，同时也从事图书馆管理和资料出版。其主要做法是，劝募机构自愿申请加入，经过评估，符合要求的机构可以获得会员资格，并获得DZI的徽章。通常获得该徽章的机构，才容易赢得公众和捐赠者的信任，也才能获得更多的捐款。

综上所述，我们认为建立一个由政府授权和财政支持的第三方专业机构，由其开展社会服务类民非的评估工作比较合适。为了增加第三方专业机构评估的权威性，并确保评估的严肃性，建议社会服务类民非的登记管理机关或业务主管单位委托第三方专业机构对社会服务类民非开展评估工作。第三方专业机构需要接受社会服务类民非登记管理机关或业务主管单位的监督与指导。

三、社会服务类民非评估主体的机构设置

通过以上分析，第三方专业机构可以调动社会力量共同参与对社会服务类民非的监管和评价，是公信力视角下社会服务类民非评估体系的最优评估主体。实践中，需要设置专门的第三方专业机构来实施具体的评估工作。我国需要成立全国性、省级、市级、县区级的"社会组织评估综合服务中心"，并获得政府部门的支持。

所谓社会组织评估综合服务中心，即指依法申请成立的以开展社会服务类

---

[1] 在DZI刚成立时，允许部分政府官员的参与，后来，政府官员就逐步退出。目前，该机构由21名工作人员组成，每年的工作经费大约为100万欧元。其中60%的经费来源于联邦政府和州政府的财政拨款，其余来自机构自身的经营收入。

民非等社会组织评估活动为任务和使命的社会组织。社会组织评估综合服务中心作为社会组织，其具有非营利性、志愿性、组织性、自治性、民间性等一般特征，并且也具有较高的专业水平，即拥有良好的开展社会组织评估的相关技能和经验。

社会组织评估综合服务中心的内部机构包括综合服务中心管理委员会、评估业务管理部门、评估委员会。社会服务类民非评估主体的内部结构及其职责如图5-2所示。

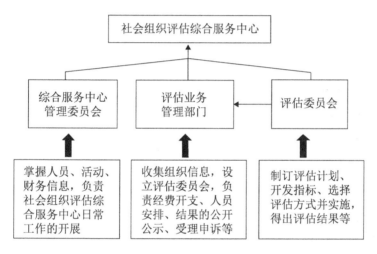

图5-2　社会组织评估综合服务中心的内部结构及其职责

综合服务中心管理委员会：该机构是社会组织评估综合服务中心内部的常设部门，有常规的办公地点、管理制度以及编制内的员工等。综合服务中心管理委员会的主要工作内容为：制定服务中心的管理规章，收集、整理工作人员、组织活动、财务收支等重要信息，保证日常运营的顺利进行。

评估业务管理部门：这是对评估活动进行组织和管理的重要部门，该部门可以在特定的行政范围内，对全部的社会服务类民非等组织的有关资料进行详细的收集和分析，并构成较为完善的信息系统，能够在这些组织形成评估需要时，组织相关机构和员工建立专门的委员会，并对其评估工作提供支持。一般来说，该部门的工作内容主要包括以下几个方面：收集一定行政范围内的社会组织的各种信息，对资源进行统筹规划并成立专门的评估委员会，对委员会的工作提供支持并及时了解其工作动态，为评估工作的正常开展提供相应的经费支持，对评估者、评估结论等进行审核和记录，将评估结论进行公示，处理与评估结论有关的申诉等工作。

评估委员会：这是服务中心内部负责进行实际评估的部门。评估委员会的工作成员包括主管官员、学术研究者、各行业专家、组织工作对象、实际工作人员等。评估委员会在实施评估活动中必须坚持独立、中立、民主的工作方法和原则。评估委员会在日常工作中需要接受上述两个部门的指导和协助，对有关领域内的社会服务类民非等进行评估。其主要工作内容有以下几个方面：根据评估的对象制订相应的评估计划以及实施有关的安排，设计和开发适宜的评估内容指标，依照评估指标开展实地评估；选取合适的评估方式方法，经过自由的讨论和协商，对评估对象的等级类别进行确定，给出最后的评估结论；对评估对象的不同意见进行二次评估等。

第三节　社会服务类民非评估主体的能力建设

由独立的第三方专业机构开展评估，是社会服务类民非评估体系对评估主体的必然要求。第三方专业机构对社会服务类民非开展优质高效的评估工作，对加强其能力建设至关重要。

社会服务类民非的评估主体是第三方专业机构，其在实践中具体表现为社会组织评估综合服务中心这一机构。某个机构或组织的能力可以体现在很多方面，主要包括内部管理能力和外部发展能力两个方面。这两方面的能力决定了社会组织评估综合服务中心作为第三方专业机构的生存和发展。社会组织评估综合服务中心的内部管理能力主要体现为专业技术能力和自我管理能力；外部发展能力体现为沟通协调能力和政策适应能力。具体如图5-3所示。

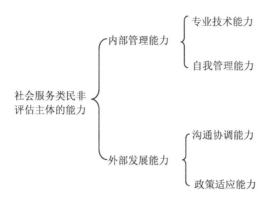

图5-3　社会服务类民非评估主体的内外部能力构成

一、社会服务类民非评估主体的内部能力构成

就社会组织评估综合服务中心而言，其内部管理能力主要体现为：专业技术能力和自我管理能力。

（一）专业技术能力

社会组织评估综合服务中心是专门从事社会服务类民非等社会组织评估活动的机构，应当具有较强的专业性质。因此，对于该综合服务中心而言，专业技术能力是其应该具备的首要能力。

对社会服务类民非开展评估活动，首先要掌握特定的信息搜集、整理、归纳、分析、评判等科学且专业的技术和方法，才能够真正地胜任评估工作。否则，一切都只能是空谈。由于我国评估相关理论研究发展的滞后以及评估专业人才的缺乏，在缺少理论知识指导以及缺少专业评估工作人员的情况下，社会服务类民非的评估工作在有的地方并未取得预期的社会效果，反而产生了一系列的负面效应。所以，社会服务类民非的评估机构必须积极回应社会公众的需求，扩大评估专业知识的传播，深化评估专业领域的研究，加强评估专业人才的培训。[①]

（二）自我管理能力

社会组织评估综合服务中心的自我管理能力是其能力建设的重要构成部分，

① 陈锦棠：《香港社会服务评估与审核》，北京大学出版社，2008年，第2页。

只有在服务中心自身运行有序的前提下，才能保障对外评估工作的顺利进行。社会组织评估综合服务中心的自我管理能力主要体现在服务中心日常行政工作的开展，对中心工作人员的日常管理，以及文化宣传工作、财务工作等方面，主要包含以下几方面内容。

行政管理能力：这一能力是确保中心的各项活动正常进行的必要保证。社会组织评估综合服务中心的日常行政管理工作内容主要包含会议的接待、文件的整理和收发、工作档案及资料的整理、办公室内部例行工作等各种形式的日常工作，并且也包括了对中心进行评估的组织、协调、支持工作以及评估结论公示等内容。

人力资源管理能力：人是工作的主体，任何组织都需要对其自身的人力资源管理工作给予足够的重视。社会组织评估综合服务中心作为一个社会组织，同样要重视和开展人力资源管理。人员构成通常包含正式工作人员以及能够临时变动的非正式工作人员。正式工作人员主要是指与社会组织评估综合服务中心签订了长期的劳动合同，可以在一段较长的时间内，较为稳定地为服务中心的正常运转提供服务的人员，他们通常为内部机构的主要负责人、高层领导、中层领导以及普通员工。他们主要负责社会组织评估综合服务中心的行政管理、人力资源管理、财务管理、文化管理等工作。非正式工作人员主要是指那些没有与社会组织评估综合服务中心签订正式的劳动合同的人员，一般来说不会在较长一段时间内稳定地为服务中心工作。这些人员大多通过签订短期合约的形式组建项目小组进行工作，主要是某一领域的权威专家、著名学者、高水平的专业人才或是有关领导等。

文化管理能力：这一能力是确保组织自我管理效果的关键因素。对于一个组织来说，文化通常就是其内部人员的共有价值观、行为准则以及做事的方式。一个杰出的社会组织的显著特征为：组织具有明确的法定的并能够为所有组织成员所认同以及珍惜的使命。[1]所以，组织文化对于其内部人员的思想观念和工作方式具有显著的影响。对于很多组织而言，这些关键的惯例和核心的价值观会随着时间的推移而发生改变，可以在某种意义上决定组织内部人员对组织

---

① 尉俊东、赵文红：《非营利组织人力资源构成、特点与管理：对我国非营利事业单位人事改革的启示》，《科学学与科学技术管理》2005年第12期，第127—131页。

的认识和理解及其在组织内所采取的工作方式。社会组织评估综合服务中心评估工作的开展过程同样会受到来自外界的不同因素的干扰，因此，它所进行的评估工作本身就具有很大程度的主观性，从而突显出评估主体对公益价值的关注和重视。由于评估主体具有以上特点，所以服务中心内部是不是建立了成熟、优秀的文化管理机制就显得更为关键。唯有和谐、友好的组织文化环境，才能促使工作人员的行为手段与组织的整体目标保持尽可能相近，也才能保证科学、合理的评估原则不会变为表面形式，并且可以显著提高评估结论的权威和公信力。

财务管理能力：财务管理是所有组织正常运转的必要基础和保证。没有哪一个组织可以在没有财务管理支持的情况下继续存在。服务中心的财务工作可以分为收入和支出两个主要方面。作为一种社会组织，社会组织评估综合服务中心的资金主要来自政府的财政拨款、个人、企业、其他组织的捐赠，或是中心进行评估活动时所享受到的资金扶持。社会组织评估综合服务中心的开销主要包含其从事评估活动所需的项目花费、日常行政管理工作的支出、工作人员的工资福利支出等。应当对以上资金收入和支出进行有制度、有规章、有审查、有专人负责的财务管理。社会组织评估综合服务中心的财务管理能力与其评估活动是否能够有序开展以及该组织能否可持续发展密切相关。

二、社会服务类民非评估主体的外部能力构成

就社会组织评估综合服务中心而言，其外部能力主要体现为沟通协调能力和政策适应能力。

（一）沟通协调能力

沟通协调能力是一个组织维持正常运行不可或缺的重要能力，服务中心必须对这一能力给予足够的重视并积极对其进行巩固和提升。社会组织评估综合服务中心是一个与外界有着密切联系的机构，它在开展评估任务的情况下，更加有必要强调其自身的沟通能力，不但要了解所评社会服务类民非的组织情况和相关行业情况，还需了解社会各界对所评社会服务类民非的看法以及评价。而在没有得到评估任务的情况下，也有必要掌握大量的社会组织相关信息，了

解时事政治以及国家政策。因此，这就要求社会组织评估综合服务中心拥有和其他社会组织、有关政府部门有效协作的沟通能力。

（二）政策适应能力

时事政治、政策法规等都会对社会服务类民非的正常运转产生显著的影响。服务中心是针对社会服务类民非实施评估工作的专业组织机构，有必要积极关注有关政策法规，并且将时事动态与政策法规作为评估工作中的关键指标之一。

首先，社会组织评估综合服务中心作为独立的第三方机构，需要充分利用政府和社会服务类民非间的紧密联系。与各级政府机构相比，第三方专业机构作为一个社会组织，在开展评估工作时，对社会服务类民非的认知更加深刻，对被评组织现有的问题以及解决方法也更有发言权。社会组织评估综合服务中心在对社会服务类民非开展评估的同时，有义务主动将组织的实际情况提供给相关的政府机构，为政府制定相关政策提供参考；对于一些与实际情况脱节或是有所不足的政府决策，社会组织评估综合服务中心应当主动地从事政策公关活动，为政府相关决策的制定提供建议。其次，社会组织评估综合服务中心的政策适应能力要求其应以国家的相关政策为基本标准去衡量社会服务类民非的发展程度。社会组织评估综合服务中心应当积极关注政府出台的新政策，从专业的角度对这些信息进行高效的学习和把握，并将其应用于日常评估工作当中。

三、社会服务类民非评估主体的能力提升

社会组织评估综合服务中心的能力建设对其发展至关重要，也关系到评估工作的顺利开展。社会组织评估综合服务中心的能力建设主要包括以下几方面：内部机构的合理设置、网络信息技术的拓展和完善、评估技能水平的提升。

（一）合理设置内部机构

健全和完善社会组织评估综合服务中心的对外、对内能力，首先应该完善中心内部的计划、决策、组织、协调、指挥、控制、执行等相关部门的设置。在组织章程中，要明确中心的治理结构，进行合理的部门职能划分。社会组织评估综合服务中心的内部机构设置主要包括：中心管理部、行政管理部、人力资源部以及财务管理部。

中心管理部：这是由服务中心的总负责人、各部门的主要负责人等高层管理工作人员所组成的管理机构。中心管理部为社会组织评估综合服务中心的中心决策部门，该部门的人员组成多为社会组织评估综合服务中心的正式工作人员，拥有固定的工作地点以及工作时间。中心管理部的主要工作职责包括：社会组织评估综合服务中心的战略发展方向的谋划与确立，管理制度与内部规章的制定和完善，工作流程的建立和修改完善等。与此对应的，中心管理部在拥有权力的同时还需要担负相应的法律责任。

行政管理部：这是社会组织评估综合服务中心日常运行的枢纽部门，直接对中心管理部负责。行政管理部的主要工作内容为社会组织评估综合服务中心的日常例行工作，如会议接待、组织信息采集、文件收发、资料整理、档案管理等。该部门的员工大多为正式员工，相对来说较为稳定，并且都拥有比较固定的办公场所和办公时间，同时他们需要对各项活动的相关流程、内容、技能相当熟悉，能够严格遵守机构制定的规章制度。

人力资源部：人力资源管理对于社会组织评估综合服务中心至关重要，社会组织评估综合服务中心需要建立专门独立的人力资源部，对组织内部的正式或非正式工作人员的招聘引进、工资津贴、福利待遇、职位晋升、岗位培训等方面进行管理。和其他社会组织的显著区别是，中心内部设立的人力资源部对中心的正式工作人员的基本资料与工作效果展开跟踪和管理的同时，还必须建立复杂的非正式员工的信息资料系统，从而确保委员会的正常工作，保证评估活动的正常进行以及社会组织评估综合服务中心内部人力资源运作的有序和顺畅。

财务管理部：这是社会组织评估综合服务中心的一个日常工作部门，其发挥的功能对社会组织评估综合服务中心的日常运作和可持续发展具有重要意义。该部门的工作人员通常是具有丰富的财务知识和有关工作经验，并且具备相应的岗位资格证的人员。这些人员大多数是社会组织评估综合服务中心的正式工作人员，有固定的工作地点。财务管理部的工作内容主要包括社会组织评估综合服务中心的财务经费预算、服务中心的捐赠管理、活动经费的收入管理、活动项目的支出管理、组织的财务分析等。

（二）拓展和完善网络信息技术

社会组织评估综合服务中心应当合理运用网络信息技术，更好地完成自身的能力建设。首先，有必要合理利用网络技术来提高工作效率，通过新媒体在更加广阔的空间内对评估结论进行公示，提升社会组织评估综合服务中心的社会影响力。其次，应将网络当作研究社会服务类民非的有力工具，主动积极吸纳来自政府部门、相关社会组织的多方面信息，对被评社会服务类民非应具有细节方面的认识，也要从整体层面出发对其发展趋势进行分析，尽可能防止出现以偏概全的问题。具体包括以下几个方面。

监控网络舆论。随着信息化水平的提高，互联网成为信息交流与传播的重要平台。如何利用好这一公开的信息来源渠道成为社会组织评估综合服务中心沟通协调能力提升的关键。有必要组建专业的网络情报监控机构，及时了解关键实时信息，通过专业手段对收集到的信息加以分析和处理，从而获取准确、有利的信息。

开展政策分析。国家的政策对社会服务类民非的评估工作影响巨大。国家政策不仅会影响社会服务类民非评估工作的法制环境，还会影响其评估的捐助氛围，甚至会影响社会服务类民非评估的方式和发展方向。所以，有必要成立独立的政策分析机构，对国务院及各级政府发布的相关政策加以分析。在此基础上，结合政府政策的导向，及时地对社会服务类民非的评估指标进行相应的优化和完善，这对今后评估活动的开展意义重大。

建立信息资源库。信息是社会服务类民非评估的关键因素，无论是评估指标的构建、评估方法的选取、评估的实施还是评估结果的产生，无不需要被评社会服务类民非相关信息的支撑。社会组织评估综合服务中心作为专业评估机构，必须清晰、深入地了解和把握被评组织的相关信息。及早组建关于社会服务类民非的信息资料库，充分掌握被评组织的相关信息，对于评估经费和时间的节省非常有效，且有益于评估效率的提升。

搭建信息公布平台。社会组织评估综合服务中心利用网络平台和新媒体渠道对评估结果进行公示，改变了传统上评估结果属于内部信息的情况，也使社会服务类民非的各利益相关方能够及时、准确获取所需信息。评估结果通过互联网、新媒体等信息平台公布，可以运用网络的力量号召社会公众参与，监督和促进评估工作的正常和有效开展，促使评估的原则更加公正和透明，评估的过程也更为公开和清晰，有助于持续对评估机制进行改进。此外，可以利用网络平台展开互动，提升评估结果的公信力和认同度。

（三）提升评估技能水平

拥有专业的评估知识和技能是社会组织评估综合服务中心能力建设的关键要素。具体来讲，社会组织评估综合服务中心作为第三方专业机构，提升评估技能水平应该做到以下两方面。

加强评估知识培训。社会组织评估综合服务中心的评估委员组成具有多元化的突出特征。委员会的成员除了长期的正式员工外，也包含了通过临时协议的方式加入评估项目小组的非正式工作人员，比如特定领域的著名学者、权威专家、高层领导者等高水平人才。这些人员对社会服务类民非的认知与理解在很大程度上来说都更为专业和深刻，但是对于实际的评估流程却可能不够了解。因此，社会组织评估综合服务中心应定期为评估人员举办相关的评估技能培训，提升评估人员的专业水平和评估技能，提高评估结论的科学性。同时，社会组织评估综合服务中心也应通过内部人力资源建设，对人才机制加以改进，加强对专家、学者的吸引力，为人才储备工作提供支持，助推社会组织评估综合服务中心的长久发展，从而增强评估的专业性以及被评社会服务类民非的社会公信力。

科学选择评估理论。科学的评估理论是确保评估结论有效性的关键因素，但目前普遍流行的"3D"、"3E"、平衡计分卡、关键绩效指标等评估理论，均存在着一定的局限性。例如"3D"是指诊断、设计、发展，这一理论的突出特征是重视组织自身能力，但是不适合进行定量分析；"3E"不能较好地突显社会组织特性，更加适合营利部门。因此，在提升评估人员专业能力的基础上，要不断探寻新的适合我国国情以及社会服务类民非实际情况的评估理论。

第六章

社会服务类民非公信力评估的指标体系

评估指标回答的是"评估什么"的问题。对于社会服务类民非而言，其评估中的重要且关键性的一环就是要确定相应的评估指标体系，只有明确了社会服务类民非的评估内容，评估结果才能够客观、准确和公正。评估指标的确立是完成评估活动的重要基础，对整个评估的成效具有直接影响，是评估结果规范化、合理化和科学化的关键所在。作为社会服务类民非评估体系的重点要素之一，指标的类型化设计和正确选择是确保评估活动顺利进行的关键。本章在分析当前国际及国内公信力评估指标的基础上，构建出适合社会服务类民非公信力评估的指标体系。

第一节　社会服务类民非公信力评估
指标体系构建的理论前提

社会服务类民非的评估指标在整个社会服务类民非评估体系中居核心位置，评估指标是否科学将会直接影响整个评估体系的价值，同时引导着社会服务类民非组织行为的选择和方向。设计科学合理的社会服务类民非评估指标不仅要考虑指标设计的原则、指标的构成，也要关注指标设计的标准等基本设计要素。

一、指标体系的基本内涵

（一）指标的内涵

有学者认为指标（indicator）一词可以解释为"计划中规定达到的目标"。评估领域中所说的指标主要是指行为化、具体化、可测量、可操作、可观察的评估内容。[1]

有学者认为，指标是复杂系统和事件的标志或信号，是指示事件发生或系统特征的信息集。指标用于指示、描述某种现象、环境、领域的状态，以提供其信息，具有超出参数值本身的意义。[2]

有学者认为评估指标本身由指标名称与指标数值共同构成，前者是对评估指标"质"上的规定，反映了一定的社会、政治、经济范畴；后者则是对指标"量"上的规定，是根据指标的内容计算出来的具体数值。指标名称采用国际、国内已有的标准名称，或使用通用、明确的词语。[3]

综上，本书认为社会服务类民非的评估指标是指依据社会服务类民非评估的目的制定的能够具体化、行为化且能够被观察、操作和测量的既可定量又可定性的特定评估内容。评估指标是对评估客体进行评价的基本准则，是评估目标具体化的表现。设计、筛选和确定指标的过程就是评估安排者的价值观趋向一致的特殊过程，并借助指标的权重及标准进行外化。

（二）指标体系的内涵

有学者认为评估指标体系应包含评估内容、指标权重、评估标准等几个方面。[4]

有学者认为评估指标体系应是由多个子系统组成的集合体，其中的评估标准是用来评价评估客体是否达到评估内容要求的尺度，即一种价值判断。[5]

---

[1] 陈玉琨：《教育评估的理论与技术》，广东高等教育出版社，1987年，第72页。

[2] Hardi P., Barg S., Hodge T., *Measuring Sustainable Development: Review of Current Practice,* Ottawa: Industry Canada, 1997, pp. 119.

[3] 乐毅：《学校评估研究：以美国国家质量奖〈绩效优异教育标准〉为比较例证》，博士学位论文，华东师范大学，2005年。

[4] 刘淑兰：《教育评估和督导》，华东师范大学出版社，2000年，第7页。

[5] 王汉澜：《教育评价学》，河南大学出版社，1995年，第130页。

还有学者认为，评估指标体系是由评估标准系统、评估内容系统、评估计量系统组成的有机整体。[①]

综上，本书认为社会服务类评估指标体系由评估指标内容、指标权重以及指标标准三个部分组成。评估指标体系依照评估内容的本质特征及属性的某个方面，把具有抽象性的特定的评估内容划分为几个能够进行定量或定性分析的指标，并分别给予相应的权重，得到具有特定内在逻辑的评估指标体系，以此来对社会服务类民非各个发展阶段的实践进行评价。评估指标可以看作依据评估目的所选择的评估客体的一组特定属性，是评估客体的具体化。评估是耗时耗力的工作，评估需要提出一个能用来衡量组织水平的、全面的、简单的、公认的衡量指标。评估指标确定之后，对评估客体的评估就可以转化成对那些可直观和具体衡量的客体属性的考察。

二、指标体系的总体框架与构建方法

（一）指标体系设计的总体框架

1. 指标体系的形式结构

在设计社会服务类民非评估体系的总体框架之前，有必要明确指标体系的形式结构。评估指标体系的形式结构能够反映出人们对于评估客体本质特征的认知水平。从形式上来看，指标体系是由若干个不同的指标组成的。单个评估指标仅能反映出评估目标和评估对象的某个侧面，而多项评估指标才能够反映出评估对象的全貌。因此，将相互关联的不同指标组合成一个指标群，并赋予相应的权重，才能较完整、客观和准确地反映出评估对象的整体概况。

一般而言，指标体系的构成形式表现为层层分解并逐级展开的不同层次的指标。值得注意的是，在评估的实践操作中，除了运用具体指标来反映评估目标之外，也可对一些不可测量、难以量化的评估内容采取直接提出问题的形式来开展评估。这些问题统称为概括性问题，这是评估的另外一种形式。指标体系的结构见图6-1。

---

① 顾明远、申杲华主编：《学校教学检查与评估运作全书》，开明出版社，1995年，第386页。

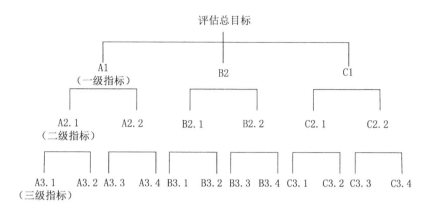

图6-1　指标体系的形式结构

资料来源：乐毅：《学校评估研究——以美国国家质量奖〈绩效优异教育标准〉为比较例证》，博士学位论文，华东师范大学，2005年。

2.指标体系设计的总体框架

社会服务类民非评估指标体系的框架设计是构建其评估指标的前提和基础。指标体系的总体框架是评估体系指标设计的重要保障，评估指标体系可以从整体上体现出框架的科学性、重要性，如果没有基本的设计框架就不会有指标间的逻辑关系。

关于评估指标体系框架设计的方法，有以下三种模式框架可供借鉴：（1）"发展水平—发展协调度—发展能力"框架。[1]该框架比较全面和系统，但是由于社会服务类民非提供产品和服务的过程、产出具有非市场性，因此很多的评估指标难以定量化，部分指标不能评估与测量。（2）"压力—状态—响应"框架。[2]该框架关联性强、逻辑清楚，但是该方法比较适应于针对某个方面开展评估，例如对专门部门的绩效评估、生态环境可持续发展的评估等，而不能对评估对象从整体上进行把握。（3）"综合指标—分类级指标—单项指标"框架。[3]这一框架为评估指标体系的建构提供了良好的技术路线，但是这一框架不能体

---

① 周海林、黄晶：《论地方政府在地方可持续发展中的作用》，《软科学》2000年第1期，第21—24页。

② 邓勇、陆凤兴：《可持续发展指标体系研究现状与展望》，《统计与预测》2003年第5期，第34—36页。

③ 彭国甫：《地方政府公共事业管理绩效评价指标体系研究》，《湘潭大学学报（哲学社会科学版）》2005年第3期，第16—22页。

现出评估主体以及评估客体的特殊性，仅单纯地从指标设计的角度提供思路，尚不能完全满足科学、完整地构建评估指标体系的要求。

可见，众多的学者从不同层面及角度提出了不同的见解，为社会服务类民非评估指标体系框架的设计提供了宝贵的经验。基于上述分析，本书提出"公信力及可持续发展维度影响因素—评估指标实践案例—评估对象特殊性"的设计框架。该框架弥补了上述框架不能结合实践中的影响因素，以及不能有效融合已有研究经验的缺陷。社会服务类民非评估指标体系设计在确定其公信力评估维度的基础上，分析两者的影响因素，同时注重考虑具体指标设计对社会服务类民非特殊性的适应度，依据已有的相关研究成果，遵循指标设计的一般原则及设置的基本要求，对指标进行合理的选择，进而得到科学的评估指标。指标体系框架设计如图6-2所示。

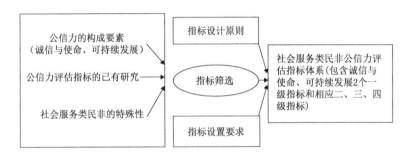

图6-2 社会服务类民非公信力评估指标体系框架设计

（二）指标体系的构建方法

评估的目标确定后，需要根据评估目标层层分解出可具体操作的评估指标，组合成指标群，初步构建评估指标体系的框架，因此，要首先明确目标分解和细化的方法即指标体系框架的构建方法。通常来说，较为常见的用于指标体系框架构建的方法有两种——因素分析法和专家讨论法。

因素分析法，一般是指依据评估的目标或评估客体的逻辑结构去分解指标。因素分析法的实施过程通常是一个"发散"的过程。该方法要求首先从评估的总目标开始，遵照一定的逻辑，如目标的影响因素、评估客体的内在结构要求等，逐级向下分解目标，指标也会随之越来越细，一直到设定的末级指标，并最终形成一个类似于树状的结构。

专家讨论法，包括头脑风暴法与反头脑风暴法。头脑风暴法的具体实施步骤为首先要召集一些相关领域的专家，而后对某个既定的目标、决策或问题展开讨论。讨论中，不同专家各抒己见、各尽所能、相互补充。然后，将各位专家的意见整合为初步的评估指标体系。而反头脑风暴法与之刚好相反。该方法首先指定专家会议的主持人，并由其按一定要求提出既定的初步指标，而后邀请专家召开专家会议，同时聘请专家对指标体系所存在的缺陷进行有针对性的修正，从而使指标体系更加完善。

三、指标体系的设计原则

在社会服务类民非的评估活动中，评估指标体系发挥着至关重要的作用。科学、完善的指标体系对社会服务类民非的评估活动最终取得成功至关重要。结合社会服务类民非评估活动的特点，其评估指标体系的设计必须遵循六大原则，即科学性原则、可行性原则、可测量性原则、定性指标与定量指标相结合原则、覆盖全面与突出重点相结合原则、静态稳定与动态调整相结合原则。

（一）科学性原则

科学性原则是构建社会服务类民非评估指标体系的灵魂与核心。科学性原则主要是指评估活动中要依据具体情况，采用判断、定义以及推理等多种思维方式对评估现象进行准确和客观的分析，从而发现其中的评估规律、需要遵循的关键要素。这一原则表明指标体系具有客观存在性、内在逻辑以及理论价值，同时也会对评估活动最终被社会公众、政府、其他社会组织接受产生直接影响。

科学性原则要求保持两个平衡。一是要保持评估指标价值与事实间的平衡。在价值性指标和事实性指标共存的评估指标体系当中，要尽量多地采用事实性评估指标，有目的地控制和减少价值性指标，使评估指标被社会公众接受。二是要保持评估指标的主观性与客观性间的平衡，主观性指标容易出现认识上或理解上的不一致，导致评估结果的差异，而客观性指标一般不容易引发争论。因此，在评估指标的设计过程中，应当尽量减少主观性指标的歧义，提高理解和认识的一致性。

（二）可行性原则

可行性原则要求评估指标能够反映评估对象的真实情况，并且在社会服务类民非的评估活动中有一定可操作性。通常认为，社会服务类民非的评估指标包含两个重要的依据。首先是要根据社会服务类民非的评估主体价值选择去确定评估指标。此类指标更应该注重和顾及实践上的可操作性。其次是根据社会服务类民非的现实需求来确定评估指标，此类指标直接表现为社会服务类民非的具体数据。

在设计社会服务类民非评估指标体系时，可行性原则要求对评估对象的主客观条件予以充分考虑。这些条件包括：社会服务类民非成立的背景、内部成员情况、活动经费来源、当地文化习俗和传统。可行性原则要求指标设计有针对性，同时也要避免指标的模糊性。如果指标体系没能估计社会服务类民非的真实情况，那么指标体系就会陷入困境，评估结果难以得到社会认同。

（三）可测量性原则

可测量性原则强调评估指标要依照社会服务类民非的真实情况确定，且用一定的数值体现出来，以便能够针对性测量，从而保证评估工作取得成效。

在社会服务类民非的评估过程中，应注意三个方面的问题，才能达到可测量的效果。首先，评估指标要能在社会服务类民非的运行中找到特定的对应关系。有些评估指标被设计出来后，其仅仅能够反映一种行为取向，比较笼统，不能准确测定。如"社会服务类民非理事成员间是否团结""社会服务类民非是否遵守国家政策"等问题，不能做到真实反映和客观测量。其次，评估指标要能反映出社会服务类民非的基本情况。设计评估指标的过程中，要尽量借助一定的数据将社会服务类民非的基本状况反映出来，可以从数据当中发现社会服务类民非的活动情况以及能力情况，如"社会服务类民非每年的公益活动次数""社会服务类民非每年的理事会召开次数"等。最后，相关评估结果要用一定数值表示。要尽量将社会服务类民非的活动用一定数值表示出来，并进行数值方面的比较，据此对社会服务类民非的真实情况做出客观的评判，避免主观随意性。

（四）定性指标与定量指标相结合原则

在社会服务类民非的评估活动中，既要强调定性指标，又要注重定量指标，使定性指标与定量指标有机结合，促进评估指标的全面性。在社会服务类民非的评估过程中，定性指标不可用数值来直接测量，具有一定程度的模糊性，容易凭借主观感受来做出判断。所以在设计定性指标时，要尽量赋予其相应的权重，将其定量化。定量指标的优点是可以用数量关系来表示评估客体的工作成果和工作能力，具备较强的清晰性、客观性和可比性，能够减少人为的矛盾。定量指标的不足之处在于不能够从关联性和整体性中获取有关的信息。

以往的社会服务类民非评估指标中，定性指标较为常见，容易导致评估结果和真实情况之间产生偏差。为了保证社会服务类民非评估指标的完整性和科学性，应当遵循定性指标与定量指标相结合的原则，以避免评估的随意性和以偏概全。

（五）覆盖全面与突出重点相结合原则

社会服务类民非评估的主要目的是对评估对象的运行状况进行科学、全面的评价和衡量，并在此基础上提出对社会服务类民非实现自身组织价值和宗旨有益的意见和建议。因此，评估过程中，应当严格要求其指标的设计关注和涉及社会服务类民非的各个方面，避免评估指标的片面和不准确。完善的体系不仅要涉及组织的人员方面，也应涉及组织自身；不仅需要涉及实施方面，也要包含组织的价值；既要包含组织的物质方面，又要包含组织的文化方面。

影响社会服务类民非发展的因素有很多，而且不同因素所造成的影响有强有弱。所以，根据这些因素来规划指标体系时，既要考虑每个影响因素的重要性程度，也要关注不同指标所具有的权重。指标的权重具有显著的导向性，可以有效反映出不同指标的贡献度大小，指标的调整和改变对于评估结论具有重要的影响。

（六）静态稳定与动态调整相结合原则

保持社会服务类民非评估指标体系的静态稳定性，是对社会服务类民非开展纵向性时间评估比较的根据。采用相对稳定的评估指标体系，从而确保在不同时间段内获得的评估结论可以正确反映组织的动态发展情况，可以较好地体现出社会服务类民非在之前的评估中所制定的改良措施的应用效果，或者在某种程度上也是对改良措施的评估。确保指标的稳定性不代表一成不变，结合实际情况对已经明显落后的指标加以说明，也是保证指标体系科学性和客观性的重要环节。

动态的渐进式指标可以保证指标体系保持良好的与时俱进的特性。任何事物都处在不断地变化和发展之中，社会服务类民非也不例外。社会服务类民非的评估体系也应随着被评组织的演变和发展而进行动态、渐进式的调整。众所周知，社会服务类民非的内部成熟度以及外部环境的变化情况十分复杂，因此，对其评估指标体系进行相应的修正以保持其针对性，进而保证其客观性与合理性，这也是确保评估结论公平准确的必要前提。同时，在科学理论的指导与现实需要的推动下，也不应将调整幅度限定于较小的指标体系，完全可以实行较大幅度的调整。

四、指标设置的基本要求

对指标进行设置时，应综合考虑多个层次的因素，比如评估是否科学、正确，是否具有针对性，是否可行，经济性如何，应用条件，等等。对指标进行设置时，通常需要遵循以下四个基本要求。

有效性。有效性要求主要是指社会服务类民非评估指标选取的正确性程度。若是不遵守有效性，那么就说明评估所衡量的内容是错误的。一般情况下，要确定指标是否满足有效性，可以分析其是不是能够正确、清晰地反映出评估标准的要求。

完整性。完整性就是要求对指标进行设置时，应当以明确的评估标准为基础，尽可能采取若干个指标对评估对象进行估测，充分揭示社会服务类民非评估的内涵。

可理解性。社会服务类民非在进行评估指标的选取时，应侧重于那些便于理解与执行的指标。如果评估指标体系包括了很多的复杂性指标以及专业性较强的指标，那么评估结论将很难被公众普遍理解，难以发挥评估应有的功能。因此，在进行评估的过程中，应尽可能将专业性很强的指标和术语转变为浅显易懂的名词。

信息搜集成本低。如果指标体系设置得十全十美，但是却不能搜集关于评估对象的有关信息，或是搜集所需要的投入较大，甚至会对评估活动的正常开展产生影响，那么此时需要对指标体系进行适当修正。

第二节　评估指标体系实践模型介绍

社会组织在世界众多发达国家与地区中的规模与数量都比较庞大，逐渐成为重要的经济和社会力量。这些国家有关社会组织的评估实践也较为完善。通过对当前国内外较具代表性的评估指标模型进行介绍，能够为社会服务类民非评估指标的确立提供有力的参照标准，具有非常重要的实践化借鉴意义。当前评估指标模型众多，本书挑选流行性强且具有代表性的评估指标模型加以介绍，主要有：美国马里兰州非营利组织联合会的评估模型、EFQM卓越模型、日本财团法人现场评估模型以及我国的"APC"评估理论模型。

一、美国马里兰州非营利组织联合会评估模型

为推动非营利组织的道德和诚信建设，美国的马里兰州非营利组织联合会早在1998年就研究并制定出了"通向卓越的非营利组织标准"。马里兰州非营利组织联合会通过实施此认证项目，为那些想成为卓越型的非营利组织提供一整套示范性评估标准。美国的非营利组织成立由董事会成员和工作人员组成的"通向卓越的标准委员会"，任务小组完成申请，并自愿提交申请接受评估。具体实施过程中，非营利组织必须首先提交一份详细的书面申请，并提交规定的能够证明其严格遵守标准的相关材料及其他要求的文件，同时要缴纳一定的申请费用。而后，由专业的评估人员组成评估小组对提出申请的非营利组织开展评估，以此来决定申请者符合标准与否。然后，由评估小组书写推荐信，并上交至标准委员会，并由标准委员会做出最终决定。这种评估和普通的资格评估有所差异，不具有法律意义上的制约力，但是可以有效增强组织的社会公信力，并在一定程度上鼓励公众的捐赠行为。

　　美国马里兰州非营利组织联合会制定的示范性评估模型由8种评估指标组成，分别是使命与项目、组织治理机构、人力资源、利益冲突、公开性、财务与法律、公共事务与公共政策、劝募。其中，使命与项目指标下又包括4个次级指标，依次为使命、组织评估、项目评估、项目服务，其基本内容为衡量组织是不是拥有正确、清晰的使命以及与之相符的、具备成本有效性的项目。组织治理机构指标下又包括3个次级指标，依次是董事会的职责、行为和构成。这一指标设置的动因是联合会认为提出申请的非营利组织最好由一个自由选举形成的并且具备高度自觉性的董事会来负责其运营，唯有权责划分明确的董事会才能更好地贯彻组织的使命并努力使其变为现实。人力资源评估指标包含3个次级指标，分别为员工绩效、员工政策、员工定位。人力资源指标下主要用来评估非营利组织与志愿者、雇员的关系。利益冲突评估指标下包含2个次级指标，分别是利益冲突声明、利益冲突政策。利益冲突指标主要用来评估非营利组织解决潜在的和已经存在的冲突的能力。公开性评估指标下包含2个次级指标，分别是公众信息获取、年度报告。公开性指标侧重于对非营利组织自身公信度的全面考量。财务与法律评估指标下包含2个次级指标，分别为守法问责、财务问责。财务与法律指标主要用于衡量组织是否遵守了法律法规，是否建立了健康合理的财务管理制度。公共事务与公共政策指标下包含3个次级指标，分别为公众教育、公共政策倡导、促进公共参与。该评估指标旨在对非营利组织在参与社区事务、促进社区工作改善方面的成效进行衡量。劝募评估指标下包含4个次级指标，分别为捐赠者关系和隐私、劝募者、劝募活动、接受捐赠。劝募指标旨在对非营利组织完成使命和工作的财务支持即慈善劝募活动是否有效、合理进行评估。马里兰州非营利组织联合会的评估指标构成如图6-3所示。

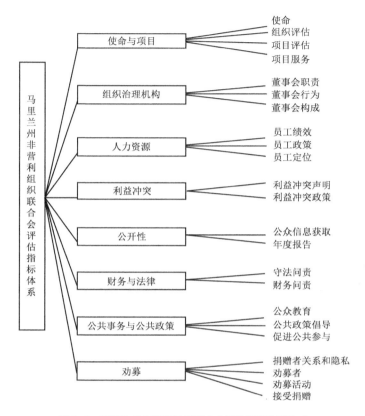

图6-3　马里兰州非营利组织联合会评估指标体系构成

　　从上述评估指标体系来看，美国马里兰州非营利组织联合会的示范性评估指标模型是以非营利组织在美国的发展特点为基础的，其评估主体为独立的第三方专业评估机构。该评估指标的设定要符合非营利组织自身发展的需要，尤其是相关劝募机构的需要。具体而言，联合会的评估指标模型包括对非营利组织的机构、财务管理、资金来源、使命、组织成员发展、社会公信度等不同方面的评估与考察，呈现出非常典型的美国本土特色。但是，该种评估指标模型却存在着不可忽视的缺陷。

　　首先，该评估指标模型对非营利组织的内部结构考核并不完整，仅对员工的工作绩效以及董事会的管理作用进行了重点强调。该模型缺乏对非营利组织静态结构和动态结构的评估。其次，该评估指标模型忽略了对非营利组织自身文化的评估。评估指标中虽然有对非营利组织自身使命及改善所在社区工作的评估，这在很大程度上可以体现出组织本身的文化基础，但是并未对非营利组织的文化进行系统的考量，包括隐性的和显性的组织文化内容。最后，这一模型对于非营利组织的公信力进行评价时，局限在组织信息的获取和公开方面，缺乏定性评估指标。

整体而言，美国马里兰州非营利组织联合会评估模型可以对组织的静态发展情况进行有效评估，但并未反映出被评估组织的动态发展阶段。

二、EFQM卓越模型

EFQM卓越模型是由欧洲质量管理基金会（European Foundation for Quality Management, EFQM）制定的在欧洲享有盛誉的一个评估模型。该评估模型可以用于公司绩效的测量和各类公共组织（包含非营利组织）绩效的测量。

早在1988年，欧洲的十几家公司就发起并成立了欧洲质量管理基金会，构建了欧洲质量卓越评估系统。但直到1992年初，欧洲质量管理基金会才提出并创立了EFQM卓越模型。EFQM卓越模型致力于提高各类非营利组织的工作效率，扩大其社会影响力。

EFQM卓越模型包括8大理念和9个评估标准，该模型拥有全面的标准含义，对子标准进行了严谨的描述，并有着明确的评分规则。EFQM卓越模型非常适合非营利组织对潜能及绩效进行自我评估和诊断。[1]EFQM卓越模型的8大理念分别是实效导向、顾客中心、领导和目标、过程和事实、人力资源战略、持续创新、发展合作、社会责任。"实效导向"理念体现了对社会成员、雇员需求和期望的满足，"社会责任"理念则回应了这些需求和期望。EFQM卓越模型的指标构建基于9个标准，分别为领导、政策与战略、人力资源管理、伙伴与资源、过程管理、顾客效益、雇员效益、社会效益、关键业绩。具体如图6-4所示。

9个标准下设不同的若干子标准，每个子标准都有严谨的内涵表述。其中，领导标准的子标准具体为以下5个方面：引导使命、远景和价值观，参与管理系统的持续改进，与雇员和社会沟通，向雇员强化组织文化理念，识别形势并引导组织改进。政策与战略子标准的内涵可以概括为4个方面：基于当前的需要和未来的期望，基于业绩、学习和外部活动，处于发展、审视和更新之中，得到

---

① 幸强国：《析欧洲质量管理基金会的公共组织绩效评估系统》，"公共行政管理方法论创新"研讨会，上海，2004年，第45—51页。

良好的交流与实施。人力资源管理的子标准包含5个方面：计划、管理并改进人力资源，识别、发展和保持知识的能力，雇员参与管理，雇员和组织有良好对话，奖励、识别和关照雇员。伙伴与资源的子标准具体为：和谐的外部组织管理，一流的财务管理，全面的房产、设备和材料管理，专业到位的技术管理，及时而严密的信息和知识管理。过程管理的子标准具体为：系统设计并管理运作过程，改善过程以增进雇员、顾客价值，依照顾客需求改进产品服务，生产、发送和服务一条龙，管理并提升组织与顾客关系。顾客效益的子标准为：顾客满意度、服务顾客的业绩。雇员效益的子标准为：雇员满意度、雇员的业绩指标。社会效益的子标准包括：社会成员满意度、社会效益指标。关键业绩的子标准为关键业绩产出以及关键业绩的效益指标两个方面。

图6-4　EFQM卓越模型指标构建

资料来源：上海社会科学院政府绩效评估中心：《非营利组织绩效评估》，上海社会科学院出版社，2015年，第70页。

三、日本财团法人现场评估模型

财团法人是指以财产为基础而集合成立的法人类型。运作型财团法人仅仅具备公益性，属于非营利组织。2000年开始，日本政府着手进行公益法人改革（财团制度改革），并于2006年发布了《一般社团财团法和公益法人认定法》。其明确提出原有的财团法人要想享有先前的税收优惠政策，必须变更登记成为一般财团法人，同时由公益认定委员会进行认定，且获得公益财团法人资格。[1]在严格的组织资格认定程序和制度下，日本对财团法人的评估主要以政府部门为评估主体，而其中较具代表性的是现场评估指标模型。该种评估方式既可了解

---

[1]　杨丽、佐藤仁美：《日本公益法人改革对国际NGO的影响与启示》，《社团管理研究》2012年第3期，第47—50页。

到组织提交的书面材料所没有反映的情况，也能更深入地了解到评估对象的内部运作情况，还能把评估主体的建议与想法直接地传递给评估对象。现场评估的运用非常灵活，能够当作定期审查文献资料的一种补充形式，从而对评估对象开展不定期的现场考察，还能够在评估对象投诉评估不合理的情形下使用。

日本财团法人的现场评估指标体系包含了5个一级指标，分别为法人业务运行情况、项目内容及实施情况、预算及结算状况、行政委托型法人等的项目运行状况、会计处理。法人业务运行情况下包含5个二级评估指标，分别为会员状况、人员选任及待遇、会务执行状况、资料账本的准备、信息公开。项目内容及实施情况下包含5个二级指标，分别为公益项目、收益项目、与组织愿景完全一致的项目、与组织愿景部分一致的项目、受补助项目。预算及结算状况下包含了5个二级评估指标，分别是预算制作、借贷对照表、收支计算表、股票持有、财产目录。行政委托型法人等的项目运行状况下包含了2个二级指标，分别是制定项目的状况、制定项目的能力。会计处理下包含了2个二级指标，分别是日常会计处理状况、会计处理体制。日本财团法人现场评估指标体系构成如图6-5所示。

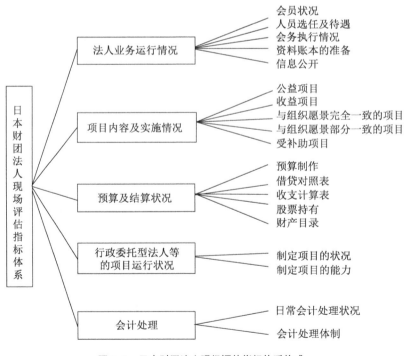

图6-5 日本财团法人现场评估指标体系构成

作为市场经济发达的资本主义国家，日本在经济起飞之前仍是一个政府主导的国家。20世纪90年代，日本的社会组织开始蓬勃发展。日本政府对其国内社会组织一般采取现场评估与检查的方式进行评估。该现场评估指标体系具有很强的细节性，需要有完整的书面文献参考资料，包含会议记录、组织规定、项目报告、记账表等内容。这种能够量化的评估指标可以使评估的结果更加客观和准确，可是却给随机性较强的现场评估工作增添了负担，使得评估效率较低。同时，现场评估指标比较侧重投入与产出的比率，忽略了产出与服务的品质；有关组织文化方面的指标也有所欠缺，容易造成组织的价值目标和使命的不明确。

四、中国"APC"评估理论模型

我国学者邓国胜于2007年提出了著名的社会组织"APC"评估理论。他认为评估指标的选取和评估内容主要由评估所基于的理论决定。不管是"3E"理论、"3D"理论还是顾客满意度理论，都不能较好地解决我国社会组织面临的实际问题。因此，他在参考国外评估理论的基础上，结合我国社会组织评估的具体实践，构建了社会组织问责（accountability）[①]、绩效（performance）和组织能力（capacity）的全方位评估理论，简称为"APC"评估理论。以该理论为基础得到的指标体系是一种理想化的系统性体系，尤其关注组织的问责与能力，将其作为评估的重点。与"3E"理论、"3D"理论、顾客满意度理论不同的是，"APC"评估理论更加适合我国社会组织的情况。

"APC"评估理论指标体系包含3个一级指标，即问责性、绩效、组织能力。每个一级指标下设若干二级指标。问责性主要是指社会组织对组织所使用的社会公共资源的流向和效果的一种社会交代。问责性评估即对社会组织社会问责程度的评估。对社会组织问责性方面的评估是保证社会组织公信度的一种有效制度安排，问责性评估的作用在于能够帮助提升社会组织的社会公信度。

绩效评估指标的主要作用是对组织的工作效率、效果等内容进行评价。该绩效评估一级指标下设的二级评估指标不但吸收了多种不同理论所具有的优点，

---

① 也有人将accountability翻译为"公信度"。

同时也增加了对项目适当性、持续性和社会影响等方面的考量，这将更加贴近对社会组织综合绩效的评估。绩效评估指标的作用在于借助评估提高社会组织的效率和服务质量。

组织能力主要是指社会组织实现自身宗旨和开展活动的本领和技能。组织能力下设若干二级指标，主要侧重对社会组织的内部管理能力、组织的基本资源、组织公共关系、组织动员能力、组织自我评估和学习能力的评估。组织能力评估指标的作用在于帮助提升社会组织的生存和发展能力，促进社会组织使命和愿景的实现。"APC"评估理论指标体系构成如图6-6所示。

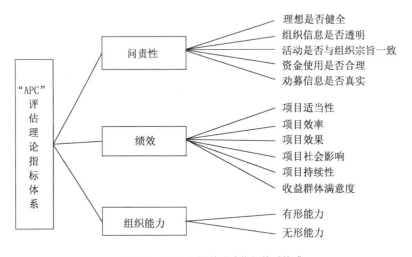

图6-6　"APC"评估理论指标体系构成

资料来源：邓国胜：《民间组织评估体系：理论、方法与指标体系》，北京大学出版社，2007年，第104—109页。

社会组织的问责、绩效和组织能力三大一级评估指标之间是紧密相关的。问责性评估指标侧重对社会组织公信度的评估，有助于确保组织做正确的事，提升组织的声望、责任、合法性，而组织的合法性又是组织自身成功不可缺少的条件；绩效评估指标侧重对组织是否有效使用社会资源进行考量，绩效评估的开展能够确保社会组织正确地去做事；组织能力评估指标侧重对组织能力的考量，其对社会组织的持续发展意义重大，是提高社会组织问责性和绩效的基础。

总体而言，"APC"评估理论指标体系是一套全面、理想和综合性的评估指标模型。在实践中，评估主体可以依据评估对象的需求、类型和评估目的，对社会组织的问责性、绩效和组织能力开展综合性评估，也可分开评估问责性、绩效和组织能力三方面。任何评估工作的开展都是需要较高的成本的，包含人力成本、时间成本和资金成本。若对所有的社会组织都运用"APC"评估理论指标体系进行评估，必然成本过高，所以在实践操作中，可以进行相应的选择、侧重和取舍。

第三节　社会服务类民非公信力评估指标体系的设计

社会服务类民非评估的目的在于借助评估，实现对社会服务类民非发展状况真实和客观的衡量。本研究认为，公信力对于社会服务类民非尤为重要。本书将在提升社会服务类民非公信力的基础上构建其评估指标体系框架，并进行具体的指标筛选、权重确定以及标准的设定。

一、指标内容的确定

社会服务类民非评估的内容极为广泛，包含项目评估、绩效评估、诚信评估、综合能力评估、组织管理评估等，可以据此构建多个不同种类的评估指标体系。如前所述，公信力对社会服务类民非至关重要，社会服务类民非评估体系的构建应以提升组织自身的公信力为中心，结合公信力的构成因素来确定评估的指标体系。

（一）公信力评估的价值考量因素

社会服务类民非公信力评估是依据一定的标准对组织的公信力进行的价值判定。因此，明确公信力的价值判定标准，是社会服务类民非公信力评估指标设计、选择以及指标体系构建的前提。公信力评估的价值考量因素如下。

公共价值因素的判定。公共组织的目标和责任是满足社会公众的公共服务需求，可见社会服务类民非属于公共组织。哈佛大学的马克·H.穆尔（Mark H. Moore）教授最早对"公共价值"（public value）进行定义，他指出公共组织的工作目的是创造公共价值，满足公众、顾客需求。因此，公共组织评估应当将依照社会公众需要提供公共产品和服务作为首要目标，以此来提升组织公共服务质量，确保对社会公众的责任感。对社会服务类民非进行公信力评估时，必须将公共价值创造作为判断准则，牢牢抓住公共服务这一中心。伴随着"公平服务""质量为本""接近消费者"等新式的管理理念获得越来越广泛的认可，服务质量标准、满意度标准、公平标准、社会效益标准、公益性标准、非营利性标准等相继被纳入社会服务类民非公信力的评估范畴。

私人价值因素的判定。关于企业评估中的私人价值因素判定，"古典观"和"社会经济观"对其的解释不同。[1]"古典观"将企业社会责任归为"合法地增加利润"，赞同利润先于伦理。企业的根本目的是满足股东利益的最大化。"社会经济观"认为企业不只对股东负责，也被"那些能够影响企业目标的实现或被企业目标的实现影响的个人或群体"环绕，包括债权人、股东、员工、顾客、政府、社团、供应商和其他利益相关群体。在特殊情况下，企业利益应让位于社会利益，甚至为其提供服务，这是企业所需要承担的重要责任之一。社会服务类民非虽然不以营利为目的，但不等于说不谋利，仅指其必须在章程规定的业务活动中谋利，且利润不得在组织的成员之中进行分配。由此可见，社会服务类民非也要创造私人价值，即获得经济效益。因此，企业私人价值的判定标准有较强的借鉴意义。依据企业责任的社会经济观理论，企业要满足所有利益相关者的需求，保障他们的权益。因此，社会服务类民非公信力维度的评估内容也必须考虑到各利益相关者的利益诉求，保障他们的合法权益。

（二）公信力评估的实践

构建以公信力为维度之一的社会服务类民非评估指标体系，必须首先了解公信力评估的主要指标。近年来，我国学者对社会组织公信力评估的研究并不多见。李国梁从理论上对我国社会组织公信力的确定和成因展开了分析，提出了一些提升公信力的建议，但并未提及公信力评估体系建立等方面的事情。[2]唐跃军等指出，评估指标也涉及组织的公信力问题。[3]可见，我国的现有研究虽为本书提供了一定的文献支撑，但是并未系统给出一套能够用于公信力评估实践

---

① 林洪美：《中国媒介组织绩效评估研究》，博士学位论文，厦门大学，2006年。

② 李国梁：《提高我国非营利组织的社会公信度》，《沈阳大学学报》2005年第1期，第44—47页。

③ 唐跃军、左晶晶：《中国非营利组织的评估指标体系》，《改革》2005年第3期，第104—110页。

的指标体系。

1.《中国非营利组织（NPO）公信力标准》

2003年，恩玖信息咨询中心发起并制定了《中国非营利组织（NPO）公信力标准》。[①]该公信力标准具体内容如下：第一条是组织的合法性和公信力。该条包含三个具体条款：组织遵守相关法律法规，须在理事会通过的章程内运作，不谋求个人利益等。第二条是组织的使命。具体条款为：应以服务公众为使命和目标，应用组织的使命来评估自身的表现等。第三条是组织的资源利用和利益冲突。具体包括坚持不分配盈余，不谋求任何个人、组织的私利等。第四条是组织的内部治理。具体条款包括：应建立适合本机构的机构管理体制，理事会应当负责社会组织的管理工作、组织活动和业务的管理、组织执行政策的制定以及组织内部的资金财务管理等。第五条是组织与外部组织的合作关系。详细内容为要求社会组织与外部组织之间形成良好的信息资料传递的渠道，对其他社会组织的信誉应当积极维护，避免商标权和知识产权等的恶性竞争、侵犯。第六条是资金的筹措。具体解释为社会组织的资金筹措应当以保障捐赠者的合法权益为条件，在资金筹集的过程中应当严格把握成本所占的比例，并且向捐赠者提供的有关组织自身的一切信息都应当真实有效。第七条是活动项目评估。具体条款为：在项目活动的开展过程中应当严格以社会组织自身的宗旨和目标为基础，始终坚持公正、透明、公开的活动项目原则，以达到较好的社会公众影响度。第八条是资金财产公开。具体包括社会组织内部要建立完善的资金财产管理机制，严格按照捐助方的要求，实现款项专用，财产的运用要和组织的宗旨、使命相协调，定期进行财务审计，定期公开组织的财务报告，并且愿意接受其他组织、个人等的质询和监督。第九条是组织的信息透明。包含组织的价值观、使命、组织任务、机构功能等，以及公开获取资料信息的渠道并回应公众的质询。因此，该公信力标准拥有良好的科学框架体系。也应看到，此标准中公信力标准具体内容的定性描述比例较大，并未侧重于评估指标的定量化，在实践中对社会组织的公信力开展精确的评估较为困难。

---

① 上海社会科学院政府绩效评估中心：《非营利组织绩效评估》，上海社会科学院出版社，2015年，第117页。

2.社会组织的非营利性评估标准

邓国胜在其《非营利组织评估体系研究》一文中，从非营利性评估、战略与使命评估、项目评估、组织能力评估方面，提出了社会组织评估的框架体系。该框架的4个评估模块中，第一个模块为社会组织的非营利性评估，是对社会组织是否违背了相关的社会组织行为标准和规范进行的评估。非营利性评估模块的目的旨在提高社会组织的社会公信度与责任感。其解决的问题主要是社会组织的筹款难题。一般而言，非营利性评估由独立的第三方专业机构开展，属于外部专家评估，从而确保了评估的公正性、客观性及科学性。社会组织非营利性评估模块的主要内容包含4个方面：好的治理结构；活动、项目必须与组织目的相一致；财务必须透明，相关利益者有权获取组织的相关信息和财务报告；组织用于项目的费用至少占全年经费支出的60%。

3.科技社团公信力评估指标体系

赵敏在《科技社团社会公信力评估研究》一文中，大力借鉴邓国胜的"APC"评估理论，提出了科技社团公信力的评估指标体系。该指标体系包含基础条件、组织管理与能力建设、业务活动与工作绩效、社会影响4项一级指标，21项二级指标，59项三级指标。具体如表6-1所示。

表6-1 科技社团社会公信力评估指标体系

一级指标	二级指标	三级指标
基础条件	规模与结构	个人会员数、单位会员数、高级会员数
	从业人员	专职工作人员、会计人员
	办公条件	独立办公场所、净资产总额
	章程	经民主程序通过、经登记管理机关核准
	遵纪守法	按期参加年检并通过、无违反法律法规和政策的行为
组织管理与能力建设	组织制度	管理制度数量
	文化建设	领导者有较强责任心、社团成员具有共同价值观
	民主办会	按时召开会员代表大会、召开理事会次数、召开常务理事会次数、按章程进行理事会换届等
	经费筹集与使用	符合组织目标与宗旨、自筹经费占经费筹集金额比重、接受捐赠的手续齐全、捐赠资金的使用符合捐赠者意愿等
	信息透明	公开年度报告、公开捐赠资金流向、定期财务审计等
	相关利益群体的权益保障	与被服务对象联系的渠道或组织、被服务对象有申诉渠道、捐赠人权益保障等

一级指标	二级指标	三级指标
业务活动与工作绩效	学术活动	主办学术会议次数、参加学术会议总人次、会议论文总篇数、设立的人才和成果表彰项目等
	科普活动	举办科普活动、参与政府科普项目数、科普活动受益人数、系列性科普活动等
	技术服务	完成企事业单位及其他社会机构委托项目数
	咨询与培训	为政府提供咨询服务与政策建议数、举办培训班数
	编辑出版	主办期刊、报纸及编译图书数，编撰论文集及其他非正式出版物数
社会影响	国际影响	会员担任国际学术组织负责人总人次、承办国际组织委托活动次数
	会员认同	交会费会员数/会员总数
	政府与业务主管部门评价	获得政府相关部门奖励次数、不良记录、承担政府委托项目数
	社会认同	被服务对象满意度、志愿者参加活动人数、接受社会捐赠数
	媒体报道	被媒体正面报道、被媒体负面报道

资料来源：赵敏：《科技社团社会公信力评估研究》，硕士学位论文，东南大学，2009年，第36—37页。有删改。

4.企业信用评估的"3C"标准

公信力评估指标还可以借鉴企业的信用评估要素。"3C"学说是最早出现的衡量企业信用的理论。该学说认为可以用于企业信用评估的主要要素包含品格（character）、能力（capacity）、资本（capital）3个方面。[①] "品格"具体指管理人员在经营过程中的品德等，这是对企业信用具有重要影响的关键要素，在某种意义上直接决定了企业信用的高低；"能力"是另外一种关键的要素，不但包括了管理人员的个人能力，比如运营活动、资金调度、信用管理等能力，也包括了企业本身的能力，比如其盈利能力、偿债能力等；"资本"要素主要考察企业财务状况，主要包含资本的安全性、获利能力、结构、流动性等方面。"3C"学说能够将企业的特质较好地反映出来，可以当作信用要素的最基本形式，是信用评估的主要内容。而后发展起来的"4C"、"5C"以及"6C"等信用理论均是建立在"3C"学说基础之上。虽然社会服务类民非属于社会组织，与企业存在

[①] 张美灵、欧志伟：《信用评估理论与实务》，复旦大学出版社，2004年，第35页。

着根本差异，但"品格""能力""资本"也是组织获得公信力的基本条件。因此，"3C"学说同样适用于社会服务类民非公信力的评估。

（三）社会服务类民非公信力评估指标内容的确定

通过查阅大量文献资料，结合已有的关于公信力评估指标的研究，本书初步拟定了社会服务类民非公信力评估的具体指标内容。即将公信力一级指标确定为诚信与使命、可持续发展，下设信息公开、非营利性、利益相关者权益保障、公益活动、提供服务、资源供给、合法性、治理结构、内部管理及能力建设9个二级指标，并依次下设若干三级指标和四级指标。信息公开包含了公开内容和信息披露2项三级指标，并下设相应的四级指标；非营利性包含了利润分配、资金使用2项三级指标，并下设相应的四级指标；利益相关者权益保障这一指标下设服务对象沟通、捐赠者利益保障、员工申诉渠道、受理投诉制度安排4项三级指标，并下设相应的四级指标；公益活动包含4个三级指标，分别为公益活动计划性、公益活动情况、公益活动支出、公益活动效益，并下设相应的四级指标；提供服务下设6项三级指标，分别是服务社会、服务承诺、服务对象评价、政府部门评价、员工评价、媒体评价，并下设相应的四级指标；资源供给包含了人力资源、财力资源2项三级指标，并下设相应的四级指标；合法性包含3项三级指标，分别为法人资格、公众支持、政府合作，并下设相应的四级指标；治理结构包含了理事会、监督机构、执行机构3项三级指标，并下设相应的四级指标；内部管理及能力建设这一指标下设发展规划、人事制度、管理制度、财务管理、发展环境管理5项三级指标，并下设相应的四级指标。具体如表6-2所示。

表6-2　社会服务类民非公信力评估指标体系的内容

一级指标	二级指标	三级指标	四级指标
诚信与使命	信息公开	公开内容	组织基本情况
			组织重大活动
			接受及使用捐赠、资助情况
			收费项目和标准
			内部管理制度
			年度报告
			工作人员基本信息
			员工招聘程序
		信息披露	完善的信息披露制度
			信息披露制度有效执行
			信息披露制度未执行的惩处措施
	非营利性	利润分配	未向理事及投资人进行利润分配
			未向工作人员和志愿者进行利润分配
		资金使用	资金主要用于服务对象
			资金主要用于组织业务开展
	利益相关者权益保障	服务对象沟通	设置有效沟通平台
			沟通平台资金来源有保障
			安排专职接待人员
		捐赠者利益保障	专人负责捐赠事务
			捐赠信息及时登记
			捐赠物资按捐赠意愿使用
		员工申诉渠道	申诉渠道畅通
			专人负责接待申诉
			申诉及时处理
		受理投诉制度安排	投诉制度安排合理并有效执行

续　表

一级指标	二级指标	三级指标	四级指标
诚信与使命	公益活动	公益活动计划性	制订中长期公益活动计划
			制订月度公益活动计划
			制订年度公益活动计划
		公益活动情况	参加政府组织的公益活动
			自主开展公益活动
		公益活动支出	年度公益活动支出占利润比重
		公益活动效益	年度收支比例
			总资产净利率
			年度收入增长率
	提供服务	服务社会	主动服务社会公众
			接受服务的公众人数
		服务承诺	建立承诺服务制度
		服务对象评价	对服务态度、质量进行评价
			对服务速度评价良好
		政府部门评价	对规范性、公益性进行评价
			获得相关部门表彰
			对承接政府购买服务能力进行评价
		员工评价	对其创新性评价良好
		媒体评价	对其公益性进行评价
			对其发挥作用进行评价
可持续发展	资源供给	人力资源	合理的薪酬制度
			建立奖惩制度并实施
			定期开展员工业务培训
			中青年员工所占比例
			员工受教育程度
			近一年员工总数增长率
		财力资源	政府拨款或补贴
			组织活动收入
			社会捐赠资金
			近一年经费增长率

一级指标	二级指标	三级指标	四级指标
可持续发展	合法性	法人资格	法定代表人产生程序合法
			有独立办公用房和设备
			按规定办理设立登记
			按规定设立独立银行账户
			有名称牌匾
			独立开展项目活动
		公众支持	对服务质量和诚信度进行评价
			支持公益活动的开展
			年度参与组织活动的公众人数
		政府合作	承接政府购买服务项目
			参与政府法律制定
			与政府合作开展公益项目
			参与政府政策制定
	治理结构	理事会	理事会产生合法
			理事会按期换届、按规定召开
			理事中有员工代表
			理事中有无利益相关的社会公众
		监督机构	按规定设置监事会
			按规定召开监事会议
			财务报告按规定向理事报告
			监事会议年度平均参会率
			引入第三方独立审计
			按规定进行换届审计
		执行机构	有专职的工作人员
			机构职责明确
			规章制度健全

续　表

一级指标	二级指标	三级指标	四级指标
可持续发展	内部管理及能力建设	发展规划	制订中长期发展规划
			制订年度工作计划
		人事制度	有专职工作人员管理制度
			有志愿者队伍管理制度
			行政负责人产生程序合法
			对行政负责人开展年度绩效考核
		管理制度	文件管理
			证书管理
			专人监督管理制度的有效实施
		财务管理	有效执行有关会计法律制度
			有专职财务人员
			有财务管理制度并有效执行
			按规定参加财务审计
		发展环境管理	公共安全措施符合相关规定
			环境卫生符合相关规定
			消防措施符合相关规定
			专人负责环境管理

二、指标的筛选

从诚信与使命、可持续发展两方面评估社会服务类民办非企业单位，不能仅简单地从表面现象对其进行评价，应该着眼多角度考察，才能更准确地分析其能力。诚信与使命、可持续发展两方面包含的因素有很多，涉及其专业技术、管理、经济等层面，这些因素又可继续划分为更多低层次因素，因素间不可避免地相互联系、相互约束，因此不可能也没必要将它们全选为评估指标。

由于被筛选的指标具有不同的特性，如对其公益性、诚信度评价良好，合理的薪酬制度等大多属于定性描述的评估指标，该类评估指标一般具有某种程度的灰色性和模糊性。近一年员工总数增长率、近一年经费增长率、制订中长期公益活动计划等部分评估指标又是数值型指标，这些评估指标本身数值差异非常大，且在单位属性、量纲属性方面存在差异。评估指标经过一定严谨的技术处理步骤后，能够确保评估结果的科学和公正。故而，对社会服务类民非公信力评估指标有必要进行同序化、无量纲化处理。也应看到，评估指标的某些属性会对指标的同序化、无量纲化处理产生阻碍，例如评估指标的持续动态变化以及指标的不确定性。此外，多数指标筛选方法比较繁杂，又各自具有一定的局限性，在被筛选评估指标众多、筛选数量庞大的情况下，为了筛选步骤的简洁、科学、有效、适用，本研究选用了多种筛选方法，并对这些方法进行优化，从而形成一个全新的评估指标筛选方法——组合筛选法。

（一）指标筛选的理论模型

指标的筛选除了应当注重指标系统的统一性和整体性，也应当遵循可行性、科学性、经济性等原则，才能使被筛选出的评估指标有一定的特殊性、代表性，从而构建出客观、科学的社会服务类民非公信力的评估指标体系。

1.组合筛选法

组合筛选法是简化的专家打分法、比重法与模糊分类法的优化组合，将经济、技术和管理等方面的指标相结合，将定量和定性分析相结合。该方法将衡量公信力和可持续发展的四层级指标项目设计为表6-3，进行初选。筛选过程中，对于评估指标的单位、数量、量纲等都不会涉及，但是专家应当对具体指标进行客观和科学的分数测评，给出具体分值，且指标的分数赋值不需要多次进行。然后，由相关人员选用比重法和模糊分类法进行筛选计算。

表6-3　社会服务类民非公信力评估指标

一级指标	二级指标	三级指标	四级指标
诚信与使命X	信息公开X1	公开内容X11	组织基本情况X111
			组织重大活动X112
			接受及使用捐赠、资助情况X113
			收费项目和标准X114
			内部管理制度X115
			年度报告X116
			工作人员基本信息X117
			员工招聘程序X118
		信息披露X12	完善的信息披露制度X121
			信息披露制度有效执行X122
			信息披露制度未执行的惩处措施X123
	非营利性X2	利润分配X21	未向理事及投资人进行利润分配X211
			未向工作人员和志愿者进行利润分配X212
		资金使用X22	资金主要用于服务对象X221
			资金主要用于组织业务开展X222
	利益相关者权益保障X3	服务对象沟通X31	设置有效沟通平台X311
			沟通平台资金来源有保障X312
			安排专职接待人员X313
		捐赠者利益保障X32	专人负责捐赠事务X321
			捐赠信息及时登记X322
			捐赠物资按捐赠意愿使用X323
		员工申诉渠道X33	申诉渠道畅通X331
			专人负责接待申诉X332
			申诉及时处理X333
		受理投诉制度安排X34	投诉制度安排合理并有效执行X341

一级指标	二级指标	三级指标	四级指标
诚信与使命 X	公益活动 X4	公益活动计划性 X41	制订中长期公益活动计划 X411
			制订月度公益活动计划 X412
			制订年度公益活动计划 X413
		公益活动情况 X42	参加政府组织的公益活动 X421
			自主开展公益活动 X422
		公益活动支出 X43	年度公益活动支出占利润比重 X431
		公益活动效益 X44	年度收支比例 X441
			总资产净利率 X442
			年度收入增长率 X443
	提供服务 X5	服务社会 X51	主动服务社会公众 X511
			接受服务的公众人数 X512
		服务承诺 X52	建立承诺服务制度 X521
		服务对象评价 X53	对服务态度、质量进行评价 X531
			对服务速度评价良好 X532
		政府部门评价 X54	对规范性、公益性进行评价 X541
			获得相关部门表彰 X542
			对承接政府购买服务能力进行评价 X543
		员工评价 X55	对其创新性评价良好 X551
		媒体评价 X56	对其公益性进行评价 X561
			对其发挥作用进行评价 X562
可持续发展 Y	资源供给 Y1	人力资源 Y11	合理的薪酬制度 Y111
			建立奖惩制度并实施 Y112
			定期开展员工业务培训 Y113
			中青年员工所占比例 Y114
			员工受教育程度 Y115
			近一年员工总数增长率 Y116

续 表

一级指标	二级指标	三级指标	四级指标
可持续发展 Y	资源供给 Y1	财力资源 Y12	政府拨款或补贴 Y121
			组织活动收入 Y122
			社会捐赠资金 Y123
			近一年经费增长率 Y124
	合法性 Y2	法人资格 Y21	法定代表人产生程序合法 Y211
			有独立办公用房和设备 Y212
			按规定办理设立登记 Y213
			按规定设立独立银行账户 Y214
			有名称牌匾 Y215
			独立开展项目活动 Y216
		公众支持 Y22	对服务质量和诚信度进行评价 Y221
			支持公益活动的开展 Y222
			年度参与组织活动的公众人数 Y223
		政府合作 Y23	承接政府购买服务项目 Y231
			参与政府法律制定 Y232
			与政府合作开展公益项目 Y233
			参与政府政策制定 Y234
	治理结构 Y3	理事会 Y31	理事会产生合法 Y311
			理事会按期换届、按规定召开 Y312
			理事中有员工代表 Y313
			理事中有无利益相关的社会公众 Y314
		监督机构 Y32	按规定设置监事会 Y321
			按规定召开监事会议 Y322
			财务报告按规定向理事报告 Y323
			监事会议年度平均参会率 Y324
			引入第三方独立审计 Y325
			按规定进行换届审计 Y326
		执行机构 Y33	有专职的工作人员 Y331
			机构职责明确 Y332
			规章制度健全 Y333

一级指标	二级指标	三级指标	四级指标
可持续发展 Y	内部管理及能力建设 Y4	发展规划 Y41	制订中长期发展规划 Y411
			制订年度工作计划 Y412
		人事制度 Y42	有专职工作人员管理制度 Y421
			有志愿者队伍管理制度 Y422
			行政负责人产生程序合法 Y423
			对行政负责人开展年度绩效考核 Y424
		管理制度 Y43	文件管理 Y431
			证书管理 Y432
			专人监督管理制度的有效实施 Y433
		财务管理 Y44	有效执行有关会计法律制度 Y441
			有专职财务人员 Y442
			有财务管理制度并有效执行 Y443
			按规定参加财务审计 Y444
		发展环境管理 Y45	公共安全措施符合相关规定 Y451
			环境卫生符合相关规定 Y452
			消防措施符合相关规定 Y453
			专人负责环境管理 Y454

设评估指标的个数为 P，专家数量为 n，由此构成如下矩阵 X：

$$X=\{x_{ij}\}_{n\times p}=\begin{bmatrix} x_{11} & x_{12} & \cdots & x_{1p} \\ x_{21} & x_{22} & \cdots & x_{2p} \\ \vdots & \vdots & \ddots & \vdots \\ x_{n1} & x_{n2} & \cdots & x_{np} \end{bmatrix}$$

（ $i=1,2,3,\cdots,n;j=1,2,3,\cdots,p$ ）

首先，对各位专家的不同加权系数进行确定。专家众多，且每位专家的综合能力存在差异，很难进行具体的量化处理，因此，应当对每位专家的能力进行数量化的加权系数确定。在具体的计算过程当中，每位专家的能力可以体现在很多方面，我们主要从最高学历、专家的职称、工作经验以及科学技术水平等方面来进行比较和衡量。以上这四方面也需要进行相对的数量处理，才能够科学公正地呈现出每位专家的能力水平。例如工作经验，我们可以用工作的年数N来表示，科学技术水平具体以专家获得的不同奖项为依据。其评估标准详见表6-4。

表6-4 专家综合能力指标及其标准

指标	指标具体内容	标准 β_{ij}
工作经验	大于等于30年	3
	大于等于20年，小于30年	2
	大于等于10年，小于20年	1
最高学历	博士	3
	硕士	2
	学士	1
职称	教授	3
	副教授及以下	2
	处级及以上	3
	处级以下	2
科学技术水平	国家级奖	3
	省部级奖	2
	局级奖	1

计算加权系数 w_i：

$$w_i = \frac{\sum_{j=1}^{k} \beta_{ij}}{\sum_{i=1}^{n} \sum_{j=1}^{k} \beta_{ij}}$$

经相应公式计算，得到加权评价矩阵 A：

$$A = WX = \begin{bmatrix} w_1 & 0 & \cdots & 0 \\ 0 & w_2 & \cdots & 0 \\ \vdots & \vdots & \ddots & \vdots \\ 0 & 0 & \cdots & w_n \end{bmatrix} \begin{bmatrix} x_{11} & x_{12} & \cdots & x_{1p} \\ x_{21} & x_{22} & \cdots & x_{2p} \\ \vdots & \vdots & \ddots & \vdots \\ x_{n1} & x_{n2} & \cdots & x_{np} \end{bmatrix} = \begin{bmatrix} w_1 x_{11} & w_1 x_{12} & \cdots & w_1 x_{1p} \\ w_2 x_{21} & w_2 x_{22} & \cdots & w_2 x_{2p} \\ \vdots & \vdots & \ddots & \vdots \\ w_n x_{n1} & w_n x_{n2} & \cdots & w_n x_{np} \end{bmatrix}$$

$$(i=1,2,3,\cdots,n\,;j=1,2,3,\cdots,p)$$

分别计算列和 $\sum_{i=1}^{n} w_i x_{ij}$ 与总和 $\sum_{i=1}^{n} \sum_{j=1}^{p} w_i x_{ij}$。

计算比重：

$$a_{ij}=\frac{\displaystyle\sum_{i=1}^{n}w_{i}x_{ij}}{\displaystyle\sum_{i=1}^{n}\sum_{j=1}^{p}w_{i}x_{ij}}$$

然后，在给定的置信水平 l 下对评价指标进行相关的聚类分析。筛选原则是若 $a_{ij}\geq l$ 则会保留，否则舍去。

2.信度、效度检验

在使用问卷进行专家打分时，需要对问卷的有效性和可靠性进行相关检验，就是信度与效度检验。对信度、效度的具体内涵界定是以经典测量理论（classical test theory）为基础的。经典测量理论包含三个基本前提：首先，任何误差都具有随机性；其次，凡是真分数都有一定的不变性；最后，真分数和误差之间有一定的线性关系。该理论又可以称为真分数理论。其中，由观察所得分数与真分数之间存在一定差异，研究人员有必要运用数理方法把测量当中的差异识别出来，从而得到有效的真分数。其中，观察所得分数是运用某些测量工具所能得到的数据，而真分数则能够反映出被衡量者真实特征的数量值。

真分数与观察分数之间的关系如下：

$$X=T+E$$

其中 X 即观察分数，T 即真分数，E 是观察产生的误差。

（1）信度

经典测量理论指出，信度能够展示出衡量结果是否稳定，其内涵就是反映差异大小的指标。因此，可以认为信度就是测验结果的一致性、稳定性及可靠性，就是真分数和观察分数两者之间相关系数的平方：

$$r=\rho_{TX}^{2}$$

r 即信度值，ρ_{TX} 表示真分数和观察分数两者之间的相关系数。依据上述对信度的内涵界定，我们可以得出结论：如果产生的误差越小，则说明真分数和观察分数两者之间更加相符，进而说明信度就会越高。各种来源的误差都会产生不一样的信度类别，因为对信度产生作用的误差出处不尽相同。实践中，比较常见、使用次数较多且重要程度较高的检验信度的方法有复本信度、评分者信度、再测信度和内部一致性。这些方法的本质是对各个题项之间的相关关系进行测评和观察。具体测量中，常常运用对内部一致性的估计来测量信度。

测评内部一致性的方法比较多，最为常见的则是计算出Chronbach's α的值来进行衡量。Chronbach's α的值能够测算出各个题项之间的一致性程度：

$$\alpha = \frac{n}{n-1}\left(1 - \frac{\sum S_i^2}{S^2}\right)$$

众多研究人员凭借工作经验以及统计学的相关知识，能够计算出信度值临界标准。通常而言，研究人员认为大于0.7的信度值基本可以接受。

（2）效度

经典测量理论指出，效度（validity）即有效性，它是指所测量到的结果与所想要考察内容的相符程度，即测量结果与要考察的内容越吻合，则效度越高；反之，则效度越低。效度的计算如下：

$$r^2 = \frac{S_V^2}{S_X^2}$$

其中r^2表示效度，S_V^2表示测量想要得到的变异，S_X^2表示测量的总变异。

可见，效度"表示工具能够测量要测量的内容的性质"。通常理解为测量研究者是否得到了其需要了解的目标内容。效度能够反映测量研究者是否运用了有效的测量工具，以及该测量工具是否精确，测量是否涉及被测量目标的全部内容。

效度的种类众多，比较常见的效度有建构效度、效标关联效度、内容效度，其中建构效度主要是指测量工具所能测量到的性质和结构之间的程度，也就是研究者所想要的量表结构与测量最终结果之间相符合的程度。测量建构效度的方法有很多种，可以进行探索性因子分析、验证性因子分析等。倘若测量的最终结果显示其区分效度、会聚效度结果比较好，我们则认为其建构效度也较高。

（二）指标的筛选过程

在对调查问卷进行信度和效度检验分析的基础上，运用组合筛选法对社会服务类民非的公信力评估指标进行筛选。

1.信度、效度检验

分析X与Y准则层内的信度，计算的信度系数如下（见表6-5）。

表6-5　可靠性统计量

Chronbach's α值	准则X	准则Y
	0.823	0.798

可以看出，每个准则层的Chronbach's α值都大于0.7，说明量表的信度很好。

本次对调查表的效度主要运用主成分分析法，分析则采用因子分析法，以特征根>1提取因子，进行KMO与Bartlett球形检验，最终计算出的数据结果如下（见表6-6）。

表6-6　KMO与Bartlett球形检验

效度检验	KMO值	Bartlett球形检验（P值）	方差贡献率/%
准则X	0.893	0.000	80.60
准则Y	0.868	0.000	78.57

KMO值均大于0.7，且Bartlett球形检验的结果P值均为0，说明很适合对该问卷进行因子分析，各个准则层可提取5个公因子，解释了总方差的80.60％与78.57%。综上，可认为本调查表具有良好的结构效度。

2.指标的整体筛选

设X_j为评价指标，$j=1, 2, \cdots, 98$。

本次特请10位此领域专家给初选指标打分，并计算专家加权值，按加权系数计算公式，得出：

$w_i = [0.1038\ 0.1038\ 0.1038\ 0.1038\ 0.1132\ 0.1132\ 0.1132\ 0.0849\ 0.0848\ 0.0754]$。

利用专家加权值，调整打分项，计算其比重并排序，结果见表6-7、表6-8。

表6-7 准则X各指标比重值a_{ij}排序

指标	比重值	指标	比重值	指标	比重值	指标	比重值	指标	比重值
X121	0.0430	X531	0.0297	X521	0.0236	X211	0.0123	X117	0.0050
X311	0.0421	X561	0.0273	X111	0.0229	X312	0.0116		
X116	0.0398	X551	0.0272	X443	0.0226	X512	0.0105		
X122	0.0385	X113	0.0267	X341	0.0222	X412	0.0099		
X562	0.0367	X331	0.0263	X441	0.0213	X442	0.0096		
X322	0.0350	X323	0.0256	X541	0.0206	X332	0.0090		
X112	0.0344	X411	0.0254	X531	0.0180	X221	0.0088		
X313	0.0333	X413	0.0250	X431	0.0175	X543	0.0075		
X333	0.0332	X114	0.0242	X421	0.0167	X212	0.0056		
X222	0.0311	X511	0.0242	X551	0.0155	X123	0.0054		
X542	0.0310	X422	0.0242	X118	0.0149	X115	0.0051		

表6-8 准则Y各指标比重值a_{ij}排序

指标	比重值	指标	比重值	指标	比重值	指标	比重值	指标	比重值
Y443	0.0300	Y215	0.0240	Y116	0.0211	Y323	0.0170	Y453	0.0155
Y123	0.0289	Y421	0.0233	Y121	0.0210	Y321	0.0169	Y433	0.0123
Y441	0.0278	Y214	0.0233	Y444	0.0210	Y451	0.0167	Y223	0.0086
Y124	0.0278	Y422	0.0233	Y333	0.0210	Y325	0.0166	Y114	0.0075
Y212	0.0260	Y221	0.0232	Y115	0.0200	Y431	0.0166	Y324	0.0055
Y411	0.0259	Y231	0.0220	Y222	0.0198	Y322	0.0161	Y454	0.0054
Y211	0.0250	Y232	0.0220	Y234	0.0180	Y423	0.0160	Y122	0.0051
Y412	0.0247	Y111	0.0219	Y311	0.0180	Y432	0.0158	Y233	0.0050
Y213	0.0244	Y312	0.0216	Y313	0.0179	Y326	0.0158	Y216	0.0050
Y442	0.0242	Y112	0.0216	Y314	0.0177	Y424	0.0156		
Y113	0.0241	Y332	0.0215	Y331	0.0177	Y452	0.0155		

在[0.0，0.015]区间内，根据经验值及本书指标数量的需要，取l等于0.015。当$a_{ij} \geq 0.015$时，可将指标纳入评价体系。即在准则X中筛去X118、X211、X312、X512、X412、X442、X332、X221、X543、X212、X123、X115、X117；在准则Y中筛去Y433、Y223、Y114、Y324、Y454、Y122、Y233、Y216。

3. 指标的分类筛选

结合表6-3的指标内容以及各级指标的数量分布，以指标中的"公开内容"为例对其四级指标进行分类筛选分析。

10位专家对公开内容的四级指标的打分情况为 X：

$$X=\begin{bmatrix} 7 & 8 & 8 & 7 & 6 & 8 & 7 & 7 \\ 7 & 8 & 7 & 8 & 6 & 8 & 6 & 7 \\ 8 & 8 & 8 & 8 & 7 & 9 & 6 & 8 \\ 7 & 8 & 8 & 8 & 5 & 8 & 7 & 8 \\ 7 & 8 & 8 & 7 & 5 & 9 & 6 & 8 \\ 7 & 8 & 9 & 7 & 6 & 10 & 6 & 7 \\ 6 & 7 & 8 & 8 & 7 & 8 & 5 & 7 \\ 7 & 8 & 8 & 6 & 8 & 8 & 5 & 7 \\ 8 & 8 & 8 & 7 & 7 & 10 & 6 & 8 \\ 6 & 8 & 8 & 7 & 5 & 8 & 7 & 8 \end{bmatrix}$$

选取专家加权值：

$w_i = [0.1038\ 0.1038\ 0.1038\ 0.1038\ 0.1132\ 0.1132\ 0.1132\ 0.0849\ 0.0848\ 0.0754]$

计算列和与总和：

$$\sum_{i=1}^{n} w_i x_{ij} = [7.0001\ 7.8868\ 8.0094\ 7.5095\ 6.0095\ 8.6132\ 6.0849\ 7.4811]$$

$$\sum_{i=1}^{n}\sum_{j=1}^{p} w_i x_{ij} = 58.5945$$

计算比重：

$a_{ij} = [0.1195\ 0.1346\ 0.1367\ 0.1282\ 0.1026\ 0.1470\ 0.1038\ 0.1277]$

考虑各指标比重的差异，结合各四级指标的实际意义，取 $l = 0.11$，则：

$$X_j = \max_{a_{ij} \geq 0.11}\{a_{ij}\} = [0.1195\ 0.1346\ 0.1367\ 0.1282\ 0.1470\ 0.1277]$$

故筛去了X115，X117。同理，筛去其他四级指标中的X118、X211、X312、X512、X412、X442、X332、X221、X543、X212、X123；在准则Y中筛去Y433、Y223、Y114、Y324、Y454、Y122、Y233、Y216，与整体筛选结果一致。

综上，经过严格而科学的筛选步骤，以及对于大量文献资料的分析和论证，最终得出包含9个二级指标、30个三级指标、77个四级指标在内的社会服务类民非公信力评估指标体系，如表6-9所示。

表6-9 社会服务类民非公信力评估指标体系

一级指标	二级指标	三级指标	四级指标
诚信与使命	信息公开	公开内容	组织基本情况1
			组织重大活动2
			接受及使用捐赠、资助情况3
			收费项目和标准4
			年度报告5
		信息披露	完善的信息披露制度6
			信息披露制度有效执行7
	非营利性	资金使用	资金主要用于组织业务开展8
	利益相关者权益保障	服务对象沟通	设置有效沟通平台9
			安排专职接待人员10
		捐赠者利益保障	专人负责捐赠事务11
			捐赠信息及时登记12
			捐赠物资按捐赠意愿使用13
		员工申诉渠道	申诉渠道畅通14
			申诉及时处理15
		受理投诉制度安排	投诉制度安排合理并有效执行16
	公益活动	公益活动计划性	制订中长期公益活动计划17
			制订年度公益活动计划18
		公益活动情况	参加政府组织的公益活动19
			自主开展公益活动20
		公益活动支出	年度公益活动支出占利润比重21
		公益活动效益	年度收支比例22
			年度收入增长率23

一级指标	二级指标	三级指标	四级指标
诚信与使命	提供服务	服务社会	主动服务社会公众24
		服务承诺	建立承诺服务制度25
		服务对象评价	对服务态度、质量进行评价26
			对服务速度评价良好27
		政府部门评价	对规范性、公益性进行评价28
			获得相关部门表彰29
		员工评价	对其创新性评价良好30
		媒体评价	对其公益性进行评价31
			对其发挥作用进行评价32
可持续发展	资源供给	人力资源	合理的薪酬制度33
			建立奖惩制度并实施34
			定期开展员工业务培训35
			员工受教育程度36
			近一年员工总数增长率37
		财力资源	政府拨款或补贴38
			社会捐赠资金39
			近一年经费增长率40
	合法性	法人资格	法定代表人产生程序合法41
			有独立办公用房和设备42
			按规定办理设立登记43
			按规定设立独立银行账户44
			有名称牌匾45
		公众支持	对服务质量和诚信度进行评价46
			支持公益活动的开展47
		政府合作	承接政府购买服务项目48
			参与政府法律制定49
			参与政府政策制定50

续 表

一级指标	二级指标	三级指标	四级指标
可持续发展	治理结构	理事会	理事会产生合法 51
			理事会按期换届、按规定召开 52
			理事中有员工代表 53
			理事中有无利益相关的社会公众 54
		监督机构	按规定设置监事会 55
			按规定召开监事会议 56
			财务报告按规定向理事报告 57
			引入第三方独立审计 58
			按规定进行换届审计 59
		执行机构	有专职的工作人员 60
			机构职责明确 61
			规章制度健全 62
	内部管理及能力建设	发展规划	制订中长期发展规划 63
			制订年度工作计划 64
		人事制度	有专职工作人员管理制度 65
			有志愿者队伍管理制度 66
			行政负责人产生程序合法 67
			对行政负责人开展年度绩效考核 68
		管理制度	文件管理 69
			证书管理 70
		财务管理	有效执行有关会计法律制度 71
			有专职财务人员 72
			有财务管理制度并有效执行 73
			按规定参加财务审计 74
		发展环境管理	公共安全措施符合相关规定 75
			环境卫生符合相关规定 76
			消防措施符合相关规定 77

三、部分指标的解释

经过严格而科学的筛选步骤，以及大量文献资料的分析和论证，得出了社会服务类民非公信力评估指标体系，有必要对其中部分指标进行规范和统一的解释，从而保证评估指标运用的科学性和便利性。

（一）信息公开部分

1.组织基本情况

组织基本情况是指社会服务类民非的组织目标、服务宗旨、职能规划、部门设置、服务内容、流程运转及相关制度安排等。

2.组织重大活动

组织重大活动是指与社会服务类民非的服务宗旨和服务目标相一致的，在本年度内集中开展的服务活动及其他相关服务事项。以活动及服务项目次数为准。

3.接受及使用捐赠、资助情况

接受及使用捐赠、资助情况是指年度内公益受资助项目的种类以及申请、评审程序，或是接受捐款数额，或是募得相关组织资产后准备进行公共活动与资产的具体使用情况。

4.年度报告

年度报告主要指的是包含社会服务类民非开展的公共活动及基本情况的年度报告或是年度报告的分报告，如季度报告、半年度报告、年终报告等。

5.完善的信息披露制度

完善的信息披露制度是指社会服务类民非拥有明确、成文的信息公开制度、条例或规范。以具体文件为准。

（二）非营利性部分

1.资金主要用于组织业务开展

资金主要用于组织业务开展是指社会服务类民非的捐助或拨款经费的80%用于组织项目、活动的计划与开展。

（三）利益相关者权益保障部分

1.设置有效沟通平台

设置有效沟通平台是指社会服务类民非拥有专门用于和利益相关者联系的特定办公场所、电子设备、办公设备等（利益相关者包括组织的捐助者、业务主管部门、服务对象等）。

2.安排专职接待人员

安排专职接待人员是指以为社会服务类民非和利益相关者沟通部门事务为专门工作内容，且直接从社会服务类民非领取工资的组织工作人员，也可以包含受聘或者被委派到社会服务类民非工作的、在原单位仍然具有人事关系的人员，全职返聘的离退休人员等。

3.捐赠物资按捐赠意愿使用

捐赠物资按捐赠意愿使用是指社会服务类民非所接受的捐赠物品及资金，要严格按照捐赠者事先规定的使用对象、用途、次数、金额等进行支出使用。

4.申诉渠道畅通

申诉渠道畅通是指社会服务类民非拥有专门用于利益相关者申诉的特定办公场所、电子设备并形成完备的申诉书面记录。

5.申诉及时处理

申诉及时处理是指社会服务类民非对利益相关者申诉的具体事件，安排专门工作人员进行及时登记，召开专门会议进行处理，并将处理结果第一时间面向利益相关者进行公布，并形成相应书面记录。

（四）公益活动部分

1.制订中长期公益活动计划

制订中长期公益活动计划是指社会服务类民非召开专门会议，经过民主程序，听取全部工作人员的意见，制订出科学合理的月度、季度、半年度、年度等公益活动计划。

2.参加政府组织的公益活动

参加政府组织的公益活动是指社会服务类民非按照政府相关部门的要求，协助参加以促进社会公平、社会救助、社会福利、社会保障等公益目的为宗旨的项目和活动；或者向以上社会公益事业捐资、捐物，提供志愿服务。

3.自主开展公益活动

自主开展公益活动是指作为主办单位或承办单位，开展以促进社会公平、社会救助、社会福利、社会保障等公益目的为宗旨的项目和活动；或者向以上社会公益事业捐资、捐物，提供志愿服务。

4.年度收支比例

年度收支比例是指社会服务类民非本年度用于活动的经费总收入与本年度经费总支出的比例。

5.年度收入增长率

年度收入增长率是指社会服务类民非本年度收入增加额同上年度收入总额的比率。

（五）提供服务部分

1.主动服务社会公众

主动服务社会公众是指社会服务类民非并非受到政府相关职能部门及有关社会公众的要求，而是出于自愿为社会公众提供社会救助、社会福利、社会保障等公共服务。

2.建立承诺服务制度

建立承诺服务制度是指社会服务类民非经过一定的程序，制定了服务承诺制度，并按制度进行相关活动。制度的建立以组织内部文件为准。

3.对规范性、公益性进行评价

对规范性、公益性进行评价是指社会服务类民非的业务主管单位和登记管理机关，对社会服务类民非的活动程序、内容是否合法，活动目的是否符合组织的公益性进行的评价。评价均以正式文件为准。

4.获得相关部门表彰

获得相关部门表彰是指社会服务类民非近一年是否受过表扬或表彰。表彰均以正式文件为准。

5.对其创新性评价良好

对其创新性评价良好是指社会服务类民非定时召开有关创新性发展的会议，制定具有创新性的组织发展决策。具体以会议次数、组织发展计划的文件数为准。

6.对其公益性进行评价

对其公益性进行评价是指新闻媒体对社会服务类民非的社会公益性进行的正面报道。评价均以报道次数为准。

7.对其发挥作用进行评价

对其发挥作用进行评价是指新闻媒体在促进社会保障、社会福利、社会救助、社会公平方面给予社会服务类民非的正面报道。评价均以报道次数为准。

（六）资源供给部分

1.合理的薪酬制度

合理的薪酬制度是指社会服务类民非按照有关规定与工作人员签订劳动合同，并按照工作人员的学历、年龄、工作经验等规定工资、福利，且没有工作人员对薪酬制度不满或进行投诉。

2.定期开展员工业务培训

定期开展员工业务培训是指社会服务类民非聘请外部专家或参加政府有关部门组织的，面向社会服务类民非专职工作人员和志愿者开展的，旨在提升其专业技能的有关课程、讲座。

3.员工受教育程度

员工受教育程度是指社会服务类民非的专职工作人员所具有的学历。

4.近一年员工总数增长率

近一年员工总数增长率是指社会服务类民非本年度员工增加数同上年度员工总数的比率。员工包括专职工作人员及志愿者，以登记人员为准。

5.政府拨款或补贴

政府拨款或补贴是指社会服务类民非接受的来自政府部门有关公益项目的补贴资金，或是因受到有关政府部门表彰而获得的货币奖励。

6.近一年经费增长率

近一年经费增长率是指社会服务类民非本年度用于组织运行、公益活动和项目开展的经费增加额与上年度经费总额的比率。

（七）合法性部分

1.法定代表人产生程序合法

法定代表人产生程序合法是指社会服务类民非法定代表人的产生程序要严格遵守有关民办非企业单位法律的相关规定。

2.有独立办公用房和设备

有独立办公用房和设备是指社会服务类民非专用并拥有5年以上使用权的办公场所（包含其自购、租用或有关单位无偿提供）及办公所用的相关设备。

3.按规定办理设立登记

按规定办理设立登记是指因业务发展需要，设立的社会服务类民非向登记管理机关申请登记并提交了拟设机构的名称、住所、公益活动范围和负责人情况的文件。

4.按规定设立独立银行账户

按规定设立独立银行账户是指按照《民办非企业单位登记管理暂行条例》中规定的具体要求和程序，以社会服务类民非的名义开设的独立账户。

5.有名称牌匾

有名称牌匾是指按照《民办非企业单位登记管理暂行条例》依法登记的社会服务类民非名称及其相应的牌匾，社会服务类民非在开展活动时，要正确、规范使用名称，不能引起误解。

6.对服务质量和诚信度进行评价

对服务质量和诚信度进行评价是指社会公众对社会服务类民非服务社会、开展公益活动或项目的效果，以及社会诚信度的评价。

7.支持公益活动的开展

支持公益活动的开展是指本年度内参加社会服务类民非举办的公益活动的社会公众总人数。具体以登记人数为准。

8.承接政府购买服务项目

承接政府购买服务项目是指社会服务类民非本年度内接受政府购买服务项目的次数。具体以政府相关文件为准。

9.参与政府法律制定

参与政府法律制定是指社会服务类民非本年度内参加的政府有关法律、法规的制定工作。具体以参加会议次数为准。

（八）治理结构部分

1.理事会产生合法

理事会产生合法是指社会服务类民非理事会的产生程序、理事会成员资格等符合相关法律规定。

2. 理事会按期换届、按规定召开

理事会按期换届、按规定召开是指社会服务类民非理事会成员按规定期限进行换届选举，按相关制度召开理事会会议。以相关会议记录和文件为准。

3. 理事中有员工代表

理事中有员工代表是指社会服务类民非的理事会成员中，必须有一定比例的组织内部普通工作人员代表。

4. 理事中有无利益相关的社会公众

理事中有无利益相关的社会公众是指社会服务类民非的理事会中有一定数量的与组织没有任何利益关联的社会公众。无利益相关的社会公众主要是指这部分公众既不是社会服务类民非的社会捐助者，也并非组织的特定服务对象。

5. 按规定设置监事会

按规定设置监事会是指社会服务类民非按照既定程序选举和产生监事会，监事会成员符合资格规定要求。具体均以相关文件为准。

6. 按规定召开监事会议

按规定召开监事会议是指社会服务类民非按照既有规定召开监事会议，召开次数、召开日期、参会人数、会议内容等均符合既定要求。

7. 财务报告按规定向理事报告

财务报告按规定向理事报告是指社会服务类民非的财务人员定期向理事会成员汇报财务报告的全部内容。

8. 引入第三方独立审计

引入第三方独立审计是指本年度内社会服务类民非引入具有审计资格的会计师事务所进行独立财务审查。具体以相关文件记录为准。

9. 按规定进行换届审计

按规定进行换届审计是指社会服务类民非按照登记管理机关和业务主管单位的有关要求，办理换届手续和审计等有关事项。

10. 有专职的工作人员

有专职的工作人员是指直接从社会服务类民非领取工资，以在社会服务类民非执行机构工作为主要职业的人员，也包括被委派或者受聘到社会服务类民非工作的在原单位保留人事关系的人员，全职返聘的离退休人员，社会招聘的人员等。以执行机构专职工作人员数量占组织全部专职工作人员数量比例为准。

（九）内部管理及能力建设部分

1.制订中长期发展规划

制订中长期发展规划是指社会服务类民非召开专门会议，经过民主程序，制订出科学合理的中期、长期等若干发展规划。以召开会议次数、发展规划数量为准。

2.制订年度工作计划

制订年度工作计划是指社会服务类民非召开专门会议，经过民主程序，听取全部工作人员的意见，制订出科学合理的年度工作计划。

3.有专职工作人员管理制度

社会服务类民非的专职工作人员是指以社会服务类民非工作为主要职业，并直接从社会服务类民非领取报酬的人员，也包括在原单位保留人事关系、被委派或者受聘到社会服务类民非工作的人员，全职返聘的离退休人员等。主要是指社会服务类民非有管理专职工作人员的用人用工制度。

4.有志愿者队伍管理制度

志愿者是指社会服务类民非专职工作人员以外的不领取报酬的社会人员（不含社会服务类民非的兼职工作者）。该指标主要对是否建立了志愿者队伍数据库，是否制定动员及管理制度，志愿者的配置与开展公益活动的规模是否相适应进行评估。

5.行政负责人产生程序合法

行政负责人产生程序合法是指社会服务类民非的行政负责人的产生是否符合业务主管单位的相关条例规定，或是否符合组织内部的相关制度要求。

6.对行政负责人开展年度绩效考核

对行政负责人开展年度绩效考核是指对社会服务类民非行政负责人在本年度内的廉政情况、领导能力、决策能力、管理能力等进行考评。考评以文件记录、考评次数、考评内容为依据。

7.文件管理

文件管理是指对社会服务类民非的日常活动记录、会议记录、活动照片、政府部门相关通知、档案等的管理。

8.证书管理

证书管理是指对社会服务类民非的登记证（正、副本）、组织机构代码证（正、副本）、税务登记证（正、副本）以及各类奖励、评价等有效证书的管理。

9.有专职财务人员

有专职财务人员是指在社会服务类民非连续工作半年以上，专门从事社会组织财务工作，有会计上岗证的财会人员。会计、出纳分开设置，分别建立会计科和出纳科，定岗定责，各司其职。

10.按规定参加财务审计

按规定参加财务审计是指社会服务类民非年底接受有资质的会计师事务所的财务审计，或是社会服务类民非在换届和更换法定代表人之前，应当进行的财务审计活动。

11.公共安全措施符合相关规定

公共安全措施符合相关规定是指社会服务类民非的公共安全保障措施以及安全状况、效果达到了国家有关公共安全的相关要求。以具体达标次数为准。

12.环境卫生符合相关规定

环境卫生符合相关规定是指社会服务类民非的环境卫生保障措施以及卫生状况、效果达到了国家有关环境卫生的相关要求。以具体达标次数为准。

四、指标权重系数的确定

每个事物都有其内在发展的不均衡性，评估指标体系由很多个指标组合而成，因此评估指标的重要程度也必然不同，所以为了表现出不同指标对评估结果的影响，有必要把所有的评估指标进行一定的加权处理。

（一）指标权重与权集的概念

1.指标权重

指标权重又可称为指标权数或权重系数，它主要是指指标体系当中单个指标所占的比重，是用来衡量评估指标重要程度的一种系数。指标权重主要是就每一个评价目标不同方面的特征的重要程度进行的精确衡量。因为，一般来讲权重可以理解为一个表明相对性的词。所以，评估指标的权重则可以理解为单个指标在完整的评估指标体系中所拥有的重要性大小。[1]评估指标的权重拥有非常明确的导向价值，尤其是在整个评估指标体系既定的前提下，指标权重的任何变动都将有可能导致最终评估结果的变化。因此，可以说评估工作的成败，与评估指标权重的设置是否合理高度相关。同时，设置评估指标权重也同样是对评估指标展开量化处理的重要过程。设置指标权重是进行指标量化的关键步骤，在整个评估活动中占据非常重要的地位。所以，通常将评估指标的权重当作衡量评估内容关键性程度的显著标识。一般而言，评估指标体系由若干项、若干级指标组成。但当同级评估指标中的每项指标均达到同一等级时，其对上一层级评估指标和最终目标实现所起到的作用是不尽相同的。[2]可见，每项指标在评估指标体系中的地位与作用是各不相同的，即重要性不同。

指标权数大，就表明该指标对评估结果的影响作用大，反之则小。评估指标的权重能够反映出指标对评估结果的贡献度，指标自身信息的可信任程度以及评估指标所代表的评估内容的重要性，所以合理、科学地确定评估指标权重在评估体系中至关重要。

2.权集

权集即指标权重的集合。评估指标体系由多个指标的子集构成，具有一定的模块结构，每个指标也均有一个相对应的指标权重，因此每个指标体系也就对应于一个特定的权重集。指标权重的集即指标体系的权集，后者指出了结果与指标之间的数学关系——α 关系。

指标权重能够反映出某个指标在一个完整的评估指标系统中的重要程度，也就是该指标对整个评估指标体系的作用大小，因此我们通常将评估指标的权集称为重要程度集。指标体系的权集体现的是不同指标间的关系。

3.指标权重的特征

从指标权重和权集的概念能够看出，指标权重具有以下特征：一个相对完整的评估指标体系中，每个评估指标均有相对应的权重系数；一个评估指标体

---

[1]　Palak Z., *Rough Sets: Theoretical Aspects of Reasoning about Data*, Dordrecht: Kluwer Academic Publishers, 1991, pp. 92-116.

[2]　赵祖地：《高校德育评估概论》，浙江人民出版社，2003 年，第98页。

系就对应一个相应的权集，每个指标子集也对应一个相应的权子集；指标权重系数应是大于0、小于或等于1的；各评估指标的权重之和应该等于1。

（二）指标权重的确定方法

一般而言，比较常见的评估指标权重的确定方法有两种类型：客观赋权法和主观赋权法。其中，常见的客观赋权法包括系统效应权重法、矩阵运算法；常见的主观赋权法有德尔菲法（专家评定法）、层次分析法等。

1.系统效应权重法

系统效应权重法要求在具体的实践过程中进行一定的测评和计算，且该种运算过程以较大范围的样本为基础，而后依据有关的评估指标和系数来确定指标权重。也就是说用这种方法确定指标权重，主要是依据不同指标之间的普遍联系性。例如，甲指标的变化能够引起乙指标的大幅度变化，则说明甲指标在某种程度上能够反映出乙指标的相关信息，应该赋予甲指标相对较大的指标权重系数，同时赋予乙指标较小的指标权重系数。

2.矩阵运算法

矩阵运算法主要利用矩阵的逆运算法来求得指标权重。在评估实践中，当参与评估的人员数量达到一定程度的时候，不管是先分项进行评定再开展评估，还是不分项就直接开展综合评估，所得的结果都可以达到令人满意的状态。依据此思路，可以设计矩阵运算法，即在没有具体权重的情况下，同时进行综合评估和分项评估，而后进行矩阵运算，最后求得相应的指标权重。

3.德尔菲法（专家评定法）

20世纪60年代，美国的兰德公司与道格拉斯公司共同研究出了一个能够通过控制反馈有效地收集专家意见的方法，即德尔菲法。该种方法能够有效克服专家会议的弊端，试图让多名研究专家交流，各自表达不同见解。而这种意见的表达和交流通常是建立在询问和给出相对应的建议的基础上的，然后对这些意见进行整理和归纳。使用德尔菲法时，要求取不同指标的权重，通常要结合不同指标对评估结论的影响强弱来进行，然后通过专家的自身经验与思考给出最终的数值。实践中，一般采用专家问卷调查的方式，对调查问卷进行分类统计，对各个评估指标分别进行上下四分位数和中位数计算，并将结果反馈给这些专家开展新一轮的建议咨询，最终给出不同指标的权重值。

4.层次分析法

层次分析法（analytic hierarchy process，AHP）是把不同因素基于一定的支配关系进行组合，这些不同因素则来自对某个事物、问题、目标的分解，然后再将这些要素按支配关系进行组合。层次分析法也可以被当作一个进行特殊思考并做出决定的过程。该方法采取两两比较方式，确定层次中诸因素的相对重要性，将其变成有序的递进层次结构，最后综合专家判断来决定各个因素的相对重要性和总体次序。该方法对指标进行成对比较，从而构造出比较判断矩阵，并利用与最大特征根相对应的特征向量的分量作为权重系数来确定指标权重。

由此可以看出，不同的权重确定方法各有优势，也存在一定的缺点。使用客观赋权法时，对权重的设计相对而言比较严谨，但是却容易忽略决策人的主观意向，偏离实际需要。采用主观赋权法时，尽管能够较好地体现决策者的主观意向，更加符合实际需要，但是很容易忽视相关的信息和数据，导致权重的确定不够合理。所以，在实际工作中，应结合实际情况灵活选择最为合适的方法。

（三）社会服务类民非公信力评估指标权重的确定

由以上分析可知，层次分析法是一种系统化、层次化分析问题的多目标决策方法。层次分析法的显著优势在于该方法可以通过任何两个重要程度不同的百分比，来清晰展示出不同计划所对应的重要程度级别。可以将其理解为分解相关联的不同要素，形成一定的目标、准则、方案等层级，在此基础之上，展开定量和定性研究的一种决策方法，因而层次分析法能够准确和具体地体现社会服务类民非评估指标的重要性，因此本研究在确定评估指标的权重时决定选取层次分析法。

1.层次分析法的原理

层次分析法的特点在于该方法可以通过任何两个重要程度不同的百分比，来清晰展示出不同计划所对应的重要程度级别。例如针对一个方案，可以将其各个分解计划进行两两比较分析，而后依据重要性来评判级别。

首先，形成分析的结构层级。层次分析法所构建的结构通常包括目标层、准则层、子准则层、方案层。建立一整套优良的层次分析框架有助于目标问题的分析和处理，层次框架结构对研究结果的有效性起着至关重要的作用。层次分析法要求将分析的目标分解成层级化、逻辑化的机构框架分析模型。层次分析法可以用来分析经济学、管理学、社会学等领域的研究对象。本研究目的在于对不同评估指标的权重进行确定，因此暂时不对方案层进行设计和选择。

其次，建立分析的判断矩阵。层次分析法的关键环节是研究者就各个层级的要素重要程度做出评价结果，这些结果通常表现为一定的标准量化数值，据此再形成判断矩阵。可见，判断矩阵的建立是以特定的层次分析结构模型为基础的，基于两个要素之间的比较。一般而言，判断矩阵用来比较某个层级和与其相关联的要素两者的重要程度，这些要素主要来源于上一层级。

设对 n 个元素进行两两比较，可以形成如下判断矩阵：$C = \{ C_{ij} \}_{n \times n}$。矩阵中的 C_{ij} 通常展示出因素 i 和因素 j 对于评价目标的重要性值。

矩阵 C 的形式：

$$\begin{bmatrix} C_{11} & C_{12} & \cdots & C_{1n} \\ C_{21} & C_{22} & \cdots & C_{2n} \\ \vdots & \vdots & \ddots & \vdots \\ C_{n1} & C_{n2} & \cdots & C_{nn} \end{bmatrix}$$

矩阵 C 的特性有以下三点：

（1）$C_{ij} > 0$，

（2）$C_{ij} = 1/C_{ji}$（$i \neq j$），

（3）$C_{ii} = 1$（$i,j = 1,2,\cdots,n$）。

这类矩阵 C 被称为正反矩阵。对于正反矩阵 C，若对于任意 i，j，k 均有 $C_{ij} \cdot C_{jk} = C_{ik}$，此时称该矩阵为一致矩阵。

通过两两不同要素之间的相互比较，可以把繁杂的多个要素之间的衡量问题简单化。具体步骤如下，首先要求出任何两因素相互衡量的结果，同时将这个结果用确切的数值表示出来。然后，确定多综合要素衡量的结果。该过程需要选取相符合的定量数理方法对两两衡量结果进行比较。在之前展开的定性两两衡量中，可以把衡量结果归为5个层级：相同、稍强、强、明显强、绝对强，同时分别采用数字1～9来做定量化处理。衡量的层级结果与数字对照如表6-10所示。

表6-10　比例标度

i因素比j因素	量化值
相同	1
稍强	3
强	5
明显强	7
绝对强	9
两相邻判断的中间值	4, 6, 8

　　首先，进行一致性检验。确保研究专家在层次分析过程中起着关键作用。评判逻辑的统一性主要是指在衡量评估指标重要程度的过程中，每个专家的衡量活动相互协调，而非相互排斥。判断矩阵特征根的变化能够准确地验证衡量结果的统一性。

　　实践中，可以用

$$CI = \frac{\lambda_{max} - n}{n - 1}$$

来验证目标评判者衡量逻辑的统一性。其中，如果CI值较小，则说明该判断矩阵的一致性较好；如果CI值较大，则说明该判断矩阵偏离的程度较大。但是，由于大家评判的一致性差异会存在于判断矩阵之中，对CI的要求自然各有差异，因此需要运用平均随机一致性指标RI。

　　如前所述，1～10阶判断矩阵的RI值对应关系如表6-11所示。

表6-11　平均随机一致性指标RI标准值

矩阵阶数	RI	矩阵阶数	RI
1	0	6	1.24
2	0	7	1.32
3	0.58	8	1.41
4	0.90	9	1.45
5	1.12	10	1.49

　　利用CI与RI之比衡量一致性，记为CR：

$$CR=\frac{CI}{RI}$$

如果 $CR < 0.10$，则认为该判断矩阵通过一致性检验；否则，其一致性结果就不理想。

其次，对各层次进行单排序。所谓层次单排序是指某个因素相对重要程度的计算结果，相对的两方是指下层级的因素相对于其上一层级的因素。

判断矩阵中每一行各因素的积 M_i：

$$M_i=\prod_{j=1}^{n}a_{ij},\ i=1,2,\cdots,n$$

则 M_i 的 n 次方根为：

$$\overline{W}_i=\sqrt[n]{M_i}$$

将 $\overline{W}=[\overline{W}_1,\overline{W}_2,\cdots,\overline{W}_n]^{\mathrm{T}}$ 做归一化处理：

$$W_i=\frac{\overline{W}_i}{\sum_{j=1}^{n}\overline{W}_j}$$

则 $W=[W_1,W_2,\cdots,W_n]^{\mathrm{T}}$ 表示特征向量。

然后，得出判断矩阵的最大特征根 $\lambda_{\max}$：

$$\lambda_{\max}=\sum_{i=1}^{n}\frac{(AW)_i}{nW_i}$$

其中 $(AW)_i$ 是向量 AW 的第 i 个元素。

最后，对层次进行综合排序。层次综合排序的对象一般是最高层的目标，按照阶层上下关系依次进行计算，最后就可得出最低层级所有因素相对于最高层级的重要程度，即层次综合排序。

2.权重的确定

首先，建立层次结构模型。将表6–9（即筛选后的指标）作为层次结构模型的基础，为了阐述方便，将一级指标标为 A，诚信与使命为 A1，可持续发展为 A2；二级指标标为 B1—B9；三级指标标为 C1—C31；四级指标标为 D1—D77。A 为准则层，B、C、D 为子准则层，目标层是社会服务类民办非企业单位公信力的综合实力。

然后，再确定准则层的权重系数。发放相关问卷，由所请的10位专家组成评审团，根据每层的因素对上层的影响程度大小进行两两比较，选取和确定部分指标为判断矩阵中的要素，同时确定评分值，组成判断矩阵。根据前面的公式计算各层的权重以及一致性检验参数。以下为公信力的准则层B的权重以及一致性检验过程，其他层以及可持续发展部分权重与一致性参数的计算同下一致。

如表6-12所示，选取准则层B中的5个指标以组成判断矩阵。

表6-12 准则层B的判断矩阵及权重

准则层B相关指标	B1	B2	B3	B4	B5	M	$\overline{W}$	W
信息公开B1	1	5	1/2	1/5	1/4	0.1250	0.66	0.1048
非营利性B2	1/5	1	1/4	1/5	1/4	0.0025	0.30	0.0480
利益相关者权益保障B3	2	4	1	1/2	1/2	2	1.15	0.1824
公益活动B4	5	5	2	1	1	50	2.19	0.3473
提供服务B5	4	4	2	1	1	32	2.00	0.3176

计算判断矩阵每一行元素的乘积 M_i ：

信息公开B1： $M_1 = 1 \times 5 \times \dfrac{1}{2} \times \dfrac{1}{5} \times \dfrac{1}{4} = 0.1250$ ，

非营利性B2： $M_2 = \dfrac{1}{5} \times 1 \times \dfrac{1}{4} \times \dfrac{1}{5} \times \dfrac{1}{4} \times = 0.0025$ ，

利益相关者权益保障B3： $M_3 = 2 \times 4 \times 1 \times \dfrac{1}{2} \times \dfrac{1}{2} = 2$ ，

公益活动B4： $M_4 = 5 \times 5 \times 2 \times 1 \times 1 = 50$ ，

提供服务B5： $M_5 = 4 \times 4 \times 2 \times 1 \times 1 = 32$ ，

得到序列 $\boldsymbol{M} = [M_1 \ M_2 \ M_3 \ M_4 \ M_5]^\mathrm{T} = [0.1250 \ 0.0025 \ 2 \ 50 \ 32]^\mathrm{T}$

计算 $\boldsymbol{M}_i$ 的 n 次方根：

$$\overline{\boldsymbol{W}} = [\overline{W}_1, \overline{W}_2, \cdots, \overline{W}_s]^\mathrm{T} = [0.66 \ 0.30 \ 1.15 \ 2.19 \ 2]^\mathrm{T}$$

将向量 $\overline{\boldsymbol{W}} = [\overline{W}_1, \overline{W}_2, \cdots, \overline{W}_s]^\mathrm{T}$ 归一化，得到B层的权重：

$$\sum_{j=1}^{n} \overline{W}_j = 0.66 + 0.30 + 1.15 + 2.19 + 2 = 6.30$$

$$W=\{W_i\}=\{\frac{\overline{W}_i}{\sum\limits_{j=1}^{n}W_j}\}=[0.1048\ 0.0476\ 0.1825\ 0.3476\ 0.3175]^{\mathrm{T}}$$

计算判断矩阵的最大特征根 λ_{max}：

$$AW=\begin{bmatrix} 1 & 5 & 1/2 & 1/5 & 1/4 \\ 1/5 & 1 & 1/4 & 1/5 & 1/4 \\ 2 & 4 & 1 & 1/2 & 1/2 \\ 5 & 5 & 2 & 1 & 1 \\ 4 & 4 & 2 & 1 & 1 \end{bmatrix}\begin{bmatrix} 0.1048 \\ 0.0480 \\ 0.1824 \\ 0.3473 \\ 0.3176 \end{bmatrix}=\begin{bmatrix} 0.5849 \\ 0.2634 \\ 0.9165 \\ 1.7937 \\ 1.6409 \end{bmatrix}$$

$$\{\frac{(AW)_i}{nW_i}\}=[1.1156\ 1.0092\ 1.0043\ 1.0327\ 1.0330]^{\mathrm{T}}$$

$$\lambda_{max}=\sum_{i=1}^{n}\frac{(AW)_i}{nW_i}=5.2848$$

计算随机一致性比率 CR：

$n=5$，通过查表6-12，可知 $RI=1.12$。

计算 CI 值：

$$CI=\frac{\lambda_{max}-n}{n-1}=\frac{5.2848-5}{5-1}=0.0712$$

计算 CR 值：

$$CR=\frac{CI}{RI}=0.0636$$

由以上计算可得出准则层B的权重为（0.1048，0.0480，0.1824，0.3473，0.3176），对其进行一致性检验，比率结果是0.0636，小于0.10，因此能够得出对层次单排序的结果具有较好的一致性。

同理可以得到该指标体系各层级所有指标的权重，见表6-13。

表6-13 社会服务类民非公信力评估指标权重

一级指标	权重	二级指标	权重	三级指标	权重	四级指标	权重
A1	0.5431	B1	0.1048	C1	0.6713	D1	0.1855
						D2	0.2006
						D3	0.1855
						D4	0.2205
						D5	0.0927
						D6	0.1152
				C2	0.3287	D7	0.4167
						D8	0.5833
		B2	0.0480	C3	0.5254	D9	0.5254
				C4	0.4746	D10	0.4746
		B3	0.1824	C5	0.2923	D11	0.5427
						D12	0.4573
				C6	0.2193	D13	0.3252
						D14	0.6748
				C7	0.3102	D15	0.5115
						D16	0.4885
				C8	0.1783	D17	0
		B4	0.3473	C9	0.2793	D18	0.4749
						D19	0.5251
				C10	0.2824	D20	0.4696
						D21	0.5304
				C11	0.1560	D22	0
				C12	0.2824	D23	0.4696
						D24	0.5304

续　表

一级指标	权重	二级指标	权重	三级指标	权重	四级指标	权重
A1	0.5431	B5	0.3176	C13	0.1078	D25	0
				C14	0.1267	D26	0
				C15	0.1456	D27	0
				C16	0.2741	D28	0.3862
						D29	0.6138
				C17	0.0851	D30	0
				C18	0.2609	D31	0.5652
						D32	0.4348
A2	0.4569	B6	0.1472	C19	0.5029	D33	0.2140
						D34	0.1323
						D35	0.2257
						D36	0.2335
						D37	0.1946
				C20	0.4971	D38	0.2992
						D39	0.3150
						D40	0.3858
		B7	0.2416	C21	0.4839	D41	0.1675
						D42	0.2192
						D43	0.2340
						D44	0.1650
						D45	0.2143
				C22	0.2193	D46	0.4837
						D47	0.5163
				C23	0.2968	D48	0.2530
						D49	0.3534
						D50	0.3936

一级指标	权重	二级指标	权重	三级指标	权重	四级指标	权重
A2	0.4569	B8	0.2615	C24	0.3293	D51	0.2274
						D52	0.2642
						D53	0.2843
						D54	0.2241
				C25	0.4438	D55	0.2416
						D56	0.1842
						D57	0.2321
						D58	0.1651
						D59	0.1771
				C26	0.2269	D60	0.2718
						D61	0.3883
						D62	0.3398
		B9	0.3497	C27	0.1153	D63	0.4000
						D64	0.6000
				C28	0.2727	D65	0.2568
						D66	0.2961
						D67	0.2659
						D68	0.1813
				C29	0.1425	D69	0.5202
						D70	0.4798
				C30	0.2496	D71	0.2640
						D72	0.2607
						D73	0.2079
						D74	0.2673
				C31	0.2199	D75	0.3483
						D76	0.3184
						D77	0.3333

五、指标标准的设置

标准，主要是指衡量事物的准绳和标尺。评估指标标准是对评估对象开展公正、客观、科学评判的具体尺度，以此来对评估对象的好坏和强弱进行评价，并将此种评价转化为能够进行精确运算的量度。评估标准是评估体系的重要组成部分。没有评估标准，就没有评估的参照，也就不可能去进行评价。评估标准一般需要结合特定的评估指标进行设计，由于不同的评估指标具有不同的量纲，所以需通过恰当的评估标准来消除量纲的影响，从而更加方便、正确地进行评价。评估指标通常包括定性和定量两种，二者的赋值方式有所差异，因此评估标准也不尽相同。

（一）定性指标标准的设置

定性评估指标的标准设置通常根据社会组织的价值取向以及宏观社会、经济条件的要求，并结合评估指标的内涵，从抽象的视角来确定定性评估指标的多层次的不同要求。在评估定性评估指标时非常容易受到评估人员的经验、知识以及判断能力的掌握程度的影响，因此在科学性、准确性方面不及定量标准。可以利用问卷数据或是评价工作人员的经验来比较和衡量定性评估指标，根据考察内容的特点将其分成多个级别。通常来讲，评估就等于对指标的数值化，不用再去设立类似定量指标的评估标准，而标准的制定重点在于怎样处理等级的划分工作。在实践中可以依据层级和级别的不同做出相应规定，而组织所具有的独特属性、评估人员的经验、评估人员的价值观亦对整个评判过程产生较大影响。在具体确立等级的过程中，需要采用隶属度赋值法确定每个等级的准确参数值。

（二）定量指标标准的设置

当前，从国内外社会组织评估的理论和实践经验来看，流行的对评估指标进行定量衡量的标准类型包括以下四种。

历史标准：主要是指采用某种数理研究分析方法，将组织自身或者同样类型的社会组织的评估指标的历年发展真实资料作为分析样本，得出能够真实反映各层级评估指标的历史发展情况，并以此作为评估对象的指标标准。历史标准可以采用往常的相应数据或信息。需要注意的是，进行评估的过程中，与历史标准进行比较时，必须考虑到物价波动、核算方式等因素的影响，如果存在差异，则需要采取一定的处理措施。历史标准具有很好的客观性，并且具有公信力。但是历史标准不能反映出与社会组织相关的现实经营环境。

经验标准：主要是按照社会组织长时间以来的运营经验和发展趋势，聘请相关领域的权威专家或著名学者，对其进行仔细研究、数理分析而得出的普遍标准。所以，经验数据通常具备较高的权威性和公信力，在社会组织的评估中具有适用价值，可是这些经验标准也有可能和国家的具体国情不相符，况且并非所有的评估指标都存在着经验标准。

计划标准：一般是比对预定的标准值与实际达成效果值，从中找出差距，从而评判发展绩效。计划标准也常被叫作预算标准，作为一种特殊的社会组织评估标准，其主要以先前已有的组织发展规划、方案、预算等资料为依据。计划标准容易受到个人经验和主观判断的干扰，所以只有制订科学、合理的计划，才能具有较好的激励效果。

行业标准：该标准首先应当具有动态变化的特征，应当时刻关注社会组织群体演变的新趋势，不断进行相适应的调整和更改，不然极有可能演变为历史标准。行业标准主要是指选取某种数学定量处理方法，对某个范围的若干社会组织抽取样本数据，分类别制定出社会组织的评估标准。国内同行业的优秀社会组织数据，同行业的平均数据，国际同行业的优秀社会组织的数据等都可以成为评估指标的行业标准。行业标准设定的主要限制为如何获取同行业的内部数据。行业标准的动态变化特征能够确保社会组织及时发现和处理自身发展中面临的主要障碍，并积极改进，增强竞争实力，也能够确保社会组织与同行业其他组织进行比较时的科学性。

综上，不同的评估标准各有不同的优缺点，评估实践中，要以评估目的、信息采集条件、评估环境、具体的评估指标为选取评估标准的前提。其中满足评估的目的是评估标准选择的主要依据。无论是国内还是国外，社会组织涉及相应的政府管理机构以及多方利益相关者，社会组织分类繁杂，性质和功能不同的社会组织，评估标准也不同；即使是性质和功能相同的社会组织，因其服务群体、自身规模等不同，它们的评估标准也不同。

（三）社会服务类民非指标评分标准的设置

社会服务类民非公信力评估指标体系中，既包含定性指标，也不乏定量指标，因此难以对其进行统一的标准设置。本研究在对定性指标和定量指标分别进行具体标准设置的前提下，分设0～3分、4～7分、8～10分三个档次，评分者可按照下述具体的指标解释为每个指标打分，评分结果可以是0～10分的任意分值。故而评估标准和得分更加具有客观性和统一性，打分过程也更具操作性，并为后续评估方法的运用奠定基础。

部分指标的具体评分标准和档次设定如表6-14所示。

表6-14　社会服务类民非评估体系部分指标评分标准和档次设定

评估指标	评分标准和档次设定		
	0～3分	4～7分	8～10分
组织基本情况	公开程度较差	公开程度一般	公开程度较好
组织重大活动	公开次数≤总次数的40%	总次数的40%<公开次数<总次数的70%	公开次数≥总次数的70%
接受及使用捐赠、资助情况	公开程度较差	公开程度一般	公开程度较好
收费项目和标准	公开程度较差	公开程度一般	公开程度较好
年度报告	公开程度较差	公开程度一般	公开程度较好
员工招聘程序	公开程度较差	公开程度一般	公开程度较好
完善的信息披露制度	完善性较差	完善性一般	完善性较好
信息披露制度有效执行	执行率≤40%	40%<执行率<70%	执行率≥70%
未向理事及投资人进行利润分配	金额≥利润的70%	利润的30%<金额<利润的70%	金额≤利润的30%
资金主要用于组织业务开展	用于业务开展的资金占总资金比例≤40%	40%<用于业务开展的资金占总资金比例<70%	用于业务开展的资金占总资金比例≥70%
安排专职接待人员	人数≤2	2<人数<4	人数≥4
捐赠信息及时登记	漏记次数占全部捐赠次数的比例≥20%	10%<漏记次数占全部捐赠次数的比例<20%	漏记次数占全部捐赠次数的比例≤10%
申诉及时处理	处理次数占所有申诉次数的比例≤30%	30%<处理次数占所有申诉次数的比例<70%	处理次数占所有申诉次数的比例≥70%
制订中长期公益活动计划	计划数≤2	2<计划数<4	计划数≥4

评估指标	评分标准和档次设定		
	0～3分	4～7分	8～10分
参加政府组织的公益活动	次数≤4，或捐赠资金≤2万元	4<次数<6，或2万元<捐赠资金<5万元	次数≥6，或捐赠资金≥5万元
自主开展公益活动	次数≤6，或捐赠资金≤3万元	6<次数<10，或3万元<捐赠资金<7万元	次数≥10，或捐赠资金≥7万元
年度公益活动支出占利润比重	比重≤30%	30%<比重<70%	比重≥70%
年度收支比例	比例≤30%	30%<比例<70%	比例≥70%
年度收入增长率	增长率≤20%	20%<增长率<50%	增长率≥50%
主动服务社会公众	次数≤5	5<次数<10	次数≥10
对服务态度、质量评价	好评次数占总评价次数的比例≤30%	30%<好评次数占总评价次数的比例<70%	好评次数占总评价次数的比例≥70%
对规范性、公益性评价	好评次数占总评价次数的比例≤30%	30%<好评次数占总评价次数的比例<70%	好评次数占总评价次数的比例≥70%
获得相关部门表彰	次数≤3	3<次数<6	次数≥6
对其创新性评价	好评次数占总评价次数的比例≤30%	30%<好评次数占总评价次数的比例<70%	好评次数占总评价次数的比例≥70%
对其公益性评价	好评次数占总评价次数的比例≤30%	30%<好评次数占总评价次数的比例<70%	好评次数占总评价次数的比例≥70%
对其发挥作用评价	好评次数占总评价次数的比例≤30%	30%<好评次数占总评价次数的比例<70%	好评次数占总评价次数的比例≥70%
合理的薪酬制度	投诉次数≥6	2<投诉次数<6	投诉次数≤2
定期开展员工业务培训	课程量≤30小时，或参训率≤40%	30小时<课程量<50小时，或40%<参训率<70%	课程量≥50小时，或参训率≥70%
员工受教育程度	本科及以上学历人数占全部人数的比例≤30%	30%<本科及以上学历人数占全部人数的比例<60%	本科及以上学历人数占全部人数的比例≥60%
近一年员工总数增长率	增长率≤10%	10%<增长率<20%	增长率≥20%
政府拨款或补贴	金额≤2万元	2万元<金额<5万元	金额≥5万元
社会捐赠资金	金额≤3万元	3万元<金额<6万元	金额≥6万元
近一年经费增长率	增长率≤10%	10%<增长率<15%	增长率≥15%
法定代表人产生程序合法	程序不太符合法定要求	程序比较符合法定要求	程序完全符合法定要求

续　表

评估指标	评分标准和档次设定		
	0～3分	4～7分	8～10分
有独立办公用房和设备	房屋面积≤100m²且设备不太齐全	100m²<房屋面积<200m²且设备基本齐全	房屋面积≥200m²且设备非常齐全
对服务质量和诚信度评价	好评次数占总评价次数的比例≤30%	30%<好评次数占总评价次数的比例<70%	好评次数占总评价次数的比例≥70%
支持公益活动的开展	支持人数≤50	50<支持人数<100	支持人数≥100
承接政府购买服务项目	项目数≤5	5<项目数<10	项目数≥10
参与政府法律制定	会议数≤3	3<会议数<6	会议数≥6
参与政府政策制定	会议数≤3	3<会议数<6	会议数≥6
理事中有员工代表	员工数占理事会总人数比例≤5%	5%<员工数占理事会总人数比例<10%	员工数占理事会总人数比例≥10%
理事中有无利益相关的社会公众	公众人数占理事会总人数比例≤5%	5%<公众人数占理事会总人数比例<10%	10%≤公众人数占理事会总人数比例≤15%
按规定设置监事会	监事会设置不太符合规定	监事会设置基本符合规定	监事会设置完全符合规定
按规定召开监事会议	会议次数、程序不太符合规定	会议次数、程序基本符合规定	会议次数、程序完全符合规定
有专职的工作人员	人数占全部工作人员数比例≤30%	30%<人数占全部工作人员数比例<60%	60%<人数占全部工作人员数比例≤75%
制订中长期发展规划	规划数≤2，或会议次数≤2	2<规划数<4，或2<会议次数<4	规划数≥4且会议次数≥4
行政负责人产生程序合法	程序不太符合法定要求	程序基本符合法定要求	程序完全符合法定要求
对行政负责人开展年度绩效考核	次数≤2，考核内容不太全面	2<次数<4，考核内容较全面	次数≥4，考核内容非常全面
文件管理	管理范围不太全面，管理程序不太规范	管理范围基本全面，管理程序基本规范	管理范围非常全面，管理程序非常规范
证书管理	管理范围不太全面，管理程序不太规范	管理范围基本全面，管理程序基本规范	管理范围非常全面，管理程序非常规范
有效执行有关会计法律制度	执行不太规范	执行基本规范	执行非常规范

评估指标	评分标准和档次设定		
	0～3分	4～7分	8～10分
有专职财务人员	财务人员不太符合资格要求，岗位职责划分不太明确	财务人员基本符合资格要求，岗位职责划分基本明确	财务人员完全符合资格要求，岗位职责划分非常明确
公共安全措施符合相关规定	达标次数占全部检查次数比例≤70%	70%<达标次数占全部检查次数比例<80%	达标次数占全部检查次数比例≥80%
环境卫生符合相关规定	达标次数占全部检查次数比例≤70%	70%<达标次数占全部检查次数比例<80%	达标次数占全部检查次数比例≥80%
消防措施符合相关规定	达标次数占全部检查次数比例≤70%	70%<达标次数占全部检查次数比例<80%	达标次数占全部检查次数比例≥80%

第七章

社会服务类民非公信力评估的方法

评估方法回答的是"如何评估"的问题。在构建社会服务类民非评估指标体系之后，紧接着涉及社会服务类民非评估体系的方法选择。科学、合理的评估方法是评估结果能够符合评估目的的有效保障，失真、变异的评估结果不利于社会服务类民非得到社会、政府的支持和客观评价，会导致负面效应，给社会服务类民非的发展带来更多的现实障碍。不同类别和不同层次的社会组织使用的评估方法理应不同，在分析当前国际流行的社会组织评估方法的基础上，提出适合当前我国社会服务类民非公信力及可持续发展评估体系的评估方法，以期更好地评估社会服务类民非。

第一节　评估方法的选择

对社会服务类民非评估方法进行选择，应先对评估方法的内涵以及具体分类有充分了解。

一、评估方法的内涵

方法是人们探索世界、认知世界必须依据的方式、步骤和渠道的统称。评估方法则是指在评估指标体系确定之后，选取定性、定量方法或把它们结合统一运用，从而借助评估指标开展评估工作。

从社会组织评估管理角度来讲，社会组织评估采用的具体评估方法应该具备简便性、通用性、导向性和可行性等特征。

简便性：鉴于目前我国的社会组织评估才起步不久，众多的社会组织在管理以及运作上都多多少少存在着不确定的因素，因此评估过程中选取的方法应当尽量实用、简便和容易被理解。

通用性：社会组织的评估方法要尽可能地采用当前国际上认可的具有代表性的赋值方法和计分方法，便于不同的社会组织间的横向比较，也可以减少对选取方法的理解差异，达到评估标准的统一。

导向性：评估所选取的评估指标和方法不仅要能够体现出政府对社会组织的政策导向，还要能够体现出有关政府部门对社会组织的管理需要，也要能够体现出社会组织的未来发展趋势和走向，以及社会组织自身的规范运行、可持续发展等需求。

可行性：主要是指评估使用的方法所需的组织数据，要能够从社会组织的现有资料中获取，尤其是要保证财务报表、统计报表、工作报告等资料可以直接获取，从而保证评估数据的含义明确、便于计算、易于操作。

二、评估方法的分类

当前国际流行的评估方法较多，可从不同角度对其进行分类。依据是否对研究资料进行量化，可以将社会组织评估方法分为定量与定性两种。当然，还有评估方法结合了这两类方法，不能一概而论。依据评估范围的不同，可以分为对社会组织某一方面进行评价的方法和对社会组织进行综合性评价的方法。

从实践来看，定性方法包括层次分析法、模糊综合判断法、快速农村评估法、效果评价法等；定量方法主要包括"3E"评估法、"3D"评估法、财务比率分析法、财务脆弱性评价法、DEA效率评价法。侧重对社会组织某一方面进行评价的方法有：服务质量评价法、DEA效率评价法、财务脆弱性评价法、GET内部经营模型评价法等；对社会组织进行综合性评价的方法有：平衡计分卡方法、模糊综合判断法、财务比率分析法、功效系数法、灰色综合评价法等。

三、当前国际流行的评估方法

社会服务类民非的指标体系是一个囊括多指标的综合评估体系，且指标体系中各评估指标的描述方式也不相同，有些评估指标可以进行定量描述，有些评估指标则可以进行定性描述。当前，多指标的综合性评估方法主要包括逻辑框架法、功效系数法、财务比率分析法、灰色综合评估法、人工神经网络法。

（一）逻辑框架法

逻辑框架法（logical framework approach，LFA），其在国际上常被当作工作计划、考核评估和项目开发设计的一种工具。其作用在于能够将非常复杂的问题转变为条理化和简单化的问题。逻辑框架法运用目标树、问题树和规划矩阵等三种辅助工具来分析和分解相关问题，并能够找出每个问题之间的因果关系、外部制约条件、目标手段关系。它通过建立宏观目标、微观目标、产出、投入四个层次以及发现它们之间的因果关系，形成逻辑垂直关系，对隶属的目标层次、各层次间因果关系、重要的假设前提和条件进行确定。通过原来预测目标和实际目标之间的比较，分析其变化情况以及两者之间的差距，从而形成逻辑上的垂直与水平关系，再生成一个矩阵框架，即逻辑框架表（如表7-1所示）。运用此表对目标开展评估，对实际效果的产生原因以及今后的发展趋势进行分析等。

逻辑框架法能够将项目实施以后的目标和预期的目标进行比较，以此来评估活动或项目实施的结果。该方法可以分析事物内在的因果关系，因此逻辑框架法既能够提供评估的结果，也能够准确解释评估结果产生的原因。

表7-1　逻辑框架法

项目结构	指标	检验的方法	假设
宏观目标	目标指标	统计调查	实现目标的条件
微观目标	目标指标	统计调查	实现目标的条件
产出	产出物指标	检测报告、调查	实现产出的条件
投入	投入物指标	检测报告、调查	实现投入的条件

资料来源：邓国胜：《非营利组织评估》，社会科学文献出版社，2001年，第239页。

（二）功效系数法

功效系数法指对照不同的分档和分类的相应标准值，根据多目标规划的原理，借助功效函数把所要考核的每个评估指标转化为能够度量和记分的指标。功效系数法能够根据评估对象的不同方面制订具有针对性的评价方案，也即注重对评估对象特征的关注，进而将评估对象不同方面的变量与组织宗旨结合展开相关的判断和分析。社会组织评估体系具有不同的层级、组织目标以及影响因素，而功效系数法正好能够满足社会组织评估的上述特点，同时也可以减少评估结果的误差，尤其是在只使用唯一的衡量标准的情况下。在功效系数法的实际操作中，应当依据每个评估指标数值的范围，对同一条件下的某个评估单项指标所要参照的多个指标值进行设置。在实际操作中，评估结果的得出需要凭借科学的平均加权综合运算。其中对评价指标的准确量化定值是关键步骤，在定值过程中可以设定两个值表示总体范围，即上限为满意值，下限为不允许值，在两个值之间对指标的具体值再进行测算。功效系数法的最大优点在于，其能够在某一个时间节点反映出社会组织在同行业中具有的地位。功效系数法作为一种可进行定量计算的评估方法，具有经济、规范以及不受其他主观因素干扰等显著优势。该方法可以借助精密和准确的计量数理模型，对组织绩效状况做出公正和客观的判断。理应看到，功效系数法对不同社会组织发展趋势方面的展示不够具体，且对每个不同的评价指标也存在着识别简单、差异性不够等缺点，因此容易造成评估结果的不合理性。

（三）财务比率分析法

财务比率分析法是一种比较完善的评估组织的流动性、营利性和财务稳定性的方法。实践中，评估人员可以凭借不同的比率标准了解到社会组织在很多方面的发展程度和状况，从而能够对组织发展策略进行有针对性的调整和优化。对于社会组织而言，运用财务比率分析法主要是选取某个特殊的比率与指标来研究财务总体状况，仍然是以历年财务资料为评估数据来源，由此能够对组织的现状或未来发展情况给出明确的评价。财务比率分析法能够回答四方面的问题：外部环境中有哪些资源可以供社会组织摄取？社会组织是否确实拥有足够其发展的资产？既有的资产能够确保组织宗旨、目标的实现吗？在正常的运行过程中，社会组织的资产运用是否符合高效率、高绩效的标准？社会服务类民非的基本特征是非营利性，因此其主要的财务比率指标不仅与组织员工、资金有关，更与组织的宗旨、目标有关。

（四）灰色综合评价法

灰色综合评价法是一种以专家的评判为基础的综合性评价方法，该方法主要以灰色关联分析理论为基础。灰色综合评价法在运算中需要正确选取不同要素的权重，才能进行最终评价，在计算过程中也要注意建立科学、准确的灰色综合评价模型。该方法拥有较多优点，主要是可以在样本没有任何规律性排列的情况下展开计算分析，且对评估样本的选择要求比较宽松，适合对受多种因素影响的现象或事物进行综合评估。我们可以将层次分析法与该方法共同运用，从而确保评价结果的科学性和客观性。

（五）人工神经网络法

人工神经网络（artificial neural network）是模拟人体智能和神经结构的一个前沿研究领域，是一门全新的信息处理科学，具有独特的信息处理方法和结构，因此能够在很多实际应用中取得显著成效。该方法不需要建构任何的数学模型，只需靠专家的知识以及过去的经验并通过网络学习就能输出和期望相符合的结果。网络本身所具有的强大的自学能力，能够使传统的专家技术系统应用转换为先进的网络变化结构的调节过程，能根据已拥有的知识、技能、经验合理地判断、解决复杂的问题，以及做出对未来过程的有效估计和预测。只要能够依照科学的数据进行参数选择，从而构建网络模型，就可以获取专家经验数据，进而对评估指标进行判断，最终得出较为合理客观的结果。

通过对上述评估方法的分析与对比，可以发现运用逻辑框架法和人工神经网络法分析得到的处理数据难以用文字进行简单描述，需要研究人员具备成熟的运筹学、数学和信息学方面的知识，实际运用受到一定限制。功效系数法能够事先设立衡量对象的各个方面的评估标准，该标准仍要以对象的基本属性为依据，而后再展开各个因素的分析和判断，这也恰好满足了社会服务类民非评估体系多因素、多层次、多目标的评估要求。但在初次评估时，多个目标相对于总目标的功效函数比较难确定，因此会制约功效系数法的实际运用。财务比率分析法适合于组织财务收支、财务稳定性等的评估，具有一定的片面性。而灰色综合评价法擅长对受多种因素影响的现象或事物进行综合评估，此种方法比较适合我国社会服务类民非评估的现状，但是，灰色综合评价法在实际的运用过程中仍需要进一步简化，特别是在初次评估时，只需采取对不同类别的评估指标体系进行同等赋值，将得分直接相加的办法即可。

四、社会服务类民非与灰色综合评价法

社会服务类民非的评估指标值和评估标准值间的差异能够反映出组织某一方面的成效，可是不能将离散的评估指标简单地相加去得出反映社会服务类民非评估目的的评估结果。因此，需要选用一定的评估方法去衡量整个评估对象所要评估项目的效用水平。本书在综合各种优缺点后，将灰色综合评价法作为社会服务类民非的评估方法，理由如下：

就评估的目标而言，社会服务类民非的评估目标是资源优化配置，提供对决策有用的信息，提高组织的公信力和可持续发展水平，因此这就要求评估体系应当具有平衡性、因果驱动性，而灰色综合评价法正好能够解决该问题。

就评估的客体而言，社会服务类民非是一个十分复杂的系统，其中会涉及大量的因素，如多样的公共产品及公共服务绩效，如果仅用定性的评估方法是无法全方位地诠释如此复杂和庞大的系统的，但是仅用定量方法又会因评估数据支持的不足而无法构造出特定的数学模型进行模拟。此外，社会服务类民非的评估是从公信力和可持续发展两方面进行的，这两部分之间的联系难以精确定量，各部分又受多种因素的影响，因素之间也有着不完全确知的关系。如果要得出客观、公正的评估结果，不能只采用一定的数理计算方法。灰色综合评价法具有简便、有效的特征，适合对复杂的对象开展评估。

此外，灰色综合评价法的理论依据是著名的灰色关联分析理论，其主要来自研究专家的专业衡量和评判。灰色综合评价法不仅能够有效处理"样本数据不足"的问题，还能够最大限度地减少评估过程中人为因素造成的影响。如前所述，社会服务类民非评估指标体系的权重选择可以结合使用层次分析法与灰色综合评价法，这有利于评估结果的科学合理。因此，对社会服务类民非的评估选用灰色综合评价法是最优的选择。

第二节　灰色综合评价法的原理与运算过程

灰色综合评价法现在也越来越多地被应用于社会、经济等领域。灰色综合评价法对评估目标的衡量和排列，主要是依靠不同规划方案与最佳方案之间的相互联系，且该方法在实际运用中简洁明了，因此选择其作为社会服务类民非的评估方法具有科学性和合理性。

一、灰色综合评价法的思想与原理

邓聚龙教授首先提出灰色系统理论。人们通常借助控制体系理论，用不同颜色的深浅度表示数据、信息、资料是否清晰和明确。用"黑"表示信息未知，用"白"表示信息完全明确，用"灰"表示部分信息明确、部分信息不明确。相应地，数据信息完全不知的体系可以表示为黑色系统，对数据信息彻底了解的体系可以表示为白色系统，对数据信息的了解程度介于两者之间的体系可以表示为灰色系统。灰色系统可以看作一个中间地带的系统。[1]灰色系统理论主要是利用已知信息来确定系统的未知信息，使系统由"灰"变"白"。

二、灰色综合评价法的关联分析模型

灰色系统理论完全不依赖于任何体系内独特的属性，而是试图着眼于资料数据的不完整性以及系统分析理论，对数据进行数值化处理，从而能够较为深入地了解整个体系的发展情况及各部分的关联。其中，得出的序列结果与展示出的对象动态发展态势越一致，关联度就越大；反之，关联度就越小。序列的表示方式主要有两种，即空间序列和时间序列。[2]

n维系统特征序列（参考序列）记为x_0：

$$x_0 = \{x_0(1), x_0(2), \cdots, x_0(n)\}$$

关联分析中被比较的n维关联序列记为x_i：

$$x_i = \{x_i(1), x_i(2), \cdots, x_i(n)\}, \quad i = 1, 2, \cdots, m$$

---

① 邓聚龙：《灰色系统：社会·经济》，国防工业出版社，1985年，第27页。

② 杜栋、庞庆华、吴炎：《现代综合评价方法与案例精选》，清华大学出版社，2008年，第75页。

设 x_0 为某个参考序列，x_i 为比较序列，则参考曲线与比较曲线在各个不同点的差可以用下面的式子来说明：

$$\xi_i(k) = \frac{\min\limits_{i}\min\limits_{k}|x_0(k)-x_i(k)| + \zeta\max\limits_{i}\max\limits_{k}|x_0(k)-x_i(k)|}{|x_0(k)-x_i(k)| + \zeta\max\limits_{i}\max\limits_{k}|x_0(k)-x_i(k)|}$$

式中，$\xi_i(k)$ 是第 k 个时刻比较曲线 x_i 与参考曲线 x_0 的相对差值，也称为 x_i 对 x_0 在 k 时刻的关联系数。ζ 为分辨系数，$\zeta \in [0,1]$，引入它是为了减少极值对计算的影响，在实际应用中，一般取 $\zeta \leqslant 0.5$ 最为恰当。[1]

若记 $\Delta\min = \min\limits_{i}\min\limits_{k}|x_0(k)-x_i(k)|$，$\Delta\max = \max\limits_{i}\max\limits_{k}|x_0(k)-x_i(k)|$，则有：

$$\xi_i(k) = \frac{\Delta\min + \zeta\Delta\max}{|x_0(k)-x_i(k)| + \zeta\Delta\max}$$

关联系数指标表示不同时刻数据间的关联性，绝对关联度可以用如下式子表示：

$$r_i = \frac{1}{n}\sum_{i=1}^{n}\xi_i(k)$$

其主要是将不同时刻的关联系数进行统一和集中，原因在于存在着大量的关联系数，且比较难度较大，数据涉及范围较大，所以将不同时刻的关联系数用一个统一数值来表示非常有必要。

在实际应用中，各序列的量纲不尽相同，数量级也有差异，为增强序列可比性及分析的客观性，需要对原始数据进行预处理，常用的方法有初值化和均值化。[2]本书数据不涉及量纲的处理，故不在此讨论。

若 x_i 与 x_0、x_j 与 x_0 的关联度分别为 r_i 与 r_j，则：当 $r_i > r_j$ 时，x_i 优于 x_j；当 $r_i < r_j$ 时，x_i 劣于 x_j；当 $r_i = r_j$ 时，x_i 等于 x_j；当 $r_i \geqslant r_j$ 时，x_i 不劣于 x_j；当 $r_i \leqslant r_j$ 时，x_i 不优于 x_j。

把影响母序列 x_0 的因素 x_i 按上述定义的优劣排序，即按各自对 x_0 的影响程度大小排序。

---

① 王兴太、李芳：《灰色关联度分析在水电规划环评中的应用研究》，《西北水电》2010年第1期，第1—4，18页。

② 杨俊辉：《工程设计团队中个人绩效多层次灰色评价方法研究》，《建筑经济》2013年第6期，第24—27页。

三、灰色综合评价法的综合运算过程

灰色综合评价法模型一般包含灰色单层次评价模型和灰色多层次评价模型。首先，在构建灰色单层次评价模型时，主要依据以下模型：

$$R = E \times W$$

灰色单层次评价模型是对多个事物进行不同的排列，此种排列主要是优劣的展示，可以据此对每个对象进行有效、科学的衡量。[1]

$R = [r_1, r_2, \cdots, r_m]^T$ 表示综合评价结果，结果来自 m 个评价目标，权重分配向量用式子 $W = [w_1, w_2, \cdots, w_m]^T$ 表示，且满足：

$$\sum_{j=1}^{n} w_j = 1$$

其中 n 表示所有的评价指标。

(1) 式中的 E 表示不同评估指标的判断矩阵：

$$E = \begin{bmatrix} \xi_1(1) & \xi_1(2) & \cdots & \xi_1(n) \\ \xi_2(1) & \xi_2(2) & \cdots & \xi_2(n) \\ \vdots & \vdots & \ddots & \vdots \\ \xi_m(1) & \xi_m(2) & \cdots & \xi_m(n) \end{bmatrix}$$

$\xi_i(k)$ 为第 i 种方案的第 k 个指标与第 k 个最优指标的关联系数。

根据 R 的数值进行排序。

确定最优指标集 F^*。

设 $F^* = [j_1^*, j_2^*, \cdots, j_n^*]$，$j_k^*(k = 1, 2, \cdots, n)$ 为第 k 个指标的最优值。此最优值可以是诸方案中的最优值（若某一指标取最大值为佳，则取该指标在各个方案中的最大值；若取最小值为佳，则取该指标在各个方案中的最小值），也可以是评估者公认的最优值。不过在定最优值时，既要考虑到先进性，又要考虑到可行性。若最优指标选得过高，则不现实，也很难实现，评价的结果也就不可能正确。

选定最优指标集后，可构造矩阵 D：

---

[1] 刘玉峰、刘俊虎、陈刚：《山西建筑业区域发展水平综合评价》，《合作经济与科技》2010年第20期，第4—6页。

$$D=\begin{bmatrix} j_1^* & j_2^* & \cdots & j_n^* \\ j_1^1 & j_2^1 & \cdots & j_n^1 \\ \vdots & \vdots & \ddots & \vdots \\ j_1^m & j_2^m & \cdots & j_n^m \end{bmatrix}$$

上述公式中，j_k^i 代表第 i 种方案的第 k 个指标的原始数值。

为了保证结果的可靠性，需要对原始指标值展开一定的规范化处理。这是因为评判指标间通常拥有不同的量纲和数量级，故不能直接进行比较。

可以假设第 k 个指标的数值变动范围是 $[j_{k1}, j_{k2}]$，j_{k1}、j_{k2} 分别代表所有可选对象之中的第 k 个指标的最小值以及最大值。

仍然有必要将最初的数据进行变换，即将原始数值变换为

$$C_k^i = \frac{j_k^i - j_{k1}}{j_{k2} - j_k^i}, \quad i=1,2,\cdots,m; \ k=1,2,\cdots,n$$

上述式子转化为无量纲值 $C_k^i \in (0,1)$。

这样 $D \to C$ 矩阵：

$$C=\begin{bmatrix} C_1^* & C_2^* & \cdots & C_n^* \\ C_1^1 & C_2^1 & \cdots & C_n^1 \\ \vdots & \vdots & \ddots & \vdots \\ C_1^m & C_2^m & \cdots & C_n^m \end{bmatrix}$$

最后，计算综合评判结果。参考序列可以由 $\{C^*\} = \{C_1^*, C_2^*, \cdots, C_n^*\}$ 表示，比较序列可以由 $\{C^i\} = \{C_1^i, C_2^i, \cdots, C_n^i\}$ 表示，这些均是由灰色系统理论而来，然后采用关联分析法再计算出第 i 种方案第 k 个指标与第 k 个最优指标的关联系数 $\xi_i(k)$，如下式：

$$\xi_i(k) = \frac{\min\limits_{i} \min\limits_{k} |C_k^* - C_k^i| + \rho \max\limits_{i} \max\limits_{k} |C_k^* - C_k^i|}{|C_k^* - C_k^i| + \rho \max\limits_{i} \max\limits_{k} |C_k^* - C_k^i|}$$

上述式子中，$\rho \in [0,1]$，通常情况下 $\rho = 0.5$。

又因为由 $\xi_i(k)$ 可以得出 E，因此最后的综合评判结果可以表示为 $R = E \times W$，也就是：

$$r_i = \sum_{k=1}^{n} W(k) \times \xi_i(k)$$

若 r_i 是其中的最大值，那么可以认为 $\{C^i\}$ 与最优指标 $\{C^*\}$ 最为靠近，也就是说第 i 种方案优于所有其他方案，由此能够得出不同方案之间的优劣次序。

在所有的评估指标能够形成多个不同层级的情况下，有必要构建相应的多层次评价模型。首先应对基础层的指标展开相应的层次综合评价，然后在下一层级指标的评价中，将基础层的评价结果作为自己的原始指标，由此再展开下一层次的单层次评价，以此类推至最高层。

第八章

社会服务类民非公信力
评估指标运用的实证研究

在实践中，应结合具体案例对社会服务类民非公信力评估指标体系、灰色综合评价法进行实证分析和运用，以进一步验证其合理性。本书在浙江省N市中选取三个不同的社会服务类民非作为典型案例，通过运用构建的公信力评估指标体系对其分别进行评估打分，运用灰色综合评价法得出其公信力综合实力，并对评估结果进行分析。

第一节　案例基本情况

为验证社会服务类民非公信力评估指标体系、灰色综合评价法的合理性和科学性，需要选取特定的案例对其进行研究。本书选取浙江省N市的"BL爱心超市""YG驿站""QN媒体服务中心"三家社会服务类民非作为样本[①]，对其进行公信力评估。

一、"BL爱心超市"基本情况

"BL爱心超市"是从事救灾救助业务的社会服务类民非。该超市于2007年11月成立，总面积达120平方米。只要是该区域符合条件人员都可来此免费享受服务，即所辖的低保人员、伤残人员、低收入苦难户、残疾人家庭、慈善部门

---

① 为贯彻保密原则，选取的社会服务类民非的名称部分以字母代替。

的救助卡持有人、医疗部门的助医卡持有家庭，以及经流动人口服务管理工作联席会议办公室认可的生活穷困的农民工等。

"BL爱心超市"运作的资金来源主要是爱心超市基金、社会定向捐赠、各成员单位注入的爱心资金、所属区政府给予的财政补助、社会爱心人士认购"爱心卡"的收入以及超市义卖收入等。"BL爱心超市"最初由所在区的慈善总会、民政局、残联、外口办等共同创建，其面向全区符合相关规定的弱、残、困人员及家庭。符合规定的相关人员和家庭，在接受服务之前需要到所在区域的相关部门登记和提出申请，只有在得到回复和批准之后才能持有爱心超市的"爱心卡"，并且每月最高还可以免费领取100分值的物品。

二、"YG驿站"基本情况

"YG驿站"是从事社会保障业务的社会服务类民办非企业单位。其成立于2006年12月，但2009年2月才正式注册为民办非企业单位，它也是N市最早成立的残疾人康复托养服务机构。"YG驿站"通过各种渠道，多层次、多形式地为康复人员提供全日制的托管照顾服务，可以让相关受帮扶人员在专门建立的网站中接受有关身体治疗、心理医疗、就业技能等专业的培训。驿站自成立以来，为受帮扶人员提供了就业服务，通过在站内的学习、康复和就业培训，有效地帮助他们提高生活自理能力，走上自立自强的道路。

"YG驿站"先后获得了"N市第二批最具影响力文明服务品牌""浙江省优秀社区服务项目""浙江省首批残疾人之家"等荣誉，许多同行单位及专家纷纷来此考察和学习，引起了众多媒体的关注。2008年5月，中央电视台"焦点访谈"栏目曾对"YG驿站"进行了现场采访，并在当年残奥会期间进行了报道。2010年5月，《中国残疾人》杂志又专门介绍了"YG驿站"。驿站的运作资金主要来自所属区政府、街道给予的财政补助，社会的定向捐赠，以及街道成员单位注入的爱心资金等。

三、"QN媒体服务中心"基本情况

"QN媒体服务中心"是从事社会福利业务的社会服务类民非。服务中心于

2014年4月正式成立，由党政部门、共青团组织、主流媒体、专业机构、自媒体、青年社会组织共同创建，以服务青年发展、强化网络舆情引导、孵化自媒体创业为目标，以搭建微信公众平台和实地阵地为使命。

服务中心落户于N市国家大学科技园启航楼，面积约290m²，设有洽谈区、办公区、展示区、会议室等功能区块。中心定期聘请创业、婚恋、技能、健康等方面专家答疑解惑。目前微信公众平台累计提问数万条，答复率达100%，服务中心又与广播媒体合作，进一步丰富了网上内容和形式载体。其在运营上面向青年、在校大学生招募"媒体小伙伴"作为中心运行团队，建立以团干部为核心骨干，团组织为核心驱动的运行机制，推动团干部成为平台活跃用户，具体负责服务中心及下辖各子频道的客服督办工作，通过诉求解答、回访调查、沉淀数据分析等手段来优化平台的使用体验并建立工作日报制度。

第二节 社会服务类民非公信力评估指标的实证运用

本研究选取浙江省N市的"BL爱心超市""YG驿站""QN媒体服务中心"三家社会服务类民非作为样本，对构建的社会服务类民非公信力评估指标进行合理性验证。以三家单位参与区级民政部门评估的材料为依据，经过评估专家打分，运用综合评价法得出各自公信力综合实力，并对评估结果进行相关分析。

一、评估的数据来源

浙江省N市根据民政部《社会组织评估管理办法》和《N市民政局关于印发〈N市社会组织评估管理办法〉的通知》的要求，开展社会组织评估工作。评估对象是经市民政局注册登记的社会团体、民办非企业单位和基金会，并且上两年度检查合格，未参加过社会组织评估。评估的目的在于加强对社会服务类民非等社会组织的管理，提升社会组织的能力建设水平，推动社会组织的健康有序发展。评估工作遵循政府指导、社会参与、分类评定、动态管理、客观公正的基本原则。

本次评估也收到了来自"BL爱心超市""YG驿站""QN媒体服务中心"三家社会服务类民非的参评申请。三家社会服务类民非分别如实提交了评估申请和自评材料。本研究选用了以上三家社会服务类民非提交的相关资料、数据、台账等各项材料。实证研究的少部分数据也来自浙江省N市相关年份的统计年鉴。因此，本次案例研究的资料来源渠道可靠，数据科学、真实，可以有效、真实地反映三家社会服务类民非一年考核期内的运行情况。

二、评估的具体实施

在调查数据的基础上，根据基于灰色关联度的灰色综合评价法理论模型以及相应的评估指标权重对"BL爱心超市""YG驿站""QN媒体服务中心"三家社会服务类民非的公信力进行评估。

基于分析需要，将社会服务类民非公信力评估指标体系分为四个层级，依次将其表示为A层指标、B层指标、C层指标、D层指标。一级指标中诚信与使命为A1，可持续发展为A2；二级指标为B1—B9；三级指标为C1—C31；四级指标为D1—D77。

首先，利用三家社会服务类民非申报书中的原始数据和定性材料，依照评估指标体系的具体指标解释、评分档次设定、评分标准，对三家社会服务类民非的D1—D77指标分别进行打分（限于篇幅，三家社会服务类民非的原始资料数据及打分结果不一一列出），然后根据最优原则，再分别从三家的打分结果中选取每一指标中的最大数值组成最优指标集（见表8-1）。

表8-1　评估指标体系最优指标集

D层指标	最大数值	D层指标	最大数值	D层指标	最大数值	D层指标	最大数值
D1	8	D9	10	D17	8	D25	10
D2	8	D10	9	D18	8	D26	7
D3	8	D11	8	D19	8	D27	10
D4	9	D12	9	D20	7	D28	7
D5	7	D13	10	D21	6	D29	10
D6	10	D14	6	D22	9	D30	9
D7	7	D15	10	D23	7	D31	9
D8	8	D16	8	D24	9	D32	6

D层指标	最大数值	D层指标	最大数值	D层指标	最大数值	D层指标	最大数值
D33	7	D45	6	D57	8	D69	9
D34	8	D46	9	D58	8	D70	9
D35	8	D47	8	D59	8	D71	6
D36	6	D48	8	D60	8	D72	9
D37	6	D49	7	D61	6	D73	8
D38	9	D50	6	D62	8	D74	9
D39	8	D51	9	D63	6	D75	7
D40	7	D52	9	D64	9	D76	6
D41	7	D53	10	D65	6	D77	9
D42	10	D54	8	D66	8		
D43	10	D55	10	D67	10		
D44	7	D56	9	D68	8		

　　然后确定关联系数。通过计算确定所有评估指标及最优指标的关联系数。具体步骤为：对上述结果进行规范化处理，即规范化处理最优指标集的数据和最初的原始数据，如表8-2所示（"BL爱心超市""YG驿站""QN媒体服务中心"分别用甲、乙、丙代替）。

表8-2　D层关联系数

单位	D1	D2	D3	D4	D5	D6	D7	D8	D9	D10	D11	D12
甲	0.866	0.917	0.614	0.482	0.489	0.401	0.617	0.586	0.656	0.325	0.860	0.435
乙	0.711	0.479	0.757	0.846	0.668	0.695	0.663	0.513	0.798	0.598	0.493	0.525
丙	0.587	0.694	1.000	0.471	0.414	0.476	0.377	0.476	0.588	0.491	0.841	1.000

单位	D13	D14	D15	D16	D17	D18	D19	D20	D21	D22	D23	D24
甲	0.763	0.776	0.579	0.601	0.627	0.563	0.326	0.592	0.569	0.471	0.313	0.634
乙	0.641	0.452	0.867	0.814	0.325	0.416	0.627	0.388	0.384	0.415	0.700	0.503
丙	0.818	0.441	1.000	0.899	0.857	0.851	0.812	0.700	0.863	0.860	0.654	0.438

单位	D25	D26	D27	D28	D29	D30	D31	D32	D33	D34	D35	D36
甲	0.793	0.487	0.339	0.413	0.376	0.751	0.888	0.433	0.699	0.379	0.536	0.797
乙	0.355	0.826	0.810	0.681	0.561	0.453	0.554	0.831	0.691	0.875	0.799	0.562
丙	0.389	0.567	0.838	0.870	1.000	0.434	0.693	0.468	0.717	0.520	0.927	0.543

续　表

单位	D37	D38	D39	D40	D41	D42	D43	D44	D45	D46	D47	D48
甲	0.824	0.691	0.607	0.630	0.378	0.679	0.860	0.364	0.444	0.452	1.000	0.414
乙	0.613	0.594	0.593	1.000	0.616	0.477	0.857	0.669	0.432	0.535	0.748	0.334
丙	0.681	0.568	0.694	0.667	0.631	0.906	0.876	0.897	0.414	0.464	0.340	0.749

单位	D49	D50	D51	D52	D53	D54	D55	D56	D57	D58	D59	D60
甲	0.420	0.369	0.800	0.369	0.690	0.897	0.563	0.762	0.763	0.472	0.364	0.698
乙	0.860	0.601	0.462	0.433	0.365	0.693	0.922	0.369	0.892	0.636	0.680	0.391
丙	0.553	0.471	0.754	0.654	0.559	1.000	0.726	0.387	0.692	0.536	0.668	1.000

单位	D61	D62	D63	D64	D65	D66	D67	D68	D69	D70	D71	D72
甲	0.504	0.554	0.557	0.445	1.000	0.316	0.739	0.778	0.717	0.303	0.533	0.428
乙	0.835	0.312	0.584	0.420	0.329	0.563	0.327	0.526	0.927	0.534	0.593	0.358
丙	0.759	0.475	0.376	0.510	0.545	0.866	0.498	0.393	0.489	0.578	0.392	0.471

单位	D73	D74	D75	D76	D77
甲	0.384	0.448	0.445	0.871	0.904
乙	0.672	0.796	0.516	0.391	0.388
丙	1.000	0.889	0.913	0.457	0.310

单层次综合评价所有基础层的评估指标。对基础层指标按三级指标C1—C31进行单层次综合评价，用$R_{C1}, \cdots, R_{C31}$表示C层的关联度数值。经过相关模型测算，计算结果如表8-3所示。

表8-3　C层关联度数值

关联度数值	BL爱心超市	YG驿站	QN媒体服务中心
R_{C1}	0.6563	0.6969	0.6307
R_{C2}	0.5989	0.5755	0.4347
R_{C5}	0.6656	0.5076	0.9137
R_{C6}	0.7718	0.5135	0.5636
R_{C7}	0.5897	0.8411	0.9507
R_{C9}	0.4386	0.5268	0.8305
R_{C10}	0.5798	0.3859	0.7865
R_{C12}	0.4833	0.5955	0.5394
R_{C16}	0.3903	0.6073	0.9498

关联度数值	BL爱心超市	YG驿站	QN媒体服务中心
R_{C18}	0.6902	0.6744	0.5952
R_{C19}	0.6672	0.6945	0.6908
R_{C20}	0.6410	0.7503	0.6459
R_{C21}	0.5686	0.6112	0.7460
R_{C22}	0.7349	0.6450	0.4000
R_{C23}	0.3984	0.6250	0.5703
R_{C24}	0.6766	0.4785	0.7273
R_{C25}	0.5748	0.6980	0.5924
R_{C26}	0.5737	0.5365	0.7279
R_{C27}	0.4898	0.4856	0.4564
R_{C28}	0.6879	0.4335	0.6000
R_{C29}	0.5184	0.7384	0.5317
R_{C30}	0.4519	0.6024	0.6718
R_{C31}	0.7336	0.4335	0.5668

值得注意的是，C3，C4，C8，C11，C13，C14，C15，C17由于其四级指标只有一个，故将四级指标直接算作三级指标，即认为是C层这一层次的指标。

再次，确定上层的关联度数值。将R_{C1},…,R_{C31}作为指标体系准则层的原始指标，对上层B层计算关联度数值。C层关联系数和B层关联度数值计算结果如下（见表8-4和表8-5）。

表8-4 C层关联系数

关联系数	BL爱心超市	YG驿站	QN媒体服务中心
C1	0.6096	0.6151	0.4085
C2	0.5464	0.6524	0.4458
C5	0.4789	0.3447	0.8526
C6	0.6806	0.3840	0.4547
C7	0.3358	0.6563	0.9127
C9	0.3667	0.4431	0.7426
C10	0.6156	0.3795	0.6952
C12	0.4472	0.5443	0.8389

续　表

关联系数	BL 爱心超市	YG 驿站	QN 媒体服务中心
C16	0.3360	0.4616	0.9112
C18	0.6099	0.7738	0.4108
C19	0.4093	0.6132	0.7425
C20	0.3907	0.6605	0.4055
C21	0.3921	0.4881	0.6566
C22	0.6467	1.0000	0.3957
C23	0.4352	0.5631	0.7862
C24	0.8797	0.3982	0.6401
C25	0.4081	0.6160	0.4648
C26	0.4745	0.3980	0.6407
C27	0.4859	0.5569	0.4961
C28	0.6081	0.4116	0.9414
C29	0.3945	0.6498	0.4153
C30	0.4174	0.9817	0.5959
C31	0.6456	0.3961	0.6261

表8-5　B层的关联度数值

关联度数值	BL 爱心超市	YG 驿站	QN 媒体服务中心
R_{B1}	0.5888	0.6274	0.4207
R_{B2}	0.4989	0.7031	0.5420
R_{B3}	0.5052	0.4465	0.7849
R_{B4}	0.4760	0.4494	0.7748
R_{B5}	0.5117	0.6278	0.6297
R_{B6}	0.4001	0.6367	0.5750
R_{B7}	0.4607	0.6226	0.6378
R_{B8}	0.5785	0.4948	0.5624
R_{B9}	0.5242	0.6012	0.6595

将 $R_{B1},\cdots,R_{B9}$ 作为指标体系准则层的原始指标，然后对上层A层计算关联度数值。B层关联系数和A层关联度数值计算结果如下（见表8-6和表8-7）。

表8-6 B层关联系数

关联系数	BL爱心超市	YG驿站	QN媒体服务中心
B1	0.8354	0.6315	0.4737
B2	0.4410	0.7008	0.5461
B3	0.4813	0.4103	0.7951
B4	0.4452	0.4139	0.7821
B5	0.4727	0.6465	0.6333
B6	0.4694	0.6393	0.9764
B7	0.4689	0.7222	0.6402
B8	0.5935	0.4976	0.7764
B9	0.4592	1.0000	0.6592

表8-7 A层的关联度数值

关联度数值	BL爱心超市	YG驿站	QN媒体服务中心
R_{A1}	0.5012	0.5237	0.6937
R_{A2}	0.4982	0.7484	0.7319

将R_{A1},R_{A2}记作R_A，将R_A作为指标体系准则层的原始指标，对社会服务类民非公信力计算关联度数值，计算结果如下：

$$R_A = P_B \times R_B = \begin{bmatrix} 0.5431 \\ 0.4569 \end{bmatrix}^T \begin{bmatrix} 0.5012 & 0.5237 & 0.6937 \\ 0.4982 & 0.7484 & 0.7319 \end{bmatrix} = [0.4998\ 0.6264\ 0.7111]$$

三、评估的结果分析

可以根据灰色关联度的大小对各评价对象进行优劣排序，以此判断社会服务类民非公信力的大小。灰色关联度与评价结果呈正相关关系，灰色关联系数和灰色关联度是0和1之间的任何数值，灰色关联度越接近1，说明该评价对象越接近于最优指标，评价结果就越好，该社会服务类民非的公信力就越强。根据前述灰色综合评价分析结果，可以看到"BL爱心超市""YG驿站""QN媒体服务中心"三家社会服务类民非中，公信力最强的是"QN媒体服务中心"，关联度为0.7111；公信力最弱的是"BL爱心超市"，关联度为0.4998。三家社会服务类民非公信力综合实力排名如表8-8所示。

表8-8　三家社会服务类民非公信力综合排名

公信力名次	组织名称	公信力评估结果
1	QN媒体服务中心	0.7111
2	YG驿站	0.6264
3	BL爱心超市	0.4998

从A层、B层或C层关联度分别对评估结果展开分析。

对于A层指标关联度结果，诚信与使命这一维度得分最高的是"QN媒体服务中心"，为0.6937。可持续发展维度得分最高的是"YG驿站"，为0.7484；"QN媒体服务中心"与其不相上下，关联度为0.7319；最低的为"BL爱心超市"，关联度仅为0.4982，与另外两家单位相差较大。

可以看到"BL爱心超市"的"资源供给"和"内部管理及能力建设"两个B层指标的关联度较低，数值分别为0.4694和0.4592，而"YG驿站"的"内部管理及能力建设"关联度达到了最高值1，"QN媒体服务中心"的"资源供给"关联度也高达0.9764。诚信与使命中的"信息公开"指标关联度中，"BL爱心超市"最高，为0.8354；"非营利性"最高的为"YG驿站"，关联度为0.7008；"QN媒体服务中心"的"利益相关者权益保障"和"公益活动"指标关联度都最高，分别为0.7951和0.7821；此外，"QN媒体服务中心"的"治理结构"指标关联度也较高，其值达到0.7764，但是其他两家单位均较低。

C层指标中，"BL爱心超市"的"捐赠者利益保障""公众支持""理事会"三个指标的关联度均较高；较低的为"员工申诉渠道"和"政府部门评价"，关联度分别为0.3358和0.3360。"YG驿站"的"公众支持"关联度达到了最大值1，"服务对象沟通"最低，关联度仅为0.3447。"QN媒体服务中心"的"员工申诉渠道"和"人事制度"关联度较高，分别为0.9127和0.9414；"公开内容""信息披露""媒体评价""管理制度"等指标项关联度较低，均在0.4左右。

第三节　研究结论

通过灰色综合评价法及社会服务类民非的公信力评估指标体系得出公信力

的评估结果，分析评估结果可知，可以通过加强组织内部制度建设、加强组织信息公开、发挥政府监管作用、发挥媒体和公众监督作用等来增强社会服务类民非的公信力。

一、加强组织内部制度建设

我国的社会服务类民非要完善内部各项制度建设，以此加强自身的约束机制，从而提高公信力。从评估结果可以看到，有两家组织在"内部管理及能力建设"方面得分都较低。社会服务类民非要加强内部治理结构建设，首先应完善自身的内部监督机制，可以结合组织自身情况和相关法律法规，制定社会服务类民非的内部监管守则或自律行动制度。督促组织坚持非营利性原则和宗旨，坚持工作透明，加强内部不同机构间的信息共享和互通等。其次，要完善组织的章程。社会服务类民非应依照组织的章程规定开展公益活动，健全包括权力机关、执行机构、监事机构在内的组织机构。最后，组织应以章程为核心，建立健全各项内部制度。比如建立健全组织的内部民主决策制度，形成规范和固定的民主决策程序；制定社会服务类民非内部工作人员的职业道德规范以及行为准则等。

二、加强组织信息公开

社会服务类民非应在运行过程中及时、全面公开组织信息，才能保持组织的公信度，促进组织的可持续发展。在我国，社会服务类民非具有鲜明的公益性和志愿性，其生存依赖和使用社会公共资源，提供的是社会公共产品，运行要依靠社会公众的各种捐助和志愿者的志愿行动。因此，社会服务类民非应在其活动的开展过程中，及时、真实、全面地向社会公众公开组织内部的财务信息、人事信息、运行状况、决策信息等，时刻保持组织的透明度。当前，社会服务类民非可以有效利用互联网等信息技术，发挥信息网络平台便捷、高效等优势，定期或不定期地将组织内部的社会捐助状况、资金使用情况、中长期公益计划、中长期财务报告等内容向社会服务类民非的利益相关群体公开，并随时接受质询，对相关公众提出的疑惑要给予及时、准确的答复。此外，社会服务类民非还可通过走访、发放纸质资料等方式，将组织的职责、目标和活动计划等进行一定范围的介绍和推广，以此增强社会公众对组织的了解。

三、发挥政府监管作用

加强政府对社会服务类民非的监管，有利于提升组织的工作效率，优化政府对其的评价，从而增强公信力。当前，我国社会服务类民非实行的是统一登记、双重负责的管理体制。社会服务类民非的申请登记、运行和发展都要接受民政部门和业务主管单位的双重监督。但是，社会服务类民非具有社会组织的公益性、独立性等特征，这种双重管理体制使社会服务类民非的发展受到一定约束。因此，当务之急是应理顺政府和社会服务类民非两者之间的关系，对政府的监管方式进行变革，只有如此，才能使社会服务类民非良好发展，也能使其得到政府部门的良好评价、支持。政府部门的管理方式应转变为重监管、轻审批。简化针对社会服务类民非的登记注册程序，通过更多法律、财税等手段实施监管，只有在必要的条件下才辅之以行政措施。

四、发挥媒体和公众监督作用

加强社会服务类民非与媒体、公众等社会力量的沟通，树立良好的社会形象，才能提升组织的公信力。监管社会服务类民非的社会力量主要有媒体和公众等。媒体通过相关报道，公开组织的运行情况、基本信息，使组织的全部信息能够接受社会的监督。社会公众大多通过自身对组织的了解，对其进行评价。因此，无论是媒体对社会服务类民非的报道，还是社会公众对其的评价，都应坚持实事求是的基本原则，对那些工作优质高效、服务质量较好的社会服务类民非要加大正面宣传力度，以此帮助该组织获得更多的社会关注，提升其社会公信力，使其赢得更多的社会捐赠；而对那些服务质量较差、效率低下、违背公益性宗旨的社会服务类民非，要及时对其进行曝光，从而发挥警示的作用。我国的新闻媒体代表人民的利益，增加对社会服务类民非的报道，不仅有助于社会公众加强对组织的了解，还能提升公众参与社会服务类民非公益活动的热情。

研究结论及展望

一、研究结论

本书科学反思了社会服务类民非及其评估现状中存在的问题，合理借鉴国外社会组织评估经验，基于社会服务类民非自身发展需求，构建了一个以第三方专业评估机构为评估主体，以诚信与使命、可持续发展两个要素为第一维度的评估指标体系，以灰色综合评价法为评估方法的社会服务类民非公信力评估体系，以期为社会服务类民非评估工作提供理论和实践指导。围绕这个核心问题，本书在文献研究基础上，依次对社会服务类民非公信力评估体系的相关概念、理论基础、评估发展、评估主体、评估指标、评估方法等内容进行了比较系统的研究，主要得出如下结论。

第一，开展社会服务类民非公信力评估具有重要价值。公信力不足已成为制约社会服务类民非发展的主要瓶颈。当前我国政府部门对社会服务类民非开展的规范化建设评估未能很好地解决其在发展中遭遇的各种难题，不能有效提升组织公信力，且规范化建设评估工作本身也暴露出诸多弊端。因此，构建满足社会服务类民非自身发展需求的公信力专项评估体系，是解决当前社会服务类民非各种发展难题的关键，能够推动组织适应市场经济的要求，确保其持续健康发展。

第二，社会服务类民非公信力的构成要素包含诚信与使命、可持续发展两方面。诚信与使命要素，具体内容包括诚信、使命；可持续发展要素，具体内容包括合法性、效率、绩效。

第三，社会服务类民非公信力评估的主体应由独立第三方专业机构承担。社会服务类民非的评估主体主要有政府部门、第三方专业机构、政府主导的混合部门。每种主体都有自身优势，但为确保评估指标的科学、评估内容的真实、评估结果的公正，第三方专业机构在地位独立性、影响权威性、技能专业性、成本低廉性、利益诉求成熟性等方面兼具优势，因此其更适合作为社会服务类民非公信力评估的主体。

第四，社会服务类民非公信力评估指标体系是以公信力两大构成要素为基础构建的。本书构建了一个以诚信与使命、可持续发展为第一维度，下含信息公开、非营利性、利益相关者权益保障、公益活动、提供服务、资源供给、合法性、治理结构、内部管理及能力建设9个二级指标、31个三级指标、77个四级指标的社会服务类民非公信力评估指标体系。

第五，社会服务类民非公信力评估方法的最优选择是灰色综合评价法。灰色综合评价法计算简单，通俗易懂，最大的特点是对样本排列规范没有特定的要求，被广泛应用于社会、管理等领域。同时，社会服务类民非公信力评估指标系统层级繁杂、动态多变、结构模糊，且指标数据具有不稳定性和不完善性，因此适合运用灰色综合评价法进行评估。

二、可能不足之处

本书在研究数据方面存在不足。本书在对社会服务类民非公信力评估指标体系和评估方法进行实证分析时，数据主要来自浙江省N市，因作者工作之便，能够获得第一手数据，有利于评估结果的客观性和准确性。但受时间和精力等多因素的限制，调查实证范围仅限于N市，且样本数量偏少，影响了实证分析效果，结论可能具有片面性。这也是本书需要继续完善之处。

本书在研究深度方面存在一定局限性。由于资料的缺失或不够详细，本书没有深入、动态研究我国社会服务类民非评估工作的现状，没有深入分析影响社会服务类民非评估工作的政治、经济、社会等因素。国内有许多先进、典型的社会服务类民非评估实践经验，而国外如美、英、德、日等国也有较先进的社会服务类民非评估经验，但受时间、精力等限制，本书对国外的评估经验研究挖掘得不够深入。

三、后续工作展望

社会服务类民非作为一种特定的社会组织类型，其在社会福利、救灾救助、社会事务和社会保障方面的贡献突出。如何在新时期加强政府、社会对社会服务类民非的培育和监管至关重要。而评估作为一种既具激励功能又具约束功能的重要手段，必将继续成为学界的研究热点。

研究范围可进一步拓展到其他类型的社会组织。由于国内各地经济发展水平不同，社会组织发展状况差异较大，本书只是着眼于全国范围研究了社会服务类民非评估的现状、问题、原因及其优化对策，探讨了如何构建社会服务类民非公信力评估体系，解决了社会服务类民非评估目的的确定，主体、指标、方法的选择等核心问题，未来可以深入分析国内许多其他类型的社会组织评估的实践经验，为我国社会组织公信力评估提供经验借鉴。

研究视角不能仅局限于组织的公信力评估。本书只是从社会服务类民非公信力评估体系构建的视角来探讨如何优化社会服务类民非评估工作，然而研究社会服务类民非评估的视角可以是多方位的，如政策的视角、法律的视角等，从而丰富研究的视角和内容。

参考文献

艾尔·巴比：《社会研究方法》，邱泽奇译，华夏出版社，2005年。

彼得·F.德鲁克：《社会的管理》，徐大建译，上海财经大学出版社，2006年。

彼得·罗西、霍华德·弗里曼、马克·李普希：《项目评估：方法与技术》（第6版），邱泽奇等译，华夏出版社，2002年。

蔡宁、葛笑春：《非营利组织绩效评估中PROMETHEE法的应用》，《技术经济》2006年第5期，第109—112，5页。

车峰：《我国公共服务领域政府与NGO合作机制研究》，中央民族大学出版社，2013年。

陈勃、毕霞、孙斌等：《自主与合作：民办非企业单位与政府关系透视》，《社团管理研究》2008年第10期，第4—7页。

陈思：《我国社科类社团公共服务能力评价研究》，博士学位论文，华中科技大学，2020年。

陈天祥：《美国政府绩效评估的缘起和发展》，《武汉大学学报（哲学社会科学版）》2007年第2期，第165—170页。

陈衍泰、陈国宏、李美娟：《综合评价方法分类及研究进展》，《管理科学学报》2004年第2期，第69—79页。

陈志霞：《城市幸福指数及其测评指标体系》，《城市问题》2012年第4期，第9—13页。

崔璐、钟书华：《基于层次分析—灰色关联度综合评价法的高技术中小企业成长性测度》，《科技进步与对策》2011年第24期，第148—152页。

崔月琴、沙艳：《社会组织的发育路径及其治理结构转型》，《福建论坛（人文社会科学版）》2015年第10期，第126—133页。

崔月琴、袁泉、王嘉渊：《社会组织治理结构的转型：基于草根组织卡理斯玛现象的反思》,《学习与探索》2014年第7期,第24—31页。

崔运武:《公共组织绩效评估》,中央广播电视大学出版社,2011年。

邓国胜:《非营利组织"APC"评估理论》,《中国行政管理》2004年第10期,第33—37页。

邓国胜:《非营利组织评估》,社会科学文献出版社,2001年。

邓国胜:《民间组织评估体系:理论、方法与指标体系》,北京大学出版社,2007年。

邓国胜:《中国民办非企业单位的特质与价值分析》,《中国软科学》2006年第9期,第18—28页。

邓聚龙:《灰理论基础》,华中科技大学出版社,2002年。

丁惠平:《中国社会组织研究中的国家—社会分析框架及其缺陷》,《学术研究》2014年第10期,第45—49页。

杜栋、庞庆华、吴炎:《现代综合评价方法与案例精选》,清华大学出版社,2008年。

杜曼妮:《科技类民办非企业单位管理机制创新研究》,硕士学位论文,兰州大学,2014年。

范柏乃:《政府绩效评估与管理》,复旦大学出版社,2007年。

方文进:《民办非企业单位治理结构问题探讨》,《社团管理研究》2010年第11期,第46—48页。

风笑天:《现代社会调查方法》(第二版),华中科技大学出版社,2001年。

冯维胜:《政府购买公共体育服务的第三方评估研究》,博士学位论文,上海体育学院,2018年。

官有垣、陈锦棠、陆宛苹:《第三部门评估与责信》,北京大学出版社,2008年。

郭国庆:《现代非营利组织研究》,首都师范大学出版社,2001年。

国家民间组织管理局:《中国民间组织评估》,中国社会出版社,2007年。

韩慧:《体育社会组织评估机制研究》,博士学位论文,上海体育学院,2020年。

郝福庆:《促进民办非企业单位全面发展的政策设计与能力建设研究报告》,中国社会出版社,2012年。

何继新、姚换军:《社会治理智能化效能评估:一个"政策基线—组织标靶"框架》,《云南行政学院学报》2021年第23期,第65—76页。

何增科:《公民社会与第三部门》,社会科学文献出版社,2000年。

侯玉兰:《非营利组织:美国社区建设的主力军——美国非营利组织的调查与思

考》，《北京行政学院学报》2001年第5期，第13—17页。

胡宁生主编：《公共部门绩效评估》，复旦大学出版社，2008年。

胡杨成：《基于BSC的非营利组织绩效模糊综合评价》，《华东理工大学学报（社会科学版）》2005年第4期，第54—57页。

胡玉林：《社会组织参与社会管理创新实证研究：以"乐和家园"诸社会组织为例》，硕士学位论文，重庆大学，2014年。

黄璐：《民办非企业参与公共服务供给》，硕士学位论文，华东政法大学，2015年。

黄晓勇主编：《中国民间组织报告（2013）》，社会科学文献出版社，2013年。

纪颖：《民间组织评估模式的国际比较及成因探析》，《学会》2008年第6期，第38—42页。

贾西津：《第三次改革：中国非营利部门战略研究》，清华大学出版社，2005年。

贾西津：《英国的非营利组织》，《学习时报》2015年7月16日，第2版。

姜寒笑：《民办非企业单位的发展"瓶颈"及突破：以台州市为例》，硕士学位论文，复旦大学，2013年。

姜林、郭振中：《论评估主体政府在社会中介组织绩效评估中的作用定位》，《辽宁行政学院学报》2007年第6期，第19—20页。

金斯伯格：《社会工作评估：原理与方法》，黄晨熹译，华东理工大学出版社，2005年。

景朝阳：《民办非企业单位导论》，中国社会出版社，2011年。

克里斯托夫·热多纳特：《非营利组织管理者所面临的困境》，《中国社会组织》2019年第23期，第58—59页。

莱斯特·M.萨拉蒙等：《全球公民社会：非营利部门视界》，贾西津、魏玉等译，社会科学文献出版社，2007年。

李晶淼：《法治政府建设中的第三方组织研究》，博士学位论文，湖南师范大学，2020年。

李乐虎、高奎亭、舒宗礼：《第三方组织参与我国学校体育监督评估：现状、困境与对策》，《北京体育大学学报》2021年第44期，第45—55页。

梁燕、金勇进：《顾客满意度模型的样本量研究》，《统计研究》2007年第7期，第68—74页。

廖鸿：《民办非企业单位自律与诚信问题研究》，中国商业出版社，2007年。

刘惠苑、叶萍:《社会组织管理质量评估体制研究》,《前沿》2011年第24期,第127—129页。

刘梦雨:《民政部 全国性社会组织评估等级纳入社会组织信用体系》,《中国信用》2022年第1期,第66页。

刘思峰:《灰色系统理论及其应用》,科学出版社,1999年。

刘宇喆:《浅议非营利组织评估》,《科技创业月刊》2005年第4期,第78—79页。

刘志欣、孙莉莉、杨洪刚:《非政府组织管理:结构、功能与制度》,清华大学出版社,2013年。

卢磊:《我国青年社会组织的基本现状、困境挑战和发展建议》,《中国社会组织》2019年第21期,第54—56页。

罗伯特·卡普兰、戴维·诺顿:《平衡计分卡战略实践》,上海博意门咨询有限公司译,中国人民大学出版社,2009年。

马庆钰、曹堂哲、谢菊:《中国社会组织发展指标体系构建与预测》,《中国行政管理》2015年第4期,第68—78页。

马庆钰、贾西津:《中国社会组织的发展方向与未来趋势》,《国家行政学院学报》2015年第4期,第62—67页。

马庆钰:《对非政府组织概念和性质的再思考》,《天津行政学院学报》2007年第4期,第40—44页。

马庆钰:《社会组织能力建设》,中国社会出版社,2011年。

马书伟:《北京市体育类民办非企业单位评估指标体系的研究》,硕士学位论文,首都体育学院,2011年。

帕特丽娅·德·兰西·朱尔尼斯、曹蕗蕗:《后疫情时代的治理:绩效评估体系如何有助于构建韧性治理》,《中国行政管理》2021年第10期,第10—12页。

任彬彬、宋程成:《治理复杂性与社会组织形态分化:基于行政条块结构的视角》,《中国行政管理》2021年第5期,第31—39页。

若弘:《中国NGO:非政府组织在中国》,人民出版社,2010年。

上海社会科学院政府绩效评估中心:《非营利组织绩效评估》,上海社会科学院出版社,2015年。

沈慎:《美国慈善组织评估机构概述》,《社团管理研究》2012年第2期,第40—43页。

盛明科:《论我国非营利组织绩效评估存在的问题及其对策》,《湘潭师范学院学报

（社会科学版）》2005年第4期，第21—24页。

石国亮：《慈善组织公信力重塑过程中第三方评估机制研究》，《中国行政管理》2012年第9期，第64—70页。

石国亮：《中国社会组织成长困境分析及启示：基于文化、资源与制度的视角》，《社会科学研究》2011年第5期，第64—69页。

时侠术：《再论非营利组织的绩效评估：兼评管理学创始人彼得·德鲁克》，《社团管理研究》2008年第9期，第37—38页。

双艳珍：《培育社会组织间竞争与合作机制的学理依据与制度保障》，《天津行政学院学报》2015年第4期，第26—32页。

斯塔弗尔比姆等：《评估模型》，苏锦丽等译，北京大学出版社，2007年。

孙斌：《现阶段加快民办非企业单位发展的对策研究》，《中国社会组织》2011年第11期，第19—20页。

孙伟林主编：《中国社会组织评估十周年纪念文集》，中国社会出版社，2019年。

唐珩：《非营利组织管理过程中的绩效评估模型：以香港为例》，《中外企业家》2015年第19期，第75—79页。

唐跃军、左晶晶：《中国非营利组织的评估指标体系》，《改革》2005年第3期，第104—110页。

田甜：《新疆民办非企业单位发展困境及对策研究》，《现代工业经济和信息化》2016年第2期，第14—16页。

汪倩：《上海市体育类民办非企业单位评估指标体系的研究》，硕士学位论文，华东理工大学，2014年。

王丽娜、袁平、鞠芳辉：《基于社会价值创造的公益组织绩效评估》，《浙江万里学院学报》2022年第1期，第44—52页。

王名：《社会组织概论》，中国社会出版社，2010年。

王锐兰：《解读非营利组织绩效评价：基于民主政治视野的研究》，上海人民出版社，2009年。

王诗宗、宋程成、许鹿：《中国社会组织多重特征的机制性分析》，《中国社会科学》2014年第12期，第42—59，206页。

王守文：《结构、技艺、文化：社会组织评估新视野》，科学出版社，2019年。

王兴太、李芳：《灰色关联度分析在水电规划环评中的应用研究》，《西北水电》2010年第1期，第1—4，18页。

吴东民、董西明：《非营利组织管理》，中国人民大学出版社，2003年。

徐家良、廖鸿：《中国社会组织评估发展报告（2015）》，社会科学文献出版社，2020年。

徐欣：《江苏省科技类民办非企业单位发展及思考》，《江苏科技信息》2014年第23期，第118—120页。

许宁：《体育类民办非企业单位发展研究》，北京体育大学出版社，2019年。

许宁：《体育民办非企业单位法律地位及发展困境探析》，《浙江体育科学》2014年第5期，第7—9，15页。

叶萍：《社会组织绩效评估指标体系研究》，《广西社会科学》2010年第8期，第104—107页。

殷晓宝：《基于利益相关者的非营利组织绩效评估》，硕士学位论文，上海师范大学，2007年。

俞惠中：《民办非企业单位评估工作的回顾与思考》，《社团管理研究》2011年第2期，第64—66页。

张仕瑜：《浅析民办非企业单位发展的现状、问题及对策》，《社团管理研究》2011年第9期，第40—42页。

张霞、张智河、李恒光主编：《非营利组织管理》，山东人民出版社，2005年。

赵晖：《政府绩效管理与绩效评估》，南京师范大学出版社，2011年。

赵青航：《民办非企业单位的困境与发展：从民办养老机构的发展现状谈起》，《社团管理研究》2012年第11期，第34—37页。

赵蕊：《社会组织评估政策实施与实践问题研究》，硕士学位论文，南京师范大学，2015年。

赵泳主编：《民办非企业单位问题研究》，中国社会出版社，2004年。

赵泳主编：《民间组织评估的探索》，中国社会出版社，2006年。

赵宇新：《社会组织参与县域社会治理创新的海盐模式》，《中国社会组织》2019年第24期，第28—29页。

中国现代国际关系研究院课题组：《外国非政府组织概况》，时事出版社，2010年。

周勤玲、潘澍之：《科技类民办非企业单位的管理与运行模式研究：以中山职业技术学校为例》，《社团管理研究》2012年第8期，第41—42页。

附录一

问卷编号：_____

社会服务类民非公信力评估指标筛选专家调查问卷

尊敬的_____：

您好！感谢您在百忙之中抽出时间阅读和填写这份调查表！

为了对社会服务类民办非企业单位的公信力评估展开研究，课题组开展此次问卷调查。请您根据从事社会服务类民非工作的经验填写下面的表格。我们保证调查所得的所有信息仅用于科学研究，且不会透露您的任何个人隐私。衷心感谢您的信任和支持，祝您身体健康，万事如意！

1.调查表及填写说明部分

调查表是为了筛选出社会服务类民办非企业单位的公信力评估的重要指标，采用专家调查法进行确定。评价体系具有四级指标，第一、二、三级指标是基于大量参考文献与调查而确定的，所以本次调查主要是筛选第四级指标。为了保护您的隐私，本表采用匿名形式。

您所填的结果将反映第四级指标对上层指标的重要性程度。

调查表采用整数打分的方式，1分表示非常不重要，10分表示非常重要，满分为10分。请根据您的工作经验逐一为指标打分。

2.问卷部分

社会服务类民办非企业单位公信力评估指标筛选调查

一级指标	二级指标	三级指标	四级指标	分数
诚信与使命 X	信息公开 X1	公开内容 X11	组织基本情况 X111	
			组织重大活动 X112	
			接受及使用捐赠、资助情况 X113	
			收费项目和标准 X114	
			内部管理制度 X115	
			年度报告 X116	
			工作人员基本信息 X117	
			员工招聘程序 X118	
		信息披露 X12	完善的信息披露制度 X121	
			信息披露制度有效执行 X122	
			信息披露制度未执行的惩处措施 X123	
	非营利性 X2	利润分配 X21	未向理事及投资人进行利润分配 X211	
			未向工作人员和志愿者进行利润分配 X212	
		资金使用 X22	资金主要用于服务对象 X221	
			资金主要用于组织业务开展 X222	
	利益相关者权益保障 X3	服务对象沟通 X31	设置有效沟通平台 X311	
			沟通平台资金来源有保障 X312	
			安排专职接待人员 X313	
		捐赠者利益保障 X32	专人负责捐赠事务 X321	
			捐赠信息及时登记 X322	
			捐赠物资按捐赠意愿使用 X323	
		员工申诉渠道 X33	申诉渠道畅通 X331	
			专人负责接待申诉 X332	
			申诉及时处理 X333	
		受理投诉制度安排 X34	投诉制度安排合理并有效执行 X341	
	公益活动 X4	公益活动计划性 X41	制订中长期公益活动计划 X411	
			制订月度公益活动计划 X412	
			制订年度公益活动计划 X413	
		公益活动情况 X42	参加政府组织的公益活动 X421	
			自主开展公益活动 X422	
		公益活动支出 X43	年度公益活动支出占利润比重 X431	

续　表

一级 指标	二级 指标	三级 指标	四级指标	分数
诚信与使命 X	公益活动 X4	公益活动效益 X44	年度收支比例 X441	
			总资产净利率 X442	
			年度收入增长率 X443	
	提供服务 X5	服务社会 X51	主动服务社会公众 X511	
			接受服务的公众人数 X512	
		服务承诺 X52	建立承诺服务制度 X521	
		服务对象评价 X53	对服务态度、质量进行评价 X531	
			对服务速度评价良好 X532	
		政府部门评价 X54	对规范性、公益性进行评价 X541	
			获得相关部门表彰 X542	
			对承接政府购买服务能力进行评价 X543	
		员工评价 X55	对其创新性评价良好 X551	
		媒体评价 X56	对其公益性进行评价 X561	
			对其发挥作用进行评价 X562	
可持续发展 Y	资源供给 Y1	人力资源 Y11	合理的薪酬制度 Y111	
			建立奖惩制度并实施 Y112	
			定期开展员工业务培训 Y113	
			中青年员工所占比例 Y114	
			员工受教育程度 Y115	
			近一年员工总数增长率 Y116	
		财力资源 Y12	政府拨款或补贴 Y121	
			组织活动收入 Y122	
			社会捐赠资金 Y123	
			近一年经费增长率 Y124	
	合法性 Y2	法人资格 Y21	法定代表人产生程序合法 Y211	
			有独立办公用房和设备 Y212	
			按规定办理设立登记 Y213	
			按规定设立独立银行账户 Y214	
			有名称牌匾 Y215	
			独立开展项目活动 Y216	
		公众支持 Y22	对服务质量和诚信度进行评价 Y221	
			支持公益活动的开展 Y222	
			年度参与组织活动的公众人数 Y223	
		政府合作 Y23	承接政府购买服务项目 Y231	
			参与政府法律制定 Y232	

一级指标	二级指标	三级指标	四级指标	分数
可持续发展Y	合法性Y2	政府合作Y23	与政府合作开展公益项目Y233	
			参与政府政策制定Y234	
	治理结构Y3	理事会Y31	理事会产生合法Y311	
			理事会按期换届、按规定召开Y312	
			理事中有员工代表Y313	
			理事中有无利益相关的社会公众Y314	
		监督机构Y32	按规定设置监事会Y321	
			按规定召开监事会议Y322	
			财务报告按规定向理事报告Y323	
			监事会议年度平均参会率Y324	
			引入第三方独立审计Y325	
			按规定进行换届审计Y326	
		执行机构Y33	有专职的工作人员Y331	
			机构职责明确Y332	
			规章制度健全Y333	
	内部管理及能力建设Y4	发展规划Y41	制订中长期发展规划Y411	
			制订年度工作计划Y412	
		人事制度Y42	有专职工作人员管理制度Y421	
			有志愿者队伍管理制度Y422	
			行政负责人产生程序合法Y423	
			对行政负责人开展年度绩效考核Y424	
		管理制度Y43	文件管理Y431	
			证书管理Y432	
			专人监督管理制度的有效实施Y433	
		财务管理Y44	有效执行有关会计法律制度Y441	
			有专职财务人员Y442	
			有财务管理制度并有效执行Y443	
			按规定参加财务审计Y444	
		发展环境管理Y45	公共安全措施符合相关规定Y451	
			环境卫生符合相关规定Y452	
			消防措施符合相关规定Y453	
			专人负责环境管理Y454	

　　以上是全部问卷内容，再次感谢您的支持与合作！请您确认无漏答，如果您对本次调查所涉及的问题还有什么批评和建议，请您指出。再一次感谢您！

附录二

问卷编号：_____

社会服务类民非公信力评估指标体系层次分析法调查问卷

尊敬的_____：

您好！感谢您在百忙之中抽出时间阅读和填写这份问卷！

为了确定社会服务类民办非企业单位的公信力评估指标的权重，我们开展此次问卷调查。请您根据从事社会服务类民非工作的经验填写下面的表格。我们保证调查所得的所有信息仅用于科学研究，且不会透露您的任何个人隐私。衷心感谢您的信任和支持，祝您身体健康，万事如意！

填答说明：

请您对问卷中提到的两个指标的相对重要性加以比较。问卷采用1—9标度法，数字标度的含义及说明如下。

重要性级别	含义	说明
1	同样重要	两因素比较，具有相同的重要性
3	稍微重要	两因素比较，一个因素比另一个稍微重要
5	明显重要	两因素比较，一个因素比另一个明显重要
7	非常重要	两因素比较，一个因素比另一个重要得多
9	绝对重要	两因素比较，一个因素比另一个绝对重要
2、4、6、8	—	上述相邻判断的中间值

以下正式开始问卷作答：

第一层指标比较：

1. "社会服务类民非公信力"要素层重要性两两比较

指标	1 2 3 4 5 6 7 8 9	指标
诚信与使命		可持续发展

第二层指标比较：

1. "诚信与使命"要素层各指标重要性两两比较

指标	1 2 3 4 5 6 7 8 9	指标
信息公开		非营利性
信息公开		利益相关者权益保障
信息公开		公益活动
信息公开		提供服务
非营利性		利益相关者权益保障
非营利性		公益活动
非营利性		提供服务
利益相关者权益保障		公益活动
利益相关者权益保障		提供服务
公益活动		提供服务

2. "可持续发展"要素层各指标重要性两两比较

指标	1 2 3 4 5 6 7 8 9	指标
资源供给		合法性
资源供给		治理结构
资源供给		内部管理及能力建设
合法性		治理结构
合法性		内部管理及能力建设
治理结构		内部管理及能力建设

第三层指标比较：

1. "信息公开"要素层各指标重要性两两比较

指标	1 2 3 4 5 6 7 8 9	指标
公开内容		信息披露

2."非营利性"要素层各指标重要性两两比较

指标	1 2 3 4 5 6 7 8 9	指标
利润分配		资金使用

3."利益相关者权益保障"要素层各指标重要性两两比较

指标	1 2 3 4 5 6 7 8 9	指标
服务对象沟通		捐赠者利益保障
服务对象沟通		员工申诉渠道
服务对象沟通		受理投诉制度安排
捐赠者利益保障		员工申诉渠道
捐赠者利益保障		受理投诉制度安排
员工申诉渠道		受理投诉制度安排

4."公益活动"要素层各指标重要性两两比较

指标	1 2 3 4 5 6 7 8 9	指标
公益活动计划性		公益活动情况
公益活动计划性		公益活动支出
公益活动计划性		公益活动效益
公益活动情况		公益活动支出
公益活动情况		公益活动效益
公益活动支出		公益活动效益

5."提供服务"要素层各指标重要性两两比较

指标	1 2 3 4 5 6 7 8 9	指标
服务社会		服务承诺
服务社会		服务对象评价
服务社会		政府部门评价
服务社会		员工评价
服务社会		媒体评价
服务承诺		服务对象评价
服务承诺		政府部门评价
服务承诺		员工评价
服务承诺		媒体评价

指标	1 2 3 4 5 6 7 8 9	指标
服务对象评价		政府部门评价
服务对象评价		员工评价
服务对象评价		媒体评价
政府部门评价		员工评价
政府部门评价		媒体评价
员工评价		媒体评价

6."资源供给"要素层各指标重要性两两比较

指标	1 2 3 4 5 6 7 8 9	指标
人力资源		财力资源

7."合法性"要素层各指标重要性两两比较

指标	1 2 3 4 5 6 7 8 9	指标
法人资格		公众支持
法人资格		政府合作
公众支持		政府合作

8."治理结构"要素层各指标重要性两两比较

指标	1 2 3 4 5 6 7 8 9	指标
理事会		监督机构
理事会		执行机构
监督机构		执行机构

9."内部管理及能力建设"要素层各指标重要性两两比较

指标	1 2 3 4 5 6 7 8 9	指标
发展规划		人事制度
发展规划		管理制度
发展规划		财务管理
发展规划		发展环境管理
人事制度		管理制度
人事制度		财务管理
人事制度		发展环境管理

社会服务类民办非企业单位公信力评估体系构建研究

续　表

指标	1 2 3 4 5 6 7 8 9	指标
管理制度		财务管理
管理制度		发展环境管理
财务管理		发展环境管理

（因篇幅限制，省去第四层指标重要性两两比较的问卷表格）

　　以上是全部问卷内容，再次感谢您的支持与合作！请您确认无漏答，如果您对本次调查所涉及的问题还有什么批评和建议，请您指出。再一次感谢您！